O PRESSÁGIO É EXTRAORDINÁRIO!

— Pat Robertson

Apresentador de tv, escritor e fundador da CBN e do *Clube* 700

REALMENTE IMPRESSIONANTE! A revelação do rabino Jonathan Cahn sobre os juízos de Isaías 9:10 e a sua relevância para o passado recente e o futuro dos Estados Unidos é chocante e de tirar o fôlego. Todo norte-americano (e todo cristão) deve ler *O Presságio*. É uma chamada a um despertar nacional tremendamente necessário.

— Joseph Farah

Escritor, jornalista, comentarista e fundador da WorldNet Daily

O PRESSÁGIO É MAGNÍFICO! Jonathan Cahn traz um entendimento do padrão encontrado nas Escrituras para os juízos de Deus sobre a Israel antiga que está acontecendo nos Estados Unidos hoje. *O Presságio* é o livro mais importante para desvendar o mistério que está por trás do 11 de Setembro, da guerra do Iraque, da crise de Wall Street, do futuro dos Estados Unidos, e de muito mais. Esta revelação dos últimos dias coloca Jonathan Cahn em uma nova categoria!

— Sid Roth

Escritor e apresentador de *It's Supernatural* e da *Messianic Vision*

O PRESSÁGIO É A REVELAÇÃO BÍBLICA MAIS PRECISA da paixão de Deus pelos Estados Unidos. A sua mensagem é crucial. Precisamos dar ouvidos a esta advertência e nos voltar para Aquele que um dia abençoou grandemente essa nação.

— David Tyree

Ex-jogador dos New York Giants

TODOS OS POLÍTICOS, TODOS OS LÍDERES E TODAS AS PESSOAS deveriam não apenas ler este livro, como também entender as implicações divinas que ele contém. O livro de Jonathan Cahn, *O Presságio*, é muito mais que uma advertência profética aos Estados Unidos; ele é um desvendar dos caminhos de Deus. Cahn desenvolve cuidadosamente a maneira como Deus emite o Seu julgamento sobre uma nação em perfeito equilíbrio com a Sua misericórdia. Aqueles que o lerem ficarão cativados pela narrativa, convencidos do quanto estamos cegos aos caminhos de Deus, e assombrados ao verem o quanto o Senhor é perfeito nos Seus avisos.

— John Paul Jackson Presidente do Streams Ministries International

JONATHAN CAHN

O PRESSÁGIO

O ANTIGO MISTÉRIO QUE GUARDA O SEGREDO DO FUTURO DO MUNDO

1.ª edição

BELLO PUBLICAÇÕES

Belo Horizonte

Diretor
Lester Bello

Autor
Jonathan Cahn

Título Original
The Harbinger

Tradução
Maria Lucia Godde / Idiomas & Cia

Revisão
Idiomas & Cia / Edna Guimarães,
João Guimarães e Ana Lacerda

Diagramação
Julio Fado
Ronald Machado (Direção de arte)

Design capa (adaptação)
Fernando Rezende
Ronald Machado (Direção de arte)

Impressão e Acabamento
Promove Artes Gráficas

BELLO PUBLICAÇÕES

Av. Silviano Brandão, 1702
Horto - CEP 31.015-015
Belo Horizonte/MG - Brasil
contato@bellopublicacoes.com
www.bellopublicacoes.com.br

Primeira edição — Outubro de 2013
1ª. Reimpressão - Setembro de 2014

Exceto em caso de indicação em contrário, todas as citações bíblicas foram extraídas da Bíblia Sagrada versão Almeida Revista e Atualizada, Sociedade Bíblica do Brasil. Outras versões utilizadas: AA (Almeida Atualizada, SBB), ABV (A Bíblia Viva, Mundo Cristão) ACF (Almeida Corrigida Fiel, Sociedade Bíblica Trinitariana do Brasil). A versão AMP (*Amplified Bible*) foi traduzida livremente do idioma inglês em função da inexistência de tradução no idioma português.

CIP-BRASIL. CATALOGAÇÃO NA FONTE

Cahn, Jonathan
C132 O presságio: o antigo mistério que guarda o segredo do futuro do mundo / Jonathan Cahn; tradução de Maria Lúcia Godde / Idiomas & Cia. – Belo Horizonte: Bello Publicações, 2014.
320p.
Título original: The harbinger
ISBN: 978-85-61721-94-7

1. Presságio. I. Título.

CDD: 234.13
CDU: 224

A história que você está prestes a ler é apresentada como uma ficção, mas os fatos nela contidos são reais.

SUMÁRIO

Capítulo I

Um Mistério Antigo

ת א

— Um mistério antigo que detém o segredo do futuro dos Estados Unidos.

— Sim.

— O que eu acharia?

— Sim, o que você acharia disso?

— Eu acharia que se trata do enredo de um filme. É isso? É isso que você está apresentando... o roteiro de um filme?

— Não.

— O enredo de um romance?

— Não.

— Então o que é?

Ele ficou em silêncio.

— Então o que é? Ela repetiu.

Ele fez uma pausa para considerar com cuidado o que estava para dizer e a maneira como deveria dizê-lo. Ela era conhecida entre as pessoas da mídia como uma mulher que não desperdiçara sua vida nem fora conivente com os que fizeram isso. Ela não era conhecida por ter paciência para suportar pessoas tolas. A discussão podia chegar a um final abrupto a qualquer momento, e com ela não havia uma segunda chance. O fato de ter ocorrido um encontro em princípio, e de que ela até concordara com isso, e de que ele agora estava sentado no escritório dela, acima das ruas de Manhattan, não passava de um milagre — e ele sabia disso. Ele só tinha uma preocupação — a mensagem. Nem sequer lhe ocorreu tirar o sobretudo de couro preto, nem ninguém se oferecera para guardá-lo para ele. Debruçando-se em sua cadeira, ele deu a ela a sua resposta, lentamente, atentamente, estudando cuidadosamente cada palavra.

— Um mistério antigo... que guarda o segredo do futuro dos Estados Unidos... e do qual esse futuro depende. E *não é ficção* — é real.

Ela ficou em silêncio. Em princípio, ele interpretou o silêncio como um sinal positivo, uma indicação de que ele estava se fazendo entender. Mas então ela falou e logo fez essa ideia desaparecer.

— Um filme de Indiana Jones — disse ela.

— Um mistério antigo oculto por milhares de anos sob as areias do Oriente Médio... mas agora revelado... e do qual depende o destino do mundo inteiro!

A irreverência dela fez com que ele ficasse ainda mais decidido.

— Mas não é ficção — repetiu ele. — É real.

— O que eu diria? — perguntou ela.

— Sim, o que você diria?

— Eu diria que você está louco.

— Talvez eu esteja — disse ele com um leve sorriso. — Ainda assim... é real.

— Se você não está louco, então está brincando... ou está fazendo isto tudo para dar um efeito dramático... faz parte de uma apresentação. Mas você não pode estar falando sério.

— Mas eu *estou falando sério.*

Ela parou por um instante, olhando nos olhos de seu convidado, tentando avaliar se ele estava sendo sincero ou não.

— Então você está — disse ela.

— Sim, estou — respondeu ele — e você não faz ideia do quanto.

Foi então que a expressão dela mudou. Até aquele momento ela sugeria uma espécie de interesse divertido. Agora, sua expressão facial demonstrava desinteresse total.

— Não, acho que não. Ouça, creio que você é um homem sincero, mas... eu estou realmente... realmente muito ocupada, e não tenho tempo para...

— Sra. Goren.

— É Go*ren*. O acento é na última sílaba. Mas pode me chamar de *Ana*.

— Ana, você não tem nada a perder em ouvir. Apenas considere a mínima possibilidade...

— De que você não esteja louco?

— Sim, isso também — disse ele. — Mas considere principalmente a menor possibilidade de que o que estou dizendo possa realmente ser verdade, a menor possibilidade de que possa haver alguma verdade no que eu estou lhe dizendo, ainda que seja a menor das possibilidades... Só isso já seria importante o bastante para fazer valer o seu tempo. Você precisa me ouvir.

Ela recostou-se na cadeira e olhou para ele, sem tentar ocultar o seu ceticismo.

— Você ainda acha que sou louco.

— Completamente — disse ela.

— Em nome da minha tese, digamos que você esteja certa. Eu *sou* louco. Mas então, peço que seja condescendente comigo, como se fizesse um serviço público ao ouvir-me.

Ela sorriu.

— Serei condescendente, Sr. Kaplan, mas há um limite.

— Nouriel. Pode me chamar de Nouriel.

Com isto, ela se levantou de sua cadeira e fez um gesto convidando-o a fazer o mesmo. Ela o conduziu para longe de sua mesa até uma pequena mesa redonda de conferências onde os dois se sentaram. A mesa ficava diante de uma enorme janela de vidro através da qual era possível ter um vasto panorama de arranha-céus com janelas semelhantes, cada uma delas refletindo a luz do sol da tarde.

— Tudo bem, Nouriel. Conte-me sobre o seu mistério.

— Não é o *meu* mistério. É muito maior do que eu. Você não faz ideia do quanto ele é grande, ou do que ele envolve.

— E o que ele envolve?

— Tudo. Ele envolve tudo, e ele explica tudo... tudo que aconteceu, que está acontecendo e tudo que vai acontecer.

— O que você quer dizer?

— Tudo que está por trás do 11 de Setembro...

— Como um mistério antigo poderia ter alguma coisa a ver com o 11 de Setembro?

— Um mistério antigo por trás de tudo desde o 11 de Setembro até a economia... a crise imobiliária... a guerra do Iraque... o colapso de Wall Street. Tudo com detalhes precisos.

— Como? Como um mistério antigo poderia...

— Afetar a sua vida? A sua conta bancária? O seu futuro? Mas afeta. E ele tem a chave para o futuro dos Estados Unidos... para a ascensão e queda das nações... para a história do mundo. E não é apenas um mistério, é uma mensagem, um aviso.

— Um aviso? — ela perguntou. — Um aviso de quê?

— De advertência.

— Para quem?

— Para os Estados Unidos.

— Por quê?

— Quando você ouvir — disse ele — entenderá por que.

— E tudo isso tem origem em um mistério que data de... quanto tempo você disse?

— Eu não disse.

— Então isto data de quanto tempo?

— Dois mil e quinhentos anos.

— Um mistério de dois mil e quinhentos anos por trás do que está acontecendo no século 21, desde a política até a economia e até as relações exteriores — tudo isso e você é o único que sabe a respeito disso?

— Não sou o único.

— Quem mais sabe a respeito disso? — ela perguntou.

— Existe pelo menos mais uma pessoa.

— Não é o governo? O governo não faz ideia disso, embora esteja por trás de tudo isto?

— Que eu saiba, nenhum governo ou serviço de inteligência, ninguém mais sabe.

— Ninguém além de você.

— E pelo menos mais uma pessoa.

— E como você descobriu isso?

— Eu não descobri — respondeu ele. — Essa informação me foi dada.

— Dada? Por quem?

— Por um homem.

— E quem é esse homem?

— É difícil dizer.

Com isto, ela se debruçou para a frente e falou com ele em um tom tanto intenso quanto ligeiramente sarcástico.

— Experimente — disse ela.

— Você não vai entender.

— Qual era o nome dele?

— Não sei.

— Você não sabe? — respondeu ela, com um vestígio de deboche em sua voz.

— Não, ele não me disse.

— Então este mistério que vai sacudir a terra só é conhecido por você e por esse único homem que o entregou a você, mas que não tem nome.

— Eu não disse que ele não tem nome. Ele simplesmente não me disse o seu nome.

— E você não perguntou?

— Perguntei, mas ele não me disse.

— Nem o número do telefone?

— Ele também não me deu.

— Nem um cartão de visitas?

— Não.

— Nem mesmo um *e-mail*?

— Não espero que você acredite em mim ainda.

— Por que não? — respondeu ela, sem tentar esconder o seu ceticismo. — Isto soa tão plausível!

— Mas ouça-me.

— Então esse homem sem nome lhe entregou esse mistério.

— Isso mesmo.

— E por que a você?

— Acho que eu era a pessoa certa.

— Então você foi escolhido?

— Acho que sim — respondeu ele, com a voz quase sumindo.

— E de onde *ele* tirou o mistério?

— Não sei.

— Um mistério do qual depende o futuro da nação e ninguém sabe de onde ele veio?

— De onde os profetas tiram as suas mensagens?

— Profetas! — disse ela. — Então agora estamos falando sobre profetas?

— Acho que sim.

— Como Isaías... Jeremias?

— Algo assim.

— Na última vez que ouvi falar sobre profetas, eu estava na Escola Dominical, Nouriel. Profetas não existem mais. Eles foram extintos há eras.

— Como você sabe?

— Então você está me dizendo que o homem que lhe entregou esta revelação é um profeta?

— Algo assim.

— Ele lhe disse que era um profeta?

— Não, ele nunca disse isso.

— E você acredita em tudo isso porque veio de um profeta?

— Não — ele respondeu — não importa quem o disse. Não se trata do mensageiro, mas da mensagem.

— Então por que você está *me* dizendo tudo isto? Por que você veio aqui? Não sou conhecida exatamente por lidar com coisas desse tipo, nem de longe.

— Porque as probabilidades são muito grandes. Porque o futuro está dependendo disto. Porque isto afeta milhões de pessoas.

— E você acha que eu tenho parte nisso?

— Acho.

— Realmente?

— Sim.

Ela se recostou em sua cadeira e olhou para ele por um instante, intrigada, entretida, e ainda procurando entendê-lo.

— Então, Nouriel, conte-me como tudo começou.

Ele enfiou a mão no bolso do casaco, colocou a mão fechada sobre a mesa, depois a abriu. No meio de sua palma, estava um pequeno objeto circular marrom dourado, feito de argila vermelha, e com cerca de cinco centímetros de diâmetro.

— Tudo começou com isto.

Ele entregou-o a ela. Ela começou a examiná-lo. Quanto mais olhava para ele, mais intrigada ficava. Ele estava coberto com o que pareciam antigas inscrições.

— Tudo começou com isto.

— E o que é isto?

— É um selo — respondeu ele. — É o primeiro selo.

Capítulo 2

O Profeta

ת א

— Um selo — repetiu ela, enquanto continuava a examinar o objeto em suas mãos. — E o que exatamente é um selo?

— É o que se costumava usar nos tempos antigos para marcar um documento como autêntico ou proveniente de uma autoridade.

Ela colocou-o sobre a mesa.

— E as marcas?

— São letras — disse ele. — Inscrições em hebraico primitivo.

— Hebraico primitivo... nunca ouvi falar disso.

— É uma forma antiga de escrita hebraica.

— Você é algum tipo de arqueólogo?

— Não — respondeu ele — sou jornalista, jornalista autônomo.

— Espere um instante... Kaplan... Nouriel Kaplan. Eu sabia que o nome me era familiar. Você escreveu artigos em revistas e na internet.

— Culpado!

— Por que não me dei conta? — ela sacudiu a cabeça de um lado para o outro, atônita por não ter reconhecido o nome de início.

— Então você *não* é louco de modo algum — ela disse, quase pedindo desculpas.

— Alguns discordariam dessa suposição — respondeu ele.

Com isso, a fisionomia e o tom das palavras dela se tornaram muito menos comedidos.

— Mas isso só pode ser uma despedida para você. Como você se envolveu com essa história?

— Foi com isto — disse ele, levantando o selo de argila da mesa. — Foi isto que começou tudo.

— Como você conseguiu isto?

— Acredite se quiser, veio pelo correio.

— Você encomendou?

— Não, não encomendei, e não estava esperando por isto. Apenas veio... um pequeno pacote marrom com o meu nome e endereço e sem endereço de remetente. Dentro estava este selo com aparência antiga, e nada mais, nenhuma carta com explicações... nada.

— E o que você pensou?

— Eu não sabia o que pensar. O que eu deveria fazer com ele? Ele não tinha relação com nada em minha vida. Quem teria me enviado isto sem explicações? Coloquei-o de lado. Mas ele continuou a me intrigar. Um dia... era um fim de tarde... eu não conseguia parar de pensar nele. Decidi sair para tomar um pouco de ar fresco. Coloquei o selo no bolso do casaco e fui dar uma volta ao longo do Rio Hudson. Estava ventando naquele dia. O céu estava escuro, cheio de nuvens de aparência sinistra. Depois de algum tempo, sentei-me em um banco voltado para a água. Tirei o selo do bolso e comecei a examiná-lo. Eu não estava sozinho no banco; havia um homem sentado à minha esquerda.

— Parece que vamos ter uma tempestade — disse ele, sem se virar para mim ou sem interromper a sua contemplação, que estava fixa no céu acima da água.

— Parece — respondi.

Foi então que ele decidiu olhar, primeiro para mim, e depois para o selo em minha mão. E foi então que a intensidade do seu olhar me atingiu pela primeira vez.

— O que é isto? — ele perguntou.

— Algum artefato arqueológico.

— Posso ver? — ele disse. — Prometo tomar cuidado.

Fiquei relutante, mas por algum motivo... pensando naquele momento, não sei exatamente por que, atendi ao pedido dele. Ele começou a examinar os detalhes do objeto.

— Você faz alguma ideia do que é isto? — perguntei.

— Onde o conseguiu?

— Por quê?

— É muito interessante. É um selo antigo.

— É o que é isto?

Ele continuou.

— Selos como este eram usados para marcar documentos importantes — editos, decretos, comunicados dos reis, governantes, príncipes, sacerdotes e escribas — nos tempos antigos. O selo era o sinal de autenticidade. Ele dizia que a mensagem era real, de alguém importante, e devia ser levada a sério.

— E quanto à escrita?

— Está em hebraico primitivo, do... eu diria... do século seis a sete a.C. Como você o conseguiu?

— Alguém o enviou para mim.

— Quem?

— Não sei.

Ele retirou os olhos do objeto apenas por tempo suficiente para fazer contato com os meus olhos, como se estivesse surpreso com a minha resposta.

— Você não sabe quem o enviou?

— Não.

— Alguém simplesmente enviou isto para você por correio.

— Como você sabe tanto a respeito disto?

— Sobre selos?

— Sim.

— Os objetos antigos são um *hobby* que tenho. Este é judaico.

— Judaico?

— O selo é do reino de Judá.

— E isto é importante?

— Muito. É de onde vem a maior parte da Bíblia, do reino de Judá — Israel. Nunca houve um povo para quem a autenticidade de uma palavra escrita significasse tanto. Para eles, era uma questão de vida ou morte. Deus falava com eles. Ele lhes dava palavras, mensagens proféticas de correção. Mensagens para salvá-los da calamidade. Se eles ignorassem essas mensagens, o resultado seria catastrófico.

— E como Deus mandava essas palavras?

— Por intermédio dos Seus mensageiros, por meio dos Seus servos, os profetas.

— E como exatamente Ele *enviava* essas mensagens?

— O profeta recebia a palavra por transferência — uma visão, um sonho, um pronunciamento, um sinal. Então ele era responsável por transmitir a palavra à nação, quer proclamando-a ou escrevendo-a, ou realizando um ato profético.

— E como a nação sabia se uma palavra vinha de Deus ou não... se ela era autêntica? Como se reconhecia um profeta autêntico?

— Não era pela sua aparência — disse ele — se é o que você quer dizer. Ele não tinha necessariamente a aparência diferente de qualquer pessoa, a não ser pelo fato de que ele era *chamado*. Ele poderia ser um príncipe ou um fazendeiro, um pastor, um carpinteiro. Ele poderia estar sentado ao seu lado, e você não fazer ideia de que estava sentado ao lado de um profeta. Não se tratava do profeta, mas daquele que o enviara.

— Então como eles sabiam se a mensagem vinha de Deus?

— Ela continha a marca, a impressão digital daquele que a enviara.

— Como um selo.

— Sim, como um selo... e a palavra vinha no tempo certo — quando a nação precisava ouvi-la, nos momentos críticos e em tempos de apostasia e perigo.

— Perigo?

— De julgamento — ele respondeu.

— E eles ouviam os profetas?

— Alguns sim; a maioria não. Eles preferiam ouvir mensagens agradáveis. Mas as mensagens dos profetas não tinham a intenção de fazer com que eles se sentissem bem, mas sim de adverti-los. Então os profetas eram perseguidos... e depois vinham o juízo... a calamidade... a destruição.

Ele me devolveu o selo.

— Foi ele — disse Ana, quebrando o seu silêncio — o homem no banco... ele era o profeta?

— Sim.

— Ele estava lhe dizendo isto quando falou "Ele poderia estar sentado ao seu lado".

— Exatamente.

— Como era ele?

— Um tanto magro, cabelos escuros, barba bem feita. Ele tinha a aparência de alguém do Mediterrâneo ou do Oriente Médio.

— E o que ele estava vestindo?

— Uma longa capa escura. Ele estava sempre vestindo a mesma capa todas as vezes que o vi.

— Então ele lhe devolveu o selo.

— Sim, e eu lhe perguntei: "Por que alguém iria querer me enviar um selo antigo?"

—— E ele disse: "Um selo testemunha que uma mensagem é autêntica ou de grande importância".

— "Mas o que isso pode ter a ver comigo? Não tenho nada a ver com mensagens de grande importância". — perguntei ao homem. E ele respondeu: "Talvez você tenha e simplesmente não saiba disso".

"Você é muito místico, sabe disso?", eu disse. E ele respondeu: "Ou talvez você esteja para receber uma". Então perguntei: "O que você quer dizer?"

"Uma mensagem de grande importância", respondeu ele.

— A mão esquerda dele estivera repousando no seu colo durante toda a conversa... fechada. Foi então que ele a abriu. No meio de sua palma havia um selo.

— Não! — disse Ana, agora se debruçando em sua cadeira. — Como ele poderia ter um?

— Mas ele tinha.

— ...um selo como o seu?

— Como o meu, apenas com inscrições diferentes.

— Mas como ele...?

— Exatamente. Foi o que *eu* quis saber.

Eu não conseguia pensar direito. Não conseguia processar aquilo. Meu coração estava batendo forte, e minha voz ficou intensa.

— O que é isto? — perguntei.

Eu sabia o que era, mas não sabia de que outra forma dizer isso.

— Um selo — respondeu ele.

— O que eu quis dizer foi: o que você está fazendo com um selo?

— O que *eu* estou fazendo com um selo? A pergunta é: "O que *você* está fazendo com um selo?"

— Como você conseguiu isto? — retruquei.

— Eu lhe disse, é meu *hobby*. Coleciono-os.

— Você coleciona selos?

— Sim.

— *É você!* — eu disse, com a voz cheia de tensão e levantando-me. — Você é a pessoa que está por trás disto. Foi você quem me enviou o selo. De que se trata tudo isto?

— Trata-se de descobrir do que se trata.

— Como você fez isto? Como você conseguiu... Você tem me seguido?

— Seguindo *você*? Era eu quem estava sentado neste banco. Foi *você* quem chegou depois. Tem certeza de que *você* não estava *me* seguindo?

— Eu nem o conheço.

— Ainda assim, foi você quem chegou depois.

Ele estava certo, é claro. Ele não poderia ter me seguido porque já estava ali. Fui *eu* quem se sentou ao lado dele. E ainda assim, em sua mão havia um selo exatamente como o que estava na minha, como se ele soubesse que eu viria, como se estivesse esperando. Mas era algo raro eu ir àquele lugar. Não fora nada planejado. E fui *eu* quem escolheu sentar naquele banco específico e retirar o selo naquele momento específico. Perguntei novamente:

— De que se trata tudo isto?

— Você recebeu um selo — disse ele. — Onde há um selo, deve haver uma mensagem. Você tem uma mensagem?

— Não — respondi, quase de forma defensiva. — Não tenho mensagem alguma.

Com isto, ele fez uma pausa e apenas olhou a distância por alguns instantes. Então ele se virou para mim e, olhando diretamente nos meus olhos, pronunciou esta resposta: "Mas *eu* tenho".

— O que você quer dizer? — perguntei.

— Quero dizer que eu tenho uma mensagem.

— Que mensagem?

— Eu tenho uma mensagem... para você.

Àquela altura, eu estava quase tremendo. Levantei-me do banco.

— Acho que não — disse eu, com uma voz agora tensa pela ansiedade. — Não faço ideia de como você conseguiu fazer isto, mas isto não tem nada a ver comigo.

— Esta é a hora — respondeu ele.

Eu queria fugir, mas não consegui. Eu estava dividido entre dois impulsos — o ímpeto de me afastar tanto quanto possível daquele banco e a necessidade de ouvir o que ele tinha a dizer. Eu estava congelado. E então ele falou novamente.

— Esta é a hora, Nouriel.

— Nouriel! — respondi, quase gritando. — Como você...?

— Como seria *possível* ele saber o seu nome? — Ana perguntou.

— Boa pergunta, mas ele nunca a respondeu. Em vez disso, ele voltou o seu olhar novamente para a distância à sua frente e continuou falando.

"Esta é a hora certa, mas não para uma nação antiga. É a hora para que a palavra seja entregue... para que o mistério seja revelado... para que a mensagem seja pronunciada. Esta é a hora certa — mas não para uma nação antiga".

— Isto não tem nada a ver comigo — eu disse novamente.

— Então por que você recebeu o selo? — perguntou ele.

— Quem *é* você? — retruquei.

Ele não respondeu, mas apenas olhou para mim. Foi um silêncio tão intenso quanto tudo que aconteceu naquele dia. Eu não podia mais ficar ali.

— Então você o deixou?

— Sim.

— E o que ele fez quando você partiu?

— Não sei. Não olhei para trás.

— Então, como tudo isso fez sentido para você?

— Não fez. Fui para casa. Mas não conseguia parar de pensar nisso. Durante dias, foi quase impossível dormir. Peguei uma Bíblia para procurar qualquer coisa que eu pudesse encontrar sobre os profetas e suas mensagens. Dias, semanas se passaram, e eu mal conseguia pensar em alguma coisa a não ser naquele encontro. E então eu voltei.

— Ao banco à beira do rio Hudson.

— Sim, mas não exatamente *àquele* banco, mas próximo a ele, de onde eu o pudesse ver a distância.

— Por quê?

— Porque eu não estava certo de que queria vê-lo novamente.

— Mas você *queria* vê-lo novamente.

— Mais uma vez, eu estava dividido. Eu sabia que se não o visse novamente, jamais conheceria a resposta. Ao mesmo tempo eu tinha medo do que aquilo pudesse significar. E ainda assim, fui impelido a voltar. Eu precisava voltar.

— E...?

— E ele não estava lá. Voltei uma segunda vez. E novamente ele não estava lá. E depois uma terceira.

— E...?

— Na terceira vez ele estava ali exatamente como na primeira vez, sentado no mesmo banco, no mesmo lugar, com a mesma capa longa e escura.

— E...?

— E então tudo começou.

Capítulo 3

A Véspera do Reino e os Nove Presságios

ת א

Eu estava em pé atrás do banco e mais para a direita.

— Você voltou — disse o profeta, sem qualquer movimento em sua cabeça, mas ainda mantendo o olhar voltado para o horizonte. Ele não poderia ter me visto, mas sabia que eu estava ali. Era algo com o qual eu jamais poderia me acostumar... estar com alguém que eu sentia que podia, a qualquer momento, ver através de mim.

— Por quê? — ele perguntou, ainda olhando para as águas. — Por que você voltou?

— Porque — respondi — você é a única pessoa que pode me dar a resposta.

— Para quê? — ele perguntou.

— Para o problema.

— Para que problema?

— Para o seu problema.

— Eu sou a única pessoa que pode responder ao meu problema? — disse ele com certo tom de brincadeira na voz. — Não sei, Nouriel; isto me soa um tanto paradoxal.

— Estou errado? — perguntei.

— Não — respondeu ele. — Você não está errado.

Juntei-me a ele no banco. Foi somente então que ele voltou os olhos para mim.

— Mas você está pronto? — ele perguntou.

— Para...?

— A resposta.

— Espero que sim.

— Então vamos começar. Você é um jornalista; você trouxe um bloco ou um gravador?

— Um gravador.

— Bom — disse ele. — Eu achei que você o faria. Ligue-o.

Retirei o gravador do bolso do casaco e apertei *gravar*. Daquele dia em diante, tomei ainda mais cuidado para me certificar de nunca ir a lugar algum sem meu gravador, só por garantia.

— Então, tudo que o profeta disse, você gravou? — perguntou Ana.

— Praticamente tudo.

— *Gravações do Profeta*... não é um mau título para um livro.

— Assim que liguei o gravador, ele voltou o olhar para as águas e ligeiramente para cima, sem focar em nada especificamente que eu pudesse ver. Então, ele começou a falar como se estivesse se lembrando de algo muito distante.

— Eles não faziam ideia do que estava por vir. Eles pensavam que tudo continuaria como sempre, como se as coisas nunca fossem mudar. Eles não tinham ideia do que estava para acontecer ou de para onde tudo os levaria. Tudo que eles conheciam até aquele ponto, todo o seu mundo, desapareceria.

— Quem?

— Um povo antigo... um reino antigo. Israel, o reino do norte, século oito a.C. Eles deveriam saber. Tudo estava ali desde o princípio, mas eles esqueceram.

— Esqueceram o quê?

— Do propósito deles, do fundamento deles, daquilo que os tornava únicos. Nenhuma nação havia sido chamada a existir para fazer a vontade de Deus ou fora dedicada aos propósitos dele desde a concepção. Nenhum povo recebera uma aliança. Mas a aliança tinha uma condição. Se eles seguissem os caminhos de Deus, eles se tornariam a mais abençoada das nações. Mas se eles se afastassem e se voltassem contra os Seus caminhos, então as bênçãos deles seriam retiradas e substituídas por calamidade, como eles fizeram, e como aconteceu.

— Mas por que eles se afastariam se receberam tanto?

— É um mistério — disse o profeta — um tipo de amnésia espiritual. Quando tudo começou, eles ainda estavam usando o nome de Deus, mas cada vez com menos significado por trás dele. Então eles começaram a misturar Deus, confundindo-o com os deuses das nações. E começaram a se voltar contra Ele — no princípio sutilmente, depois abertamente, depois de maneira audaciosa — expulsando-o da sua vida nacional e trazendo ídolos para preencher o vazio. A terra ficou coberta de ídolos e altares a deuses estranhos. Eles rejeitaram a Sua aliança, abandonaram os Seus padrões e trocaram os valores segundo os quais sempre viveram por valores que nunca conheceram — a espiritualidade pela sensualidade, a santidade pelo profano, e a justiça pelo interesse próprio. Eles se afastaram da fé sobre a qual a nação deles foi estabelecida e se tornaram estranhos a Deus. E quanto aos seus mais inocentes, os seus filhinhos, eles os ofereceram em sacrifício.

— Literalmente? — perguntei. — Eles mataram literalmente os próprios filhos?

— Nos altares de Baal e Moloque, os seus novos deuses. Eles

desceram a esse nível. Tudo agora estava de cabeça para baixo. O que um dia eles conheceram como certo, agora viam como ultrapassado, intolerante e imoral. E o que um dia eles conheceram como imoral, agora defendiam e celebravam como sagrado. Eles haviam se transformado em inimigos do Deus que um dia adoraram e da fé que um dia seguiram, até que a própria menção do Seu nome foi banida das suas praças públicas. E ainda assim, apesar de tudo isso, Ele foi misericordioso e os chamou sem cessar.

— Por intermédio dos profetas?

— Sim, por intermédio dos profetas — Elias, Eliseu, Oseias e Amós, implorando a eles, advertindo-os, chamando-os a retornar. Mas eles rejeitaram o chamado e declararam guerra àqueles que permaneceram fiéis. Eles os tacharam de criadores de problemas, de irritantes, de perigosos, e finalmente, de inimigos do Estado. Eles foram marginalizados, difamados, perseguidos e até caçados. Então a nação se tornou surda ao chamado daqueles que tentavam salvá-los do juízo. O alarme teria de soar mais alto e as advertências deveriam ser mais severas.

— Mais severas?

— Eles entrariam em uma nova fase. As palavras dos profetas agora se juntariam ao som da calamidade. Deus retiraria a cerca.

— Retiraria qual cerca? — perguntei.

— A cerca que Ele colocara ao redor deles, a cerca de proteção, de segurança nacional que os havia mantido seguros até aquele momento. Enquanto ela estivesse em seu lugar, eles estariam seguros. Nenhum reino inimigo, nenhum império, nenhum poder na terra poderia tocá-los. Mas quando ela foi retirada, tudo mudou. Seus inimigos agora poderiam invadir, violar a sua terra e entrar pelas suas portas. Era uma nova fase, muito mais perigosa do que antes. Assim começaram os dias de calamidades e turbulências... os dias da advertência final.

— E quando tudo isso aconteceu? Quando essa cerca foi retirada?

— Em 732 a.C.

— Talvez eu esteja deixando escapar algo — eu disse. — Mas o que tudo isso que aconteceu há 2.500 anos tem a ver com qualquer coisa... com agora? O que isto tem a ver com o motivo pelo qual você está aqui e por que eu estou ouvindo tudo isto? Quando nos encontramos pela primeira vez, você disse que isso não tinha a ver com uma nação antiga. Mas até agora você só falou sobre uma nação antiga.

— Eu disse: "Não é *para* uma nação antiga". É diferente.

— Mas por que você está falando sobre uma nação antiga?

— Porque a não ser que você entenda o que aconteceu naquele tempo, nunca entenderá o que está acontecendo agora.

— Agora? Então isso é algum tipo de chave?

— Uma chave para o tempo certo, para que a palavra seja dada e para que a mensagem seja transmitida, mas não para uma nação antiga.

— Então para que... para que nação?

Ele ficou em silêncio.

Perguntei-lhe de novo.

— Para que nação?

Foi só então que ele disse:

— Os Estados Unidos — disse ele. Agora para os Estados Unidos.

Com isso, ele se levantou do banco e andou em direção à água. Eu não podia deixar nada escapar àquela altura. Segui-o até lá.

— Tudo isto tem a ver com os Estados Unidos?

— Sim.

— Então esta é a *hora certa* para os Estados Unidos? Para que um mistério seja revelado e uma mensagem seja transmitida aos Estados Unidos da América?

— Sim.

— Mas o que os Estados Unidos têm a ver com o antigo Israel?

— Israel era única entre as nações pelo fato de que ela havia sido concebida e dedicada desde a sua fundação aos propósitos de Deus.

— Sim...

— Mas houve outra civilização — uma civilização que também foi concebida e dedicada à vontade de Deus desde sua concepção... os Estados Unidos. Na verdade, aqueles que firmaram as suas bases...

— Os Pais Fundadores.

— Não, muito antes dos Pais Fundadores. Aqueles que firmaram as bases dos Estados Unidos o viam como um novo Israel, um Israel do Novo Mundo.

— E os Estados Unidos *eram* um novo Israel?

— Os Estados Unidos são os Estados Unidos. E Israel é Israel. Um não substitui o outro. Mas os fundadores dos Estados Unidos da América estabeleceram a nova nação segundo o padrão da antiga Israel. Eles a dedicaram a Deus e a viam como se estivesse em aliança com Ele.

— Então eles *estavam* aliançados com Deus?

— A Bíblia revela apenas uma nação com a qual Deus fez aliança.

— Israel... Mas os Estados Unidos seguiram o padrão de Israel.

— Sim.

— E eles se consideravam como uma nação em aliança com Deus.

— Sim.

— Então, o que isso significa?

— Eles acreditavam que se o país seguisse os caminhos de Deus, ele se tornaria a civilização mais abençoada, mais próspera e mais poderosa da terra. Eles previram isso desde o princípio. E o que eles previram se realizaria. Os Estados Unidos da América se ergueriam a alturas que nenhuma outra nação jamais havia atingido. Não que tenha sido sempre sem erros ou pecados, mas eles sempre aspiraram, de uma forma ou outra, a cumprir o chamado visualizado por seus fundadores desde o início.

— Que era...

— Ser um vaso de redenção, uma luz para o mundo. E assim a nação serviria como refúgio para os pobres e necessitados do mundo, e como esperança para os seus oprimidos. Ela se levantaria, mais de uma vez, contra o movimento tenebroso da era moderna que ameaçava inundar o mundo... e libertaria milhares da opressão. E neste processo os Estados Unidos se tornariam a nação mais abençoada, mais próspera, mais poderosa e mais reverenciada da terra — ao dedicarem os Estados Unidos ao propósito de Deus, exatamente como os seus fundadores haviam profetizado.

— Então, Deus honrou isto... o fato de eles terem dedicado os Estados Unidos aos Seus propósitos.

— Seja como for que as pessoas avaliem isto, o fato permanece: eles dedicaram os Estados Unidos da América a Deus, e o que eles previram se realizou. Os Estados Unidos se tornaram a nação mais abençoada da terra. Isso prova o que a Bíblia revela com relação ao destino das nações: *"A justiça exalta uma nação..."*

O profeta fez uma pausa, como se quisesse que eu soubesse que a declaração não havia terminado.

— Porém, está vindo um *mas* por aí, não é?— disse eu, preenchendo o silêncio.

— Sim — disse o profeta. — No caso da antiga Israel, sempre havia uma condição.

— Se eles deixassem de seguir a Deus...

— E se voltassem contra Ele, então as suas bênçãos seriam retiradas e substituídas por maldições.

— Mas Israel não estava cercada de nações muito piores — perguntei — sem nenhum conceito acerca de Deus ou do código moral? Então por que Israel seria julgada?

— Porque a quem muito é dado muito é exigido. E nenhuma nação havia recebido tanto. Nenhuma nação fora tão abençoada espiritualmente. Então os padrões eram mais elevados, as apostas eram mais altas, e o juízo, quando veio, foi mais severo.

— E os Estados Unidos... — eu disse.

— E os Estados Unidos fizeram muito bem. E não existe nação que tenha excedido os Estados Unidos em nenhum dos seus erros ou pecados. Mas nenhuma nação no mundo moderno recebeu tanto. Nenhuma foi tão abençoada. A quem muito é dado, muito é pedido. "A justiça exalta uma nação... mas o pecado é uma condenação para qualquer povo". Se uma nação tão abençoada por Deus se afastasse dele, qual seria o resultado?

— As suas bênçãos seriam substituídas por maldições?

— Sim.

— E os Estados Unidos se afastaram de Deus? —perguntei.

— Sim, afastou-se, e continua se afastando.

— Como?

— Da mesma maneira que Israel se afastou. Tudo começou com uma complacência espiritual, depois com uma confusão espiritual, depois com a mistura de Deus com os ídolos, e depois, finalmente, com a rejeição aos Seus caminhos. Assim como aconteceu com a Israel antiga, os Estados Unidos começaram a expulsar Deus da sua vida, voltando-se, passo a passo, contra os Seus caminhos, em princípio sutilmente, e depois cada vez com mais ousadia.

— Quando? — perguntei — Quando isso começou?

— Não existe uma resposta simples. Nos maiores momentos dos Estados Unidos, sempre houve pecado, e nos seus piores momentos, grandeza. Mas existem pontos de junção críticos. Em meados do século 20, os Estados Unidos começaram oficialmente a retirar Deus de sua vida nacional. Eles aboliram a oração e as Escrituras de suas escolas públicas. Como a antiga Israel retirou os Dez Mandamentos da sua consciência nacional, os Estados Unidos fizeram o mesmo, removeram os Dez Mandamentos da visão do público, banindo-os de suas praças públicas e retirando-os, por decreto governamental, de seus muros. Como aconteceu na antiga Israel, também nos Estados Unidos, Deus foi progressivamente expulso da vida pública da nação. A simples menção ao nome de *Deus* ou de *Jesus* em qualquer contexto relevante se tornou cada vez mais um tabu e algo indesejado, exceto para fins de zombaria e ataque. Aquilo que um dia fora reverenciado como sagrado agora era tratado cada vez mais como profano. E à medida que Deus foi expulso, os ídolos foram trazidos para substituí-lo.

— Mas os norte-americanos não adoram ídolos.

— Não — disse o profeta — eles simplesmente não os chamam de *ídolos.* À medida que Deus era eliminado da vida norte-americana, os ídolos entraram para preencher o vazio — ídolos da sensualidade, ídolos da ganância, do dinheiro, do sucesso, do conforto, do materialismo, do prazer, da imoralidade sexual, da adoração ao ego, da obsessão consigo mesmo. O sagrado desapareceu cada vez mais, e o profano tomou o seu lugar. Era outro tipo de amnésia espiritual; a nação esqueceu-se das suas bases, do seu propósito e do seu chamado. Os padrões e valores que ela sustentara por tanto tempo agora haviam sido abandonados. O que ela um dia conhecera como imoral, ela agora aceitava. A sua cultura foi cada vez mais corrompida pela corrosão da imoralidade sexual, tornando-se cada vez mais grosseira e vulgar. Uma onda de pornografia começou a penetrar a sua mídia. A mesma nação que um dia se dedicara a propagar a luz de Deus às nações agora enchia o mundo com o pornográfico e com o obsceno.

— Alguns chamariam isso de *tolerância* — disse eu.

— Sim — ele respondeu. — A mesma tolerância que tomou conta da antiga Israel... uma tolerância por tudo que se opunha a

Deus, uma tolerância crescente pela imoralidade e uma intolerância crescente pelo que é puro — uma tolerância que zombava, marginalizava e condenava aqueles que permaneciam fiéis aos valores que agora estavam sendo descartados. A inocência passou a ser ridicularizada e a virtude passou a ser difamada. As crianças começaram a aprender sobre imoralidade sexual nas escolas públicas enquanto a Palavra de Deus era banida. Foi uma tolerância que colocou o profano em exibição pública e retirou as cenas do nascimento de Cristo da visão do público... como se de algum modo elas houvessem se tornado uma ameaça — uma tolerância estranhamente intolerante.

— Mas ainda assim — retruquei — como tudo isso se compara ao que aconteceu na antiga Israel? Os Estados Unidos não oferecem seus filhos em altares de sacrifício!

— Não? — disse ele. — Dez anos depois de retirar a oração e as Escrituras de suas escolas públicas, a nação legalizou a matança de seus fetos. O sangue dos inocentes agora manchava as mãos da coletividade. Israel sacrificou milhares nos altares de Baal e de Moloque. Mas por volta do alvorecer do século 21, os Estados Unidos haviam sacrificado *milhões*. Pelos seus milhares, o juízo veio sobre Israel. O que dizer dos Estados Unidos?

— Então o que você está dizendo?

Ele não respondeu.

— Os Estados Unidos correm o risco de serem julgados? — perguntei.

Mais uma vez ele ficou em silêncio.

— Diga-me... os Estados Unidos correm o risco de serem julgados?

— Você tem certeza de que quer saber a resposta?

— Tenho.

— A resposta à sua pergunta é *sim*... Sim. Os Estados Unidos correm o risco de serem julgados.

Não respondi imediatamente. Eu estava tentando encontrar uma defesa. Finalmente eu disse:

— Não podemos estar tão mal quanto na antiga Israel. Eles se levantaram contra os profetas. Mas se Deus enviasse uma mensagem aos Estados Unidos hoje, chamando o país de volta, as pessoas ouviriam.

— Será?

— Não ouviriam?

— Não.

— Como você sabe?

— Porque eles fecharam os seus ouvidos às vozes deles. Assim como aconteceu com a antiga Israel, o alarme teria de soar mais alto e o chamado teria de ser mais severo.

— O que significa que...

— O que significa que os Estados Unidos entrariam em uma nova fase.

— Qual?

— A mesma que aconteceu com Israel — ele respondeu.

— A cerca?

— A remoção da cerca de proteção da nação.

— E o que significaria se algo assim acontecesse?

Houve uma longa pausa antes que ele respondesse a isso.

— Já aconteceu.

— O que você quer dizer?

— A cerca de proteção dos Estados Unidos já foi removida, e os Nove Presságios foram manifestos.

— Os Nove Presságios?

— Os Nove Presságios que se manifestaram na antiga Israel nos últimos dias da nação. Cada um era um sinal. Cada um era uma advertência de julgamento... do fim deles... os Nove Presságios do juízo.

— Não entendo.

— Tudo está acontecendo novamente de acordo com o mesmo padrão, de acordo com o julgamento da antiga Israel. Os Nove Presságios, que apareceram nos últimos dias da antiga Israel agora estão aparecendo nos Estados Unidos.

— Aparecendo nos Estados Unidos?

— Cada um se manifestando em solo americano. Cada um contendo uma mensagem profética. E o futuro da nação depende deles.

— Não entendo...

— Você não precisa entender. Tudo será revelado.

Ele me perguntou se eu estava com o selo. Eu estava. Retirei-o do meu bolso e o entreguei a ele. Então ele abriu a sua outra mão para revelar outro selo, o mesmo que ele estava segurando no dia em que nos conhecemos. Ele o colocou na minha mão. "Nove selos, um para cada Presságio, um para cada mistério".

—— E este? — perguntei.

—— Este é o selo do Primeiro Presságio.

— E aquele que eu dei a você?

— Aquele era o *seu* selo. Mas ainda há mais oito selos dos Presságios. Guardarei cada selo até que nos encontremos novamente, em cujo tempo você o devolverá a mim para receber o próximo selo e a revelação seguinte. Você terá apenas um selo por vez, um depósito de garantia de um mistério por vir.

E você confia em mim, confia que eu os devolverei a você? — perguntei.

— Sim.

— Mas como você sabe se me verá de novo?

— Você é a pessoa que está buscando, e não vai parar até encontrar. Em todo caso, tenho o meu próprio depósito de garantia, não é?

Ele fez uma pausa e depois balançando a cabeça ligeiramente, disse:

— Até então, Nouriel.

E começou a se afastar.

— E o *meu* selo?— gritei para ele.

— Você o terá de volta quando tivermos terminado — ele respondeu sem parar nem virar a cabeça.

— E quando nos encontraremos de novo? — perguntei.

— Quando chegar a hora de falar sobre o Primeiro Presságio.

— Aqui?

— No lugar determinado — respondeu ele.

— Como vou saber?

— Como você soube que deveria vir até aqui? — ele perguntou.

— Eu não soube.

— Então você não vai saber de novo e, no entanto, estará lá.

E então ele se foi.

Capítulo 4

O Primeiro Presságio: A Ruptura

ת א

— Mas você viu o profeta depois disso?

— Sim.

— E você não teve *nenhum* contato com ele antes de vê-lo novamente?

— Isso mesmo.

— Não entendo — disse ela. — Como você sabia onde encontrá-lo ou quando... se ele não lhe disse?

— Eu não sabia onde ou quando — ele respondeu — simplesmente nos encontramos.

— Ainda não entendo.

— Simplesmente acontecia. Algumas vezes eu era levado pelas pistas, e outras vezes era conduzido apesar delas. Mesmo quando eu as entendia de forma errada, ainda assim acabava, finalmente, no lugar certo. E algumas vezes mesmo sem pistas, quando eu não estava sequer procurando... ainda assim acontecia. Simplesmente acabávamos no mesmo lugar. Chame isso de *predestinação*. Não sei. Simplesmente acontecia.

— Por que você acha que o profeta lhe deu pistas para reunir em lugar de simplesmente lhe dizer desde o começo?

— Não sei. Talvez porque fosse o processo em si de tentar reunir tudo que levasse ao encontro seguinte. Acho que também era para que cada Presságio fosse impresso na minha consciência.

— Então você o encontrou de novo. E o que aconteceu? Não, espere um instante.

Ela se levantou da mesa, andou até sua escrivaninha e apertou um dos botões do seu aparelho telefônico.

— Segure todas as ligações — ela disse — não permita qualquer interrupção.

— Até as ligações que estão programadas? — respondeu uma voz de mulher no alto-falante.

— Sim. Diga a eles que aconteceu algo e que retornarei a ligação assim que possível. Peça desculpas por mim... calorosamente.

— Por quanto tempo?

— Não sei — disse ela — até o fim do dia.

Ela voltou para a mesa e redirecionou sua atenção.

— Tudo bem, então você o encontrou novamente — disse ela. — Quando e onde?

— Aconteceu algumas semanas depois do nosso último encontro. Durante aquele período, eu estudei o selo procurando pistas para o mistério do Primeiro Presságio.

— E o que havia nele?

— Inscrições e formas, mas uma que era claramente a imagem central e maior. Ela era... como posso descrever? Havia uma linha horizontal como se fosse a borda superior de algum objeto ou estrutura. A linha se aprofundava no meio do selo, depois subia novamente e continuava como uma linha horizontal até o outro lado. Então ela formava algo como um V no meio. Eu não conseguia extrair nada daquilo.

— Então?

— Então voltei ao banco junto às águas. Mas ele não estava lá. Voltei várias vezes depois daquilo, mas nada. Semanas se passaram, e depois meses. Perguntava-me se algum dia o veria novamente. E tudo aquilo ainda não parecia real. Eu teria quase duvidado da minha memória se não fosse pelo selo. Um dia... era uma manhã de terça-feira. Eu estava na Lower Manhattan, na parte inferior extrema da ilha, no Battery Park, refletindo sobre as palavras do profeta e olhando do outro lado das águas para a Estátua da Liberdade à distância.

Em princípio, não percebi uma figura escura em pé, 15 metros à minha frente e mais para a direita. Ele também estava olhando para a água, de modo que eu só podia ver as suas costas. Se ele estava olhando para a Estátua ou para algum objeto, ou apenas para a água, não sei. Ele virou-se para o lado, só por um instante. Foi quando o reconheci. Fui até ele o mais depressa que pude, não querendo me arriscar a perder aquele momento. Enquanto eu ainda estava atrás dele, ele disse... mais uma vez, sem desviar o olhar, pelo menos em princípio.

— Nouriel — ele disse.

— Presente — respondi.

— E bem na hora.

— Você arranjou isto também? — perguntei.

— Não. Você estudou o selo?

— Sim.

— E o que você descobriu?

— Nada.

— Você trouxe o seu gravador?

— Ele está sempre comigo.

— Então vamos começar — disse ele, voltando-se para olhar para mim pela primeira vez. Uma brisa morna agitou seus cabelos enquanto ele falava acima do som das gaivotas ao fundo.

— Pegue o selo — disse ele. — O que você vê?

— Inscrições, símbolos e um símbolo principal.

— O que você acha que ele significa?
— Não sei. É algo como um V.
— É uma imagem, Nouriel.
— De quê?
— Do topo de um muro — disse ele. É um muro de proteção.
— E o que é o V no meio?
— Não é um V — respondeu ele — é uma ruptura.
— Uma ruptura?
— Uma lacuna, uma quebra, uma abertura no muro. O muro está quebrado, o sinal de que um inimigo entrou.
— É a remoção da cerca de proteção. Foi o que aconteceu com a antiga Israel?
— Sim. Sem nenhuma maneira de chegar até eles, a cerca de proteção é removida. O ano é 732 a.C. Os inimigos de Israel invadem a terra e geram o caos. A calamidade traumatiza a nação. Mas ela acontece em escala limitada. O inimigo ataca e depois recua. É um prenúncio de algo muito maior e muito mais grave — uma advertência... um presságio de um julgamento futuro, tão grande que se ele algum dia acontecesse, a nação jamais se recuperaria.
— Então a advertência é a remoção da cerca.
— Sim — disse o profeta — uma advertência final, permitida para ocorrer apenas quando nada mais os despertasse... limitasse... restringisse... o som de um alarme para fins de prevenir uma calamidade muito maior. Isto nunca teria acontecido se Israel tivesse permanecido dentro da vontade de Deus. Nenhum inimigo jamais poderia ter rompido os seus muros. Mas fora da vontade de Deus, qualquer noção de segurança nacional ou invencibilidade era uma ilusão. A ruptura expôs isso. A nação estava em perigo. Ela seria abalada até as bases... e sem se voltarem para Deus, não havia muro forte o bastante para protegê-los. Era um chamado para que eles despertassem.

— Então eles nunca acordaram?

— Não — respondeu ele. — A maioria vê a tragédia como uma questão de defesa, de segurança nacional, de política estrangeira. Eles se comprometeram em garantir que aquilo nunca mais acontecesse. Eles fortificaram suas defesas, fortaleceram suas muralhas e formaram alianças estratégicas. Poucos deles refletiram sobre a possibilidade de que pudesse haver qualquer significado mais profundo por trás daquilo. E, no entanto, as vozes dos profetas deles, as palavras de suas Escrituras, e uma agitação inquieta em seus corações os estavam advertindo de que alguma coisa estava errada. A nação se afastara de Deus. Mas fora os profetas, poucos percebiam a linha crucial que eles atravessavam e a nova e perigosa era onde haviam entrado. Nenhum poder militar ou político seria forte o suficiente para garantir a segurança deles; somente uma volta para Deus. O ataque foi uma advertência e um presságio de julgamento.

— Então o que aconteceu depois que eles perderam o chamado a um despertar?

— À medida que o tempo foi passando, parecia que a vida ia voltando gradualmente ao normal. Houve uma pausa, paz. A cada ano que passava, parecia que o perigo estava cada vez mais distante. Mas era uma ilusão. O problema e o perigo apenas aumentaram. Foi um período de graça, dado a eles por misericórdia, para que eles pudessem mudar o seu curso e evitar o julgamento. Mas se não, então um julgamento maior viria, e aquela primeira ruptura dos muros seria lembrada como o presságio da sua queda. Esses foram os dias mais cruciais para eles.

Ele fez uma pausa.

— O selo, Nouriel... entregue-o a mim.

— O Primeiro Presságio — disse ele, segurando o selo à altura dos meus olhos. — A Ruptura. A nação que havia conhecido a bênção e a segurança por muito tempo testemunha o fracasso das suas defesas. As suas muralhas de proteção são rompidas, a sua segurança nacional é quebrada, e a sua ilusão de invencibilidade é esmagada. Os dias dos Presságios começam.

— E isso tem algo a ver com os Estados Unidos? — perguntei.

— Os Estados Unidos foram a nação mais abençoada da terra, as suas bênçãos eram protegidas por uma poderosa cerca de proteção nacional. Como os seus fundadores previram, se a nação seguisse os caminhos de Deus, ela seria abençoada não apenas com prosperidade e poder, mas também com paz e segurança.

— Mas se os Estados Unidos se afastassem de Deus, a sua proteção seria retirada?

— Sim, e o país se afastou. E isso aconteceu. A sua cerca de proteção foi retirada, e as suas muralhas foram rompidas.

— As suas muralhas foram rompidas? Quando? — perguntei.

O profeta ficou em silêncio, como se esperando que eu o dissesse, ou como se esperando que a ficha caísse. E então ela caiu... de uma só vez.

— 11 de Setembro!

— Sim — disse o profeta. — O Primeiro Presságio, a Ruptura. A nação que havia conhecido por tanto tempo as bênçãos da paz e da segurança testemunha as suas muralhas de proteção rompidas quando as suas defesas falham. Em 11 de setembro de 2001, os muros de proteção da segurança nacional dos Estados Unidos foram rompidos. Aconteceu bem ali — disse ele, apontando para o céu acima das águas. — O segundo ataque. Foi assim que ele veio. A nação mais poderosa da terra e o sistema de defesa mais sofisticado já construído pelo homem...

— Os seus muros de defesa... rompidos.

— E depois veio o erro — disse ele. — Então veio a repetição do antigo erro. Os Estados Unidos reagiram à calamidade como se ela fosse apenas uma questão de segurança e defesa... e nada mais.

Eles fortaleceriam as suas defesas nacionais e fortificariam os seus muros de proteção. Ninguém parou para refletir se poderia haver alguma coisa de significado mais profundo por trás daquilo, nem para perguntar se algo podia estar errado, nem para sondar os seus caminhos.

— Deus estava por trás disso? — perguntei.

— O homem estava por trás disso — respondeu ele. — Homens maus estavam por trás disso. Até aquele momento eles haviam sido contidos. Mas essa contenção teria os seus limites. Como aconteceu com o ataque sobre a antiga Israel, um ataque agora seria permitido sobre o solo norte-americano.

— Mas ele foi planejado por homens maus — retruquei. — Ele foi mau.

— Sim — ele respondeu — mas Deus pode fazer o que é mau cooperar para o bem.

— Mas que bem?

— O toque de um alarme para despertar uma nação adormecida, para mudar o seu rumo, para salvá-la do juízo.

— Mas então Deus estava com os inimigos dos Estados Unidos?

— Não. Não mais do que Ele estava com aqueles que atacaram a antiga Israel. Aqueles que fazem essas coisas são inimigos dele também. Deus estava contra aqueles que atacaram os Estados Unidos e trataria com eles assim como Ele tratou com os inimigos da antiga Israel.

— E quanto àqueles que pereceram? — perguntei.

— Quando a calamidade veio sobre a antiga Israel, tanto o justo quanto o injusto foram tocados por ela. Ambos pereceram igualmente. O julgamento estava sobre a nação. Mas o fato de que o inocente e o justo também tenham perecido nessas calamidades não foi uma questão de julgamento, mas de tristeza. Para a nação, o fato de que essas calamidades tivessem acontecido era, antes de qualquer coisa, uma questão tanto de advertência quanto de julgamento. Cada uma aconteceu na sua própria esfera. Assim foi com o 11 de Setembro; a calamidade aconteceu em duas esferas diferentes — na esfera particular dos indivíduos e na esfera pública da nação. Na primeira esfera só existe tristeza, e a magnitude da calamidade é secundária. Para aqueles que foram tocados por ela, a perda de uma vida é a perda de um mundo inteiro. O fardo nessa esfera é consolar os quebrantados, apoiá-los, e nunca se esquecer dos feridos e dos enlutados. Mas a segunda esfera é diferente e separada, e está centralizada não no indivíduo, mas na nação como um todo. É nesta segunda esfera que a questão do julgamento permanece.

— Esta é uma mensagem difícil de receber — respondi.

— Você poderia recebê-la de outra pessoa?

— O que você quer dizer? Receber de quem?

— Abraão Lincoln.

— O que ele tem a ver com...

— Você sabe quantas vidas foram perdidas na Guerra Civil norte-americana?

— Não faço ideia... milhares?

— *Centenas* de milhares. E Lincoln falou sobre a calamidade que devastou a nação como o juízo de um Deus justo — não sobre qualquer indivíduo, mas sobre a nação como um todo.

— Mas é difícil...

— É claro que é, como foi para Isaías e Jeremias, e para todos os profetas e os outros que choraram e clamaram pelo seu povo. Mas se deixarmos de considerar a possibilidade... se evitarmos tratar do assunto... será que então não nos tornaremos responsáveis pelo que acontecer em seguida?

— Pelo que acontecer em seguida? Não sei. Mas chegar a dizer que "Deus permitiu que isso acontecesse..."

— *Aconteceu,* Nouriel. E se aconteceu, foi preciso que tivesse sido permitido que isso acontecesse. Não é essa a questão. Em vez disso, a questão é se foi permitido que isso acontecesse sem qualquer motivo, ou se havia, dentro disso, um propósito redentor.

— Mas no 11 de Setembro as pessoas estavam perguntando "Onde estava Deus?"

— Onde estava Deus? — disse ele, como se estivesse surpreso com a pergunta. — Nós o expulsamos das nossas escolas, do nosso governo, da nossa mídia, da nossa cultura, das nossas praças públicas. Nós o expulsamos da nossa vida nacional, e depois perguntamos "Onde está Deus?"

— Então Ele não estava presente?

— Ainda assim, Ele estava presente. Ele estava com aqueles que perderam os seus entes queridos e ainda está presente para curar os quebrantados e para consolar os que choram. Ele estava com aqueles que deram as suas vidas para que outros pudessem viver, como sombras dele. E Ele estava presente também com todos os outros que teriam perecido naquele dia se não fosse pelos inúmeros detalhes e eventos que os salvaram. E quanto àqueles que pereceram... aqueles que estavam com Deus em vida estão agora com Ele na eternidade. Para esses, este não foi um dia de calamidade nacional, mas de libertação. Ele estava com eles e *está* com eles.

— Você disse alguma coisa sobre o que aconteceu na antiga Israel depois do ataque, que as coisas começaram a voltar ao normal.

— Falei sobre as coisas *parecerem* ter voltado ao normal. Há uma diferença.

— Então a cerca de proteção foi colocada de volta?

— Até certo ponto e por algum tempo. Mas o perigo ainda estava lá.

— E quanto aos Estados Unidos depois do 11 de Setembro? — perguntei.

— Nos meses e anos depois do 11 de Setembro pareceu, do mesmo modo, que as coisas haviam voltado a um estado de normalidade. À medida que o tempo passava, à medida que o choque inicial foi diminuindo e o trauma também, houve uma tentação crescente de prosseguir quase como se aquilo nunca tivesse acontecido, como se a nação ainda estivesse de algum modo imune à destruição. Assim foi nos últimos dias da antiga Israel. Mas era tudo uma ilusão.

Houve um longo silêncio depois disso... quebrado apenas pelo som das gaivotas. Então ele continuou como se não tivesse havido nenhuma quebra.

— Tudo era uma ilusão fatal. E então... o que vai acontecer com os Estados Unidos?

Não respondi. Não creio que ele estivesse esperando que eu respondesse. Depois de fazer a pergunta, ele enfiou a mão no bolso do casaco para revelar outro selo, que colocou em minha mão.

— O Selo do Segundo Presságio — disse ele.

— E como era ele? — perguntou Ana.

— Comum, como os outros... exceto pelas imagens...

— Que eram...

— ... figuras.

— De quê?

— De homens.

— Que tipo de homens?

— Eu não fazia ideia. Tentei fazer com que ele me dissesse perguntando "Então, o que estou vendo?"

— Não é tão difícil — respondeu ele.

— Dê-me uma pista... alguma coisa.

— Até a próxima vez, Nouriel.

E com isso, ele começou a se afastar.

— Quando... próxima vez? Onde?

— Na mesma hora e lugar — disse ele, novamente sem parar para olhar para trás.

— Aqui?

— Não.

— Então onde e quando?

— Onde for e quando for... apenas esteja lá sem falta.

— Pelo menos me dê uma pista para me ajudar a desvendar o selo.

— Junto às ruínas de um povo antigo.

— Esta é a pista — gritei atrás dele — ou é lá que devemos nos encontrar?

— Ah, mas isto precisaria de outra pista — ele gritou de volta.

— *Outra* pista. Então aquela *era* uma pista sobre o Segundo Presságio e não de onde deveríamos nos encontrar — gritei de volta.

— Talvez sim... e talvez não — ele respondeu.

Ele não estava facilitando as coisas assim. Mas foi o suficiente para que eu começasse a procurar o significado por trás do Segundo Presságio... um mistério a ser encontrado em algum lugar junto às ruínas de um povo antigo.

Capítulo 5

O Segundo Presságio: O Terrorista

ת א

— As figuras no selo, Nouriel... como elas eram? — ela perguntou.

— Homens com barbas, usando vestidos e com uma espécie de cobertura na cabeça. As barbas deles eram meio quadradas e altamente estilizadas. Alguns estavam segurando arcos e flechas e direcionando-os para o alto, todos com aparência muito antiga e estranha.

— E então, como você desvendou o mistério?

— Pelas ruínas de um povo antigo, esta era a pista. As figuras no selo tinham de ser o povo antigo ao qual ele se referiu. Isto parecia óbvio. Mas que povo antigo? Quem eram eles?

— Então o que você fez?

— O Metropolitan Museum... está cheio de artefatos de povos antigos, e é enorme. Então imaginei que seja quem for esse povo, se eles tiveram importância histórica, seus instrumentos estariam em exibição naquele museu. Eu iria lá com o selo, esperando encontrar algo compatível.

— E?

— Foi tão impressionante quanto eu esperava, com artefatos do Egito, de Roma, da Grécia, da Pérsia, da Babilônia... comecei com a ala egípcia no primeiro andar. Mas nada correspondia. Então procurei na ala grega e romana. Mas outra vez, nada correspondia. Então subi a grande escadaria até o Departamento de Artes Antigas do Oriente Próximo. Foi onde eu o vi. Era impossível deixar de vê-lo. Ele era gigantesco.

— O que era gigantesco?

— Paredes de pedra imensas cobertas com relevos de figuras gigantescas — guerreiros, sacerdotes e inúmeras criaturas, parte humanas... parte pássaros, criaturas compostas. Retirei o selo e comparei as figuras com as da parede. Eram as mesmas figuras, as mesmas barbas meio quadradas, as mesmas roupas, e no mesmo estilo de arte e escultura. Era compatível.

— Exatamente?

— Não era a mesma imagem — respondeu ele — mas era o mesmo povo, a mesma civilização.

— Então quem eram eles?

— Eram os antigos assírios.

— E o que você concluiu com isso?

— Não tive tempo de concluir nada com isso. Eu estava estudando as imagens na parede quando ouvi uma voz atrás de mim.

— Muros do palácio de Ashurnasirpal, rei da Assíria.

Presumi que fosse alguém que trabalhasse no museu ou algum especialista. Continuei olhando para cima, para as figuras antigas.

— Da cidade de Ninrode, século nove a.C. — a voz prosseguiu.

— Impressionante — disse eu, sem poder contribuir com nada mais informativo ou substancial para a conversa.

— As ruínas de um povo antigo — respondeu a voz.

— Com isso, eu soube que era ele.

— E ele sabia que você estaria ali?

— Ou ele sabia que eu estaria ali, ou eu estava ali e aconteceu de ele estar ali, ou ele estava ali e aconteceu de eu estar ali. Parei, tentando calcular como a coisa funcionava. Virei-me, e ali estava o profeta, em pé com o seu longo casaco escuro no Departamento de Artes do Antigo Oriente Próximo. Se você não soubesse quem ele era, não o teria notado. Ele se misturava ao ambiente.

— Você frequenta museus? — perguntei.

— Isto o surpreende? — respondeu ele. — Por que eu não o faria?

— Não sei. Simplesmente não imaginei que você...

— Disse-lhe que eu estaria junto às ruínas de um povo antigo. Quantas ruínas de povos antigos existem na cidade de Nova York a não ser nos museus? E então, o que você descobriu?

— São os assírios. O povo antigo são os assírios, e eles têm algo a ver com o Segundo Presságio.

— Bom, Nouriel. Agora vamos nos aprofundar mais. O que você vê?

— O que quer dizer?

— Olhe para eles. Como eles o afetam?

— Parecem meio inflexíveis.

— E o que você acha que está por trás dessa aparência inflexível?

— Não faço ideia.

E com isso, e com a segurança que se esperaria de um guia turístico em um museu, ele começou a me apresentar a história desse povo antigo.

— Eles vieram das regiões montanhosas do norte da Mesopotâmia. Durante séculos, viveram à sombra dos reinos mais fortes. Mas no alvorecer do primeiro milênio a.C., eles começaram a sua ascensão ao poder mundial. Eles começaram a sua conquista das terras circunvizinhas e do povo que os cercava. Os assírios marchariam sobre a Babilônia, a Síria, o Líbano, a Pérsia e o Egito, até que, no auge do seu poder, a maior parte do antigo Oriente Médio estava sob o seu governo. Então, que tipo de povo você acha que eles eram?

— Militarizado?

— Com o maior exército que já pisou em solo mesopotâmico até aquele tempo. Eles desenvolveram novas tecnologias de guerra — a torre móvel, o aríete. O império deles era uma máquina de guerra construída sobre a sujeição de outras nações e reinos. Eles estavam entre os povos mais brutais que já andaram sobre a terra. A simples menção do nome deles inspirava pavor por todo o mundo antigo.

— Mas por que esse pavor? — perguntei. — Outras nações foram militarizadas.

— Uma palavra — disse o profeta. — *Terror*. Os assírios transformaram o terror em uma ciência. Eles o sistematizaram, o aperfeiçoaram, e o empregavam como nenhum povo ou reino já havia feito. Eles queimavam as cidades até o chão, mutilavam seus prisioneiros, esfolavam vivos os que se rebelavam contra eles e pregavam a pele deles na muralha para exibição pública. Os assírios eram os mestres do terror.

— E o que eles têm a ver com o mistério?

— Foi a sombra do terror assírio que pairou sobre o reino de Israel. Este era o perigo contra o qual os profetas haviam advertido. E era apenas a cerca da proteção de Deus que mantinha esse perigo distante. Mas isso mudaria. Com a decadência da nação para a apostasia, ela não estava mais segura.

— Foram os assírios — disse eu. — Foram eles que fizeram a ruptura.

— Correto — respondeu ele. — Em 732 a.C., com a cerca de proteção da nação retirada, os assírios invadiram a terra de Israel.

— Então isto deve ter tornado as coisas ainda mais aterrorizantes para o povo de Israel... o fato de terem sido os assírios.

— Exatamente. Não poderia haver nenhuma advertência mais clara do juízo vindouro do que essa. E quando, anos depois, o juízo final de Israel veio, os assírios seriam novamente o meio pelo qual ele aconteceria.

— Mas você não está dizendo que Deus estava ao lado dos assírios?

— Não, de modo algum. Esta é a profecia que Ele entregou com respeito a eles:

> Ai da Assíria, cetro da minha ira!
> A vara em sua mão é o instrumento do meu furor.
> Envio-a contra uma nação ímpia...
> Ela, porém, assim não pensa, o seu coração não entende assim; antes, intenta consigo mesma destruir e desarraigar não poucas nações.[1]

— Os assírios eram a epítome do mal, e Deus estava contra eles. A profecia continua:

> Então, castigará a arrogância do coração do rei da Assíria e a desmedida altivez dos seus olhos...
>
> Pelo que o Senhor, o SENHOR dos Exércitos, enviará a tísica contra os seus homens, todos gordos, e debaixo da sua glória acenderá uma queima, como a queima de fogo.[2]

— O Senhor julgaria os assírios. O império deles desapareceria da terra. Contudo, por algum tempo, nos dias da apostasia de Israel, eles estariam autorizados a romper as defesas deles e a ferir a terra. Se o ataque assírio fracassasse em despertar Israel de sua paralisia espiritual, então, o que poderia fazê-lo?

Foi assim que ele me pediu o selo. Coloquei-o em sua mão. Ele começou a revelar o seu mistério.

— O Segundo Presságio — disse ele, enquanto segurava o selo para que eu pudesse ver as figuras gravadas na face dele. — Um inimigo fere a terra. O ataque é concebido por homens sem misericórdia e executado por homens brutais, destinados a traumatizar a nação, a infligir choque e medo... terror... o sinal dos assírios. O Segundo Presságio: o Terrorista.

— Os assírios eram terroristas? — perguntei.

— Tanto quanto qualquer povo já foi. O terrorismo é definido como: *a aplicação sistemática do terror, da violência e da intimidação para atingir um fim específico.* O terror como uma ciência aplicada — este foi o dom tenebroso que os assírios deram ao mundo.

Começamos a andar ao longo dos relevos de pedra, continuando a nossa conversa enquanto olhávamos as figuras antigas acima de nossas cabeças.

— Dos templos de Nínive às cervejarias da República de Weimar...* às cavernas nuas do Afeganistão... de Senaqueribe a Osama bin Laden... tudo remonta à antiga Assíria. Os assírios são os pais do terrorismo, e aqueles que esquematizaram sem misericórdia a calamidade do 11 de Setembro foram os seus filhos espirituais, outro elo no mistério que une os Estados Unidos à antiga Israel. Nos dois casos, a advertência começou com uma manifestação de terrorismo.

— Os terroristas do 11 de Setembro se viam como os assírios da modernidade?

---

* A *República de Weimar* foi instaurada na Alemanha logo após a Primeira Guerra Mundial, tendo como sistema de governo o modelo parlamentarista democrático. O presidente da República nomeava um chanceler que seria responsável pelo poder Executivo. Quanto ao poder Legislativo, era constituído por um parlamento (*Reichstag*) [N. do T.]

— Não importa — disse o profeta. — Era isso que eles eram. Lembre-se da profecia contra a Assíria: *Intenta consigo mesma destruir.*

— Osama bin Laden.

— *E desarraigar não poucas nações.*

— Esta era a intenção dele.

— Mas Deus julgaria os assírios e o seu rei.

— Então todos os responsáveis pelo 11 de Setembro estão sob o juízo de Deus?

— *Então, castigará a arrogância do coração do rei da Assíria* — disse o profeta. — Sim, eles estão sob o juízo de Deus. E o Senhor enviará a *tísica* ou a devastação entre os seus guerreiros.

— Então os assírios são os pais espirituais do Al Qaeda.

— Sim, e não apenas espirituais — respondeu ele.

— E o que isso significa?

— Os assírios eram filhos do Oriente Médio, como eram os terroristas do 11 de Setembro. Os assírios falavam um idioma chamado de acadiano. A língua foi extinta há muito tempo, mas ainda é falada no mundo moderno uma língua considerada a mais próxima do acadiano antigo entre todas as línguas.

— Qual é...?

— O árabe.

— O árabe — a língua do Al Qaeda e dos terroristas do 11 de Setembro.

— Sim, e assim, quando os líderes do Al Qaeda planejaram o seu ataque aos Estados Unidos, e quando os terroristas se comunicaram uns com os outros no dia 11 de setembro para executá-lo, eles fizeram isso usando palavras e padrões de linguagem que espelhavam os usados pelos líderes e guerreiros assírios quando eles planejaram e executaram o seu ataque a Israel 2.500 anos antes, em 732 a.C.

— Como um antigo drama sendo reencenado no mundo moderno.

Ele não respondeu. Continuamos andando ao longo dos relevos

de pedra. Era estranho. Quando olhei para as antigas figuras de pedra, comecei a ter uma sensação de asco com relação a elas por um lado, e uma espécie de pavor por outro.

— A invasão assíria — disse o profeta — por fim levaria a Israel antiga ao conflito militar, e a um drama nacional final e trágico. Do mesmo modo, o ataque de 11 de Setembro também atrairia os Estados Unidos a um conflito militar — a uma batalha global contra o terrorismo, envolvendo uma guerra no Afeganistão e outra no Iraque. Na primeira guerra, a relação com o 11 de Setembro era clara. Mas na segunda, não era tão clara. E, no entanto, *havia* uma relação, mas de uma natureza mais mística.

— O que você quer dizer?

— Em abril de 2003, os soldados norte-americanos entraram na cidade iraquiana de Mosul. Mosul se tornaria uma das maiores bases operacionais norte-americanas na guerra do Iraque. Dentro da cidade, próximo à junção dos rios Tigre e Khosr, existem dois montes de terra. Um chamado *Kouyunjik,* e o outro *Nabi Yunus.* Escondidas dentro desses montes estão as ruínas de uma civilização que um dia foi grande. As ruínas são tudo o que resta da antiga cidade chamada *Nínive.* Nínive foi a capital, o lugar de repouso final, e o túmulo do império assírio.

— A Assíria é o *Iraque*?

— É a mesma terra.

— A nação sob juízo... é atraída a um conflito com a terra da Assíria... a antiga Israel... hoje os Estados Unidos.

— E as tropas norte-americanas agora estavam andando na mesma terra onde os pés dos soldados assírios um dia marcharam. E entre aqueles que os observavam passar estavam aqueles que ainda podiam afirmar serem os descendentes dos antigos assírios.

— Os verdadeiros descendentes de carne e sangue deles? — perguntei.

— Sim — respondeu ele. — E quem sabe se nas veias dos terroristas do 11 de Setembro também não fluía o sangue dos antigos assírios?

— Então a antiga Israel, em seu tempo de julgamento, foi atraída a uma guerra contra a Assíria, que hoje é o Iraque.

— Sim — respondeu ele.

— E agora os Estados Unidos foram atraídos a uma guerra com a terra da Assíria — o Iraque.

— Mas Israel finalmente descobriria que o perigo que ela enfrentava não podia ser resolvido pelo poder de suas armas ou pela espessura dos seus muros. O verdadeiro perigo não estava *fora* dos seus portões, mas *dentro* deles. Quando a nação se afastou de Deus, ela perdeu a sua cobertura de proteção. À parte de um retorno para Deus, não haveria segurança. Mas quando eles perceberam isso, era tarde demais. A chance havia sido perdida.

Ele parou de andar e apontou para cima, para a figura sobre ele no relevo... um gigantesco arqueiro assírio.

— E agora, o mesmo sinal que assinalou o julgamento da antiga Israel há 2.500 anos reaparece no mundo moderno — não menos sombrio e não menos ameaçador — o sinal dos assírios, o ataque do Terrorista.

— E o que isto significa para os Estados Unidos? — perguntei.

— Esta *é* a questão — respondeu ele — não é mesmo?

Com estas palavras, senti que o nosso encontro estava chegando ao fim. E eu estava certo. Ele me entregou o selo seguinte — o selo do Terceiro Presságio.

— E o que havia nele? — ela perguntou.

— Formas... formas irreconhecíveis.

— Este pode ser um pouco mais desafiador para você — disse o profeta, com uma voz que transmitia tanto cautela quanto simpatia.

— Então ajude-me — respondi.

— Uma palavra — disse ele.

— O que você quer dizer?

— Você vai precisar de uma palavra para decodificá-lo.

— Que tipo de palavra?

— A palavra que você precisa.

— Você gosta de ser tão misterioso? — perguntei.

— Não se trata de diversão — explicou ele. — É a natureza do negócio.

— Você percebe que nunca me disse o seu nome?

— Isso faria diferença, Nouriel?

— Não, acho que não. Mas um jornalista não deveria saber quem é a sua fonte?

— E você não sabe quem é a sua fonte? — perguntou ele.

Não respondi. Eu suspeitava que aquela era uma pergunta delicada. Ele retomou o seu estudo das figuras antigas no relevo de pedra. Fiz o mesmo, mas não por muito tempo. Quando me voltei novamente para perguntar-lhe alguma coisa mais para prosseguir, ele partira. Olhei em volta em todas as direções, mas não havia sinal dele. Eu estava sozinho outra vez... só eu e os assírios... em cuja presença eu ficava cada vez mais desconfortável. Deixei o museu à procura do Terceiro Presságio. Mas esta seria uma busca que me levaria a muito mais do que eu esperava.

— O que você quer dizer? — ela perguntou.

— Ela me levaria à chave que desvendaria o mistério de *todos* os Presságios.

CAPÍTULO 6

O Oráculo

ת א

Eu não conseguia entender de modo algum o que havia no selo. Era uma espécie de forma composta... na maior parte por retângulos... unidos em uma desordem caótica. Decidi, em vez disso, colocar o meu foco na pista.

— Na palavra? — perguntou ela.

— Sim.

— É muito vago para uma pista.

— Sim, mas era a única outra coisa que eu tinha para prosseguir. Então, onde você encontra palavras?

— Em um livro?

— E onde você encontra livros?

— Em uma biblioteca?

— Então a minha pesquisa levou-me à biblioteca, à Biblioteca Pública de Nova York, aquela que possui os dois leões de pedra de guarda do lado de fora e milhões de livros e materiais de recurso no interior. Fui ali praticamente todos os dias por semanas, seguindo qualquer direção na qual eu pudesse pensar, procurando algo que combinasse com a imagem incompreensível do selo.

— E você encontrou alguma coisa?

— Não. Mas um dia eu estava pesquisando em um livro de símbolos na Sala de Leitura Principal, sentado em uma cadeira de madeira junto a uma das longas mesas de madeira da biblioteca, à luz de uma lâmpada de leitura, debaixo de uma enorme janela e de um candelabro. Fiz uma pausa para olhar para cima, e ali estava ele.

— O profeta?

— Sentado do outro lado da mesa, diretamente de frente para mim. Em silêncio... apenas me observando. Eu estava tão entretido com o livro que não o vi sentar-se.

— Há quanto tempo você está aqui? — perguntei.

— Há alguns minutos.

— Por que você não disse alguma coisa?

— Eu estava esperando.

— Então este é o lugar do nosso próximo encontro. Eu não tinha certeza se estava no caminho certo.

— Não está — respondeu ele. E este *não* é o lugar do nosso próximo encontro.

— Se este não é o lugar do nosso próximo encontro, então por que você está aqui? — retruquei. — E por que *eu* estou aqui? E por que estamos nos encontrando?

— Eu chamaria isto de *uma intervenção*. Estou intervindo. Você está fora da rota, e precisa de ajuda.

— Então a palavra não está neste lugar?

— Ela *está* neste lugar.

— Então como posso estar fora da rota?

— Ela *está* aqui, mas você não tinha de vir aqui para encontrá-la. Na verdade, você nem precisava sair de casa.

— Mas se ela está aqui, não entendo como posso estar fora da rota ou por que você teria de vir para intervir.

— Vim para ajudar você a encontrar o Terceiro Presságio e para lhe dar a chave para desvendar *todos* os Presságios.

— Estou ouvindo.

— Os Nove Presságios, o que são eles? — ele me perguntou.

— Sinais... advertências... dados a uma nação que corre risco de julgamento.

— E a quem eles apareceram em primeiro lugar?

— Ao povo da antiga Israel.

— E quando eles apareceram primeiro?

— Na época da ruptura, na primeira invasão.

— Então, é ali que você precisa procurar, Nouriel. Em 732 a.C., quando os assírios invadiram a terra, é ali que a palavra está.

— O que isso significa?

— Uma palavra foi dada, uma palavra profética.

— A palavra que eu estou procurando?

— Sim.

Com isto, ele enfiou a mão no forro interno de seu casaco e retirou um objeto... um rolo. Cuidadosamente, sob o brilho incandescente da lâmpada, ele começou a desenrolar o rolo sobre a mesa. Parecia um pergaminho antigo no qual estavam inscritas palavras de uma escrita de aparência antiga.

— Parece um pedaço dos Pergaminhos do Mar Morto — disse eu. Era a coisa mais próxima que eu conseguia pensar para descrever o que estava vendo.

— Parece sim — respondeu ele.

— Mas não é um pedaço dos Pergaminhos do Mar Morto.

— Não, mas está perto disso.

— O que é?

Ele não respondeu. Mas, passando o dedo sobre o pergaminho, começou a ler em voz alta as antigas palavras *Davar, Shalakh, Adonai.*

— O que significa isso? — perguntei.

— *Davar...* uma palavra; *Shalakh...* foi enviada.

— Uma palavra foi enviada — repeti.

— *Adonai...* o Senhor.

— Uma palavra foi enviada... Senhor?

— Uma palavra foi enviada pelo Senhor — disse ele, corrigindo a minha tradução. "*Davar, Shalakh, Adonai.* O Senhor enviou uma palavra. *B'Yaakov*... para Jacó; e ela caiu sobre Israel, e todo o povo a conhecerá. Efraim, e aqueles que habitam em Samaria, que, com orgulho e arrogância, dizem..."

— Dizem... o quê?

— O que vou ler, Nouriel, é a mensagem dada à antiga Israel nos dias após aquele primeiro ataque. Nisto está a chave para desvendar todos os Presságios.

— Como?

— Revelando os seus mistérios, a chave para o futuro da nação.

— O futuro da antiga Israel.

— E o futuro dos Estados Unidos.

Mais uma vez, ele começou a passar o dedo sobre o pergaminho e a recitar as suas palavras antigas.

— Esta é a mensagem — disse o profeta. — Ouça com atenção:

» "*L'vanaim* — Os tijolos
» "*Nafaloo* — Caíram
» "*V'Gazit* — Mas com pedra lavrada
» "*Nivneh* — Reconstruiremos
» "*Shikmim* — Os sicômoros
» "*Gooda'oo* — Foram cortados
» "*V'Erazim* — Mas com cedros
» "*NaKhalif* — Plantaremos em seu lugar

"Os tijolos caíram,
Mas reconstruiremos com pedra lavrada;
Os sicômoros foram cortados,
Mas plantaremos cedros em seu lugar."[1]

— Não era o que eu esperava que ele dissesse — falou Nouriel.

— O que você esperava? — ela perguntou.

— Algo relevante, algo significativo. O que tijolos e sicômoros têm a ver com os Estados Unidos — ou com qualquer coisa? E eu disse isso a ele.

— Não entendo — eu disse. — Nem sei o que isto quer dizer. Como pode ser a chave?

— Esta é a resposta de Israel àquela primeira invasão, à primeira calamidade. Estas são as palavras que resumem o espírito da nação — um espírito de orgulho, desafio e arrogância diante da calamidade.

— E por que ela é significativa? — perguntei.

— Porque estas são as palavras que selam o curso da nação e preveem o seu futuro.

— Não estou vendo isso.

— O que exatamente, Nouriel, eles estão dizendo?

— Que após a invasão eles irão reconstruir.

— E por que isso seria importante?

— Não faço ideia. É o que fazemos quando alguma coisa é destruída — nós reconstruímos.

— Olhe mais fundo, Nouriel. Qual é o contexto maior? Uma nação está se afastando de Deus. A sua cerca de proteção foi retirada. Por quê?

— Para fazê-los voltar, para despertá-los, para salvá-los de um julgamento maior.

— E o que eles estão fazendo diante disso? Ou melhor, o que eles *não* estão fazendo?

— Eles não estão voltando para Deus?

— Exatamente. Em vez de dar ouvidos ao alarme, em vez de voltar, em vez de parar por um instante para reexaminar os seus caminhos, eles se gabam da sua determinação. Não se tratava em absoluto de reconstrução. Na verdade, eles estavam ignorando a advertência e rejeitando o chamado para que voltassem.

— Então eles ignoraram a advertência.

— Eles fizeram mais que isso. Eles a desafiaram. Observe as palavras. Eles não estavam prometendo apenas reconstruir o que havia sido destruído, mas se tornarem mais fortes do que antes, para serem invulneráveis a qualquer ataque futuro. Então o que eles estão dizendo é isto: "Não seremos humilhados. Não examinaremos os nossos caminhos nem consideraremos a possibilidade de que alguma coisa possa estar errada. Em vez disso, desafiaremos a calamidade. Vamos contra-atacar. Vamos reconstruir. Vamos desfazer o dano como se ele nunca tivesse acontecido. Não apenas não mudaremos de rumo — como agora o buscaremos ainda com maior zelo. Sairemos desta calamidade mais fortes do que nunca e subiremos a alturas ainda maiores do que antes".

— Eles estavam dizendo tudo isso naquelas poucas palavras? — perguntei.

— É exatamente isso que eles estavam dizendo. É exatamente isso que significa. O alarme havia soado, e eles estavam prometendo silenciá-lo. E o que acontece, Nouriel, se você silencia um alarme?

— Você continua dormindo.

— E se o alarme fosse para adverti-lo de um perigo... e então?

— Então o perigo se torna ainda mais perigoso... porque agora você não tem nada para avisá-lo que ele está vindo.

— Exatamente. Então eles continuaram dormindo. Eles anularam o alarme que tinha a intenção de despertá-los... para salvá-los. E tudo estava ali na promessa deles:

Os tijolos caíram,
Mas reconstruiremos com pedra lavrada;
Os sicômoros foram cortados,
Mas plantaremos cedros em seu lugar.

— Essas são as palavras que selam o destino de uma nação.

— O destino de toda uma nação dependendo de tão poucas palavras?

— E na língua original, ainda menos... oito palavras.

— Mas como? — perguntei.

— O voto era um sinal, uma manifestação do endurecimento do coração deles, da rejeição ao chamado de Deus, o selo do desafio da nação e o seu rumo — e assim o seu fim estava selado. Então o voto em si é um sinal de julgamento.

— Uma pergunta... você me disse que a palavra que eu estava procurando não estava apenas aqui nesta biblioteca, que eu não tinha de vir até aqui para encontrá-la. Como eu poderia ter encontrado esse pergaminho sem que você me mostrasse?

— Não é o pergaminho — ele respondeu. — É a palavra. E a palavra está em um livro, no livro de um profeta...

— Um profeta?

— ... que viveu na época da invasão... e por meio de quem a palavra foi dada.

— E o profeta foi...?

— *Yishaiyahu.*

— Nunca ouvi falar dele.

— Você ouviu, apenas não conhecia o seu verdadeiro nome. Você o conhece como *Isaías.*

— Isaías.

— A palavra está na Bíblia... no livro de Isaías... capítulo 9... Isaías 9:10.

— Isaías 9:10. Então ela é conhecida.

— Não exatamente. É um versículo muito obscuro. Até a maioria dos que leem a Bíblia todos os dias têm pouca noção de que ele existe.

— Então o que tudo isto tem a ver com os Estados Unidos?

— A profecia, no seu contexto, dizia respeito à antiga Israel. Mas agora, ela é um *sinal*, ela diz respeito aos Estados Unidos.

— Como?

— Ela é o sinal de uma nação que um dia conheceu a Deus, mas depois afastou-se, um sinal de que os Estados Unidos agora são a nação que corre risco de ser julgada... e que agora recebe a advertência e o chamado para voltar.

— Então ela foi dada originalmente a Israel, mas agora é dada como um *sinal* para os Estados Unidos?

— Sim. Então se aquela mesma mensagem profética, aquela mesma advertência de julgamento, um dia dada nos últimos dias de Israel, agora se manifestar nos Estados Unidos, ela será um sinal — um sinal de que os Estados Unidos agora são a nação que um dia conheceu a Deus, mas depois se afastou e agora corre o risco de ser julgada e recebe uma advertência e um chamado para voltar.

— Então se essa palavra se manifestar nos Estados Unidos, ela se torna um presságio do futuro dos Estados Unidos?

— Um presságio — ele respondeu — e mais de um.

— Os Nove Presságios.

— Sim. Os Nove Presságios — cada um unido à antiga profecia, cada um unido a esta palavra, e cada um contendo uma revelação. Se esses presságios do julgamento de Israel agora reaparecessem, com esta palavra profética, então a nação onde eles reaparecerem está em perigo.

— E você está dizendo que eles *reapareceram*?

— Sim.

— Todos eles?

— Todos os nove.

— E todos eles reapareceram nos Estados Unidos?

— Sim.

— E todos eles dizem respeito aos Estados Unidos?

— Sim.

— E Isaías 9:10 é a chave para todos eles?

— Sim. É a chave que desvenda cada um dos seus mistérios e os une. Cada um dos Presságios está ligado. Cada um, quando unido aos outros oito, forma uma mensagem profética. Cada mistério é em si uma peça de um quebra-cabeça, de um mistério ainda maior.

— Então dois dos Presságios você já revelou. Quais são os outros sete?

— Ah — ele respondeu — isto seria dar-lhe a resposta. Cabe a você descobri-los.

— E cabe a você ajudar-me.

— Tenho feito isto. Acabo de lhe dar a chave.

— Você poderia me ajudar um pouco mais para que eu possa prosseguir...

Ele fez uma pausa, como se ponderando cuidadosamente cada palavra que estava para sair de sua boca. Então, tão cuidadosamente quanto deliberadamente, ele começou a falar.

— Dois dos nove você já conhece, a Ruptura e o Terrorista. Estes formam o contexto. Quanto aos outros sete, um é de pedra; o outro é caído. Um sobe. Um está vivo; o outro já foi. Um fala do que é; e o outro fala do que seria.

Houve uma longa pausa antes que eu arriscasse uma reação.

— Sabe — eu falei — não estou lhe dizendo como fazer o seu trabalho, mas seria muito mais fácil se você simplesmente me desse um mapa e alguns bilhetes de metrô.

— Você não precisa de um bilhete de metrô; você tem a chave.

— E o que faço com ela?

— Use-a para encontrar o Terceiro Presságio.

Capítulo 7

O Terceiro Presságio: Os Tijolos Caídos

ת א

Levantamo-nos da mesa, deixamos a sala de leitura, descemos e saímos pela entrada principal da biblioteca.

— Então desta vez ele não desapareceu no final do encontro — Ana observou.

— Não. Ou isso ou não era o fim do encontro. Começamos a descer os degraus da frente do prédio. Foi quando a ficha caiu. Estávamos em pé exatamente debaixo de um dos leões quando me dei conta disso. Foi ali que parei para retirar o selo e olhar para ele mais uma vez.

— Eu estou com ele! — disse eu.

— Você está com o quê? — perguntou ele.

— O Terceiro Presságio. Sei o que ele é.

— E o que ele é?

— São os tijolos da profecia... de Isaías: *Os tijolos caíram.* É assim que ela começa... a imagem no selo. É isto que está em ruínas... tijolos caídos... uma pilha de tijolos caídos.

— Muito bom, Nouriel. Agora me diga o que significa.

— Seriam as ruínas deixadas no rastro da invasão da Assíria.

— Correto. Quando o ataque da Assíria terminou, o povo de

Israel começou a avaliar os danos. O que eles encontraram foram ruínas de prédios desmoronados, montes de entulho e tijolos caídos. *Os tijolos haviam caído.* Eles eram frágeis para início de conversa, tijolos de argila e palha e secos ao sol do meio dia. Qualquer prédio construído com esses tijolos seria especialmente vulnerável à destruição. Então a pilha de tijolos caídos se tornou o sinal mais visível da calamidade e do fato de que a existência da nação agora repousava sobre solo instável. Ela agora era vulnerável e estava em perigo. A ruptura havia sido feita, e a destruição, embora limitada, começara.

— Então a pilha de tijolos caídos era um sinal — disse eu — não apenas do que *havia* acontecido, mas do que *iria* acontecer se a nação não mudasse de rumo.

— Exatamente... o sinal de colapso, o colapso de um prédio, o colapso de um reino, e depois de uma civilização.

Ele me pediu o selo, e depois, erguendo-o, começou a explicar o seu significado.

— O Terceiro Presságio: Inimigos entram na terra e geram destruição. A destruição deixa a nação traumatizada. Mas o alcance e a duração dessa destruição são limitados. Os sinais mais visíveis do ataque são as pilhas de tijolos caídos, pedras e entulho onde um dia havia um prédio. "Os tijolos caíram." O Terceiro Presságio: Os Tijolos Caídos.

— O *Ground Zero.**

— Quando a poeira do 11 de Setembro assentou na cidade de Nova York, as pessoas vieram para avaliar os danos. O World Trade Center havia desabado em uma montanha colossal de ruínas. Enquanto os norte-americanos assistiam em suas televisões e telas de computador, a imagem da montanha colossal de ruínas no *Ground Zero* (Marco Zero) tornou-se o sinal mais visível e identificável do

* *Ground Zero* — lugar onde ficava o World Trade Center e que passou a ser chamado assim após o ataque de 11 de Setembro de 2001 (N. do T.)

que acontecera... uma imagem estranha, de diversos andares de altura, surreal e assustadora. Nos dias e semanas que se seguiram, a imagem ficaria cauterizada na consciência coletiva da nação — um sinal de destruição, embora, como no caso da antiga Israel, uma destruição limitada em âmbito e duração. E ainda assim, como no caso antigo, a pilha de ruínas serviria como um sinal contra o senso de invulnerabilidade da nação. Os Estados Unidos agora eram vulneráveis. A ruptura fora feita. As pedras estavam se desfazendo. E a segurança da nação repousava sobre solo instável.

— Mas o World Trade Center não era feito de tijolos de argila — retruquei.

— O efeito, porém, foi o mesmo. A antiga profecia inicia com a imagem do colapso — as ruínas de prédios caídos. Foi a mesma imagem de colapso e das ruínas de prédios caídos que confrontou os Estados Unidos naqueles primeiros dias tenebrosos que se seguiram ao 11 de Setembro. As torres norte-americanas caíram tão repentinamente quanto os tijolos e prédios de argila da antiga Israel. Em questão de instantes, eles se transformaram em um monte de ruínas. E, no entanto, a ligação ainda era mais literal.

— O que você quer dizer?

— O monte de ruínas do Marco Zero estava cheio de aço, concreto e vidro, mas não apenas isso.

— O que mais?

— Tijolos.

— Como em *Os tijolos caíram.*

— Os tijolos caídos da antiga Israel compreendiam uma advertência com relação ao futuro da nação. Assim, também, os tijolos caídos do Marco Zero continham a mesma advertência. O World Trade Center era um símbolo do poder econômico dos Estados Unidos — orgulhoso, majestoso, elevado. Mas em questão de instantes ele desabou e se transformou em poeira... advertência até para as mais orgulhosas, majestosas e imponentes das nações de que nenhuma nação é invulnerável ou está isenta do dia em que o seu poder poderá desabar ao chão, em questão de instantes.

— A frase *Os tijolos caíram* não se trata apenas de destruição. Trata-se da reação de uma nação à destruição, da sua declaração de desafio. Então como a reação dos Estados Unidos ao 11 de Setembro se compara com a da antiga Israel?

— Você se lembra dos dias que se seguiram ao 11 de Setembro? — ele perguntou.

— É claro que sim — respondi.

— Ninguém precisou dizer isso, mas foi como se quase todos tivessem uma espécie de sensação a respeito, ainda que não conseguissem expressar em palavras. Foi como se a nação tivesse ouvido inconscientemente uma voz silenciosa chamando-a para ficar parada e voltar às bases.

— A voz de Deus?

— Sim e, por um instante, os Estados Unidos pareceram estar respondendo. A pressa e o clamor de sua cultura foram amenizados. Wall Street ficou em suspenso. Hollywood ficou em silêncio. Por toda a nação houve um afastamento notável e maciço do superficial e uma volta para o espiritual. Até o nome de Deus foi tirado do armário e proclamado publicamente do Capitólio à cidade de Nova York. Multidões cantaram "Deus Abençoe a América" e se reuniram para orar. As igrejas superlotaram com multidões que procuravam encontrar consolo. Naqueles primeiros dias e semanas depois do 11 de Setembro, parecia que poderia haver uma verdadeira reviravolta em nível nacional, uma mudança de rumo, um despertar — até mesmo um avivamento espiritual.

— Mas então os Estados Unidos *estavam* voltando para Deus?

— Não, os Estados Unidos não estavam voltando para Deus. Foi um avivamento espiritual que nunca aconteceu. E até a aparência de um retorno foi curta. Ela não tinha raízes reais. Não houve uma verdadeira mudança de coração ou de rumo, nenhuma avaliação de seus caminhos, nenhum questionamento sobre se alguma coisa podia estar errada, nenhum arrependimento. Então não poderia durar. Esse "aparente despertar" não demorou e o momento se perdeu, e as coisas começaram a voltar ao que todos conheciam como a normalidade. Os chamados para oração diminuíram, a pressa e o clamor da vida diária recomeçaram, a busca espiritual foi abandonada, e o superficial, mais uma vez, tomou conta. O nome de Deus outra vez seria retirado das praças públicas, e a maioria daqueles que de repente haviam afluído às igrejas parou de se reunir. A nação retomou o seu afastamento de Deus e a sua rejeição aos Seus caminhos, agora com uma velocidade maior.

— Então como a reação dos Estados Unidos ao 11 de Setembro se compara com a reação de Israel em Isaías 9:10?

— Foi a mesma. Podemos constatar a partir de um Comentário...

— Comentário?

— Os Comentários Bíblicos são livros que trazem o texto bíblico acompanhado de notas, explicando o significado dos versículos, um a um.*

— Mas não são *a* Bíblia.

— Eles não são a Palavra de Deus, mas comentários sobre a Palavra de Deus.

— Então você estuda os Comentários Bíblicos? — perguntei, surpreso diante dessa ideia.

* Um Comentário Bíblico é um livro que traz notas e observações sobre a Bíblia, versículo por versículo, escritos por reconhecidos teólogos. Seu objetivo é levar o leitor a entender a fundo textos bíblicos, conhecer a história e os costumes da época. Existem Comentários Bíblicos que correspondem a toda a Bíblia, divididos em volumes, e também Comentários específicos de determinado livro da Bíblia. Os Comentários Bíblicos mais famosos foram escritos em inglês e traduzidos para a língua portuguesa e são instrumentos utilizados por pastores e seminaristas em todo o mundo para compreender melhor as Escrituras.

— Sim.

— Eu simplesmente não imaginava que um profeta estudasse os...

— E por que não? — respondeu ele. — Deus não é capaz de falar através dessas coisas?

— Acho que sim...

— Uma observação sobre Isaías 9:10 descrita em um Comentário Bíblico descreve como o povo da antiga Israel encarou a calamidade nacional.

> Não há como as pessoas ignorarem o desastre óbvio. No entanto, elas preferem não reconhecer o seu significado mais profundo... elas não respondem a Deus. Elas só respondem (inadequadamente) à situação ameaçadora.[1]

— Pegue estas mesmas palavras e traga-as para o século 21, e você tem uma descrição dos Estados Unidos após o 11 de Setembro.

— Então isso significa que diante do que aconteceu no 11 de Setembro, os Estados Unidos só responderam à situação imediata e óbvia, à destruição causada pela calamidade e ao perigo que ela ameaçava... mas nunca consideraram que poderia haver alguma coisa mais profunda... nenhum significado por trás do óbvio.

— "Os tijolos caíram... *mas...*" Esse era o ponto. Outro Comentário Bíblico do livro de Isaías diz assim sobre o antigo voto:

> O povo, declarou o profeta, não encarou essa calamidade como um julgamento de Deus, mas endureceu o coração e declarou: "Os tijolos estão caídos, mas construiremos com pedras lavradas; os sicômoros estão cortados, mas colocaremos cedros em seu lugar".[2]

— Então os Estados Unidos estavam desligando o alarme...

— Sim... silenciar o alarme significava despertá-la.

— Alguém percebeu isso?

— Alguns... enquanto outros perceberam algo mais... algo mais profundo... mas não conseguiam determinar exatamente o que era. Mas o alarme soara. A nação estava em perigo. Os seus tijolos haviam caído. As suas pedras estavam se soltando. E aquilo era apenas o começo. *Os tijolos caíram* é apenas a abertura de um antigo voto. Havia mais do mistério a ser desvendado. Foi o que aconteceu *depois* do 11 de Setembro que provaria ser ainda mais terrível.

Foi então que ele abriu a mão direita, expondo o selo seguinte.

— O selo do Quarto Presságio — disse ele enquanto o entregava a mim.

— Este, Nouriel, é diferente.

— O selo?

— Não — respondeu ele — o Presságio. Diferente dos três primeiros, o Quarto Presságio foi concebido em solo norte-americano, e não foi acionado pelas nações inimigas.

— Então quem o acionou?

— Os líderes norte-americanos.

— Os líderes norte-americanos?

— Sim.

— E como posso saber qual é?

— É difícil não perceber. Ele é o maior.

Capítulo 8

O Quarto Presságio: A Torre

ת א

— Posso lhe oferecer algo mais? — perguntou ela. — Outra coisa além de água?

— Não, estou bem — ele respondeu.

— Peço desculpas. Eu deveria ter lhe perguntando quando você chegou.

— Água está bem — respondeu ele.

— Então — disse ela, mudando o tom e o ritmo — ele lhe deu o selo do Quarto Presságio. E o que havia nele?

— Imagens e inscrições, assim como os outros. Mas a imagem central parecia um pouco com a Torre de Babel.

— E como você saberia como era a Torre de Babel? — ela perguntou, com um traço delicado de dúvida em sua voz.

— Não sei — respondeu ele — mas vi gravuras dela. A imagem parecia um *ziggurat*... uma torre com varanda onde cada varanda ou andar diminuía à medida que a torre ia subindo.

— E o que você entendeu a respeito dela?

— Eu não sabia o que ela significava. Procurei tudo o que pude sobre a Torre de Babel. Mas não havia nada que eu pudesse encontrar para ligá-la ao selo. Então retornei ao voto em Isaías 9:10. Mas não havia nenhuma menção a uma torre. Eu não estava chegando a lugar algum.

— Como antes.

— Como antes, exceto pelo fato de que naquele momento eu não percebia que não estava chegando a lugar algum. Acho que foi um tipo de progresso, mas é mais fácil não chegar a lugar algum quando você não percebe isso.

— Então o que você fez?

— Juntei as duas pistas — a imagem no selo com o que ele me disse.

— E o que ele disse... foi o quê?

— Quando perguntei a ele como eu saberia sobre o Quarto Presságio, ele me disse que ele seria difícil ignorá-lo — ele era o maior. Então há a imagem de uma torre e a pista de que o Quarto Presságio é o maior, a torre maior. Então fui até a maior *torre* que estava em pé na cidade de Nova York.

— O Empire State Building?

— Sim. Subi até o 86.º andar e fui para o lado de fora, para o *deck* de observação. Era o início da noite... um dia de ventania... por volta da hora do pôr-do-sol... com milhares de luzes começando a aparecer em toda a cidade. Andei ao redor do *deck* olhando os arranha-céus em todas as direções, mas não havia nada que me tocasse como algo especialmente significativo com respeito às pistas. Eu estava em pé do lado sul olhando para a extremidade inferior da cidade. À minha esquerda havia um homem observando a mesma cena através de um dos telescópios de metal que eles têm ali, aqueles que você precisa pagar para olhar através deles, e que têm cronômetros.

— Impressionante — disse o homem. — É uma vista impressionante.

— É sim — respondi.

— Tantas torres.

— Quando ouvi a palavra *torres*, virei-me. Era *ele*.

— Era o profeta olhando através de um telescópio no *deck* de observação do Empire State Building?

— Ele mesmo.

— E você não o notou antes disso?

— Eu estava olhando a vista, não as pessoas. E o rosto dele estava escondido atrás do telescópio.

— Mas a voz dele...

— Sim, mas fora do contexto, eu não estava esperando ouvi-la.

O profeta continuou.

— Ela tem beleza própria — disse ele, ainda contemplando o cenário — uma estranha beleza.

— Não me diga que você só veio até aqui em cima para ver a vista — eu disse.

— Na verdade, eu tinha um encontro — respondeu ele.

— Não adianta eu lhe perguntar como você faz tudo isso, não é? — perguntei. — Suponho que tenha algo a ver com satélites. — Eu estava brincando, é claro.

— Você está certo — disse ele.

— Que isto envolve satélites?

— Não — respondeu ele — que não adianta perguntar.

— Há quanto tempo está aqui?

— Há tempo suficiente — respondeu ele. — Eu estava me perguntando quando você chegaria aqui.

— A pista sobre o selo, é uma torre, certo?

— *É* uma torre.

— Então acertei desta vez. É o Empire State Building.

— Não — respondeu ele. — Você errou de novo.

— O que você quer dizer? É uma torre... a maior torre... e você está aqui.

— A imagem no selo é uma torre. Mas o Empire State Building é apenas o lugar do nosso encontro.

— Mas você disse que ele era o maior.

— O maior dos *Presságios*.

— Então o Quarto Presságio *não é* uma torre?

— Eu não disse isso. É uma torre, mas não é *esta* torre. Quantas torres você vê lá fora?

— Não faço ideia.

— Muitas. E para qual você acha que o selo aponta?

Só então ele tirou os olhos do telescópio. O tempo dele havia terminado. Ele se virou para mim.

— Você precisa de moedas? — perguntei em tom meio brincalhão.

— Estou bem — respondeu ele. Ele começou a andar ao longo do *deck*. Andei ao lado dele. Ele se virou novamente para olhar a vista. Fiz o mesmo. Então ambos, ali ao vento, olhamos a vasta extensão de arranha-céus, que cada vez mais ficavam pontilhados de luzes amarelas contra o pano de fundo profundo de vermelho e azul do céu no pôr-do-sol.

— E em que parte do *deck* vocês estavam nesse momento? — perguntou ela.

— Ainda do lado sul, de frente para Lower Manhattan.

— Nouriel, perguntou ele — onde estamos na profecia, em Isaías 9:10?

— *Os tijolos caíram* — respondi.

— Isto revelou o Primeiro Presságio. Mas onde estamos agora? O que vem em seguida?

— *Os tijolos caíram,* mas...

— *Mas reconstruiremos* — disse ele, completando a frase. — Essa é a chave para o Quarto Presságio.

— Isto não parece muito revelador.

— Lembre-se, não são apenas as palavras, mas o contexto que as cerca e o espírito por trás delas. O problema não era a reconstrução. O problema era o espírito e o motivo por trás da reconstrução. Eles haviam acabado de receber uma advertência crucial, mas reagiram com uma provocação: *Mas reconstruiremos* é a primeira declaração dessa provocação desafiadora, da qual virá o julgamento deles.

— Não diz apenas *Reconstruiremos* — acrescentei. Diz *Reconstruiremos com pedras lavradas.* Pedras lavradas... isso fala sobre o quê? Qual é a importância disso?

— Os tijolos caídos eram feitos de argila e palha. Eles eram frágeis e quebradiços. Eles seriam substituídos, mas não mais por tijolos de argila e sim por algo mais forte: pedras lavradas.

— Então um prédio feito de pedra seria muito mais resistente a qualquer ataque futuro.

— Exatamente, e ele poderia subir a alturas maiores.

— Então a pedra lavrada significa a intenção deles de saírem do ataque ainda mais fortes do que antes.

— Sim... mais uma vez... tudo tem a ver com desafiar. Em vez de se humilharem com a calamidade, eles foram encorajados por ela. Eles prometeram construir prédios maiores, melhores, mais fortes e mais altos do que antes. Eles não apenas continuarão na sua rota de apostasia — agora eles farão isso como uma vingança, como um desafio. Então em vez de curvarem a cabeça ao céu, eles levantaram o punho contra ele.

— Então, o que aconteceu? — perguntei.

— Eles limparam as pilhas de tijolos caídos e entulho e começaram a reconstrução na terra da sua devastação. O projeto está cheio de significados simbólicos. Ele representa a reconstrução da nação e a sua ascensão das cinzas. A promessa se tornaria realidade. Novos prédios, mais fortes, mais altos, maiores e melhores, se levantariam no lugar daqueles destruídos no ataque. Então a nova construção se tornaria uma manifestação concreta e um testemunho da oposição da nação ao chamado de Deus.

Colocando o selo na mão direita e erguendo-o, ele começou a explicar.

— O Quarto Presságio: no rastro da calamidade, a nação responde sem arrependimento, humildade ou reflexão, mas com orgulho e resistência. Os seus líderes prometem *Reconstruiremos*. Eles prometem reconstruir prédios maiores, melhores e mais fortes do que antes. A reconstrução acontece na terra da destruição. A construção destina-se a ser um símbolo da ressurreição nacional. Ela está prevista para se levantar das ruínas daquilo que havia caído e para ultrapassá-lo em altura. Será o testamento imponente do desafio — a reconstrução do que tinha caído, e da própria nação, o Quarto Presságio... a Torre.

— Então se o antigo mistério está ligado aos Estados Unidos da América, de algum modo o 11 de Setembro tem de estar ligado às palavras *Reconstruiremos.*

— Correto. No rastro da calamidade deles, os líderes da antiga Israel proclamaram *Reconstruiremos* — o primeiro sinal de desafio. Se o mistério tem a ver e agora se aplica aos Estados Unidos da América, esperaríamos ouvir a mesma promessa, as mesmas palavras, no rastro do 11 de Setembro, agora proclamadas pelos líderes norte-americanos.

— E isso aconteceu? Eles disseram isso?

— Sim, disseram. Não que não fosse natural falar em reconstrução, mas a maneira como essas palavras saíram continuamente da boca dos líderes norte-americanos, ditas, sem cessar, como proclamações públicas, foi impressionante.

— Do prefeito da cidade de Nova York após o ataque: *Reconstruiremos...*[1]

— Do senador sênior do Estado: *Reconstruiremos...*[2]

— Do governador do Estado: *Reconstruiremos...*[3]

— Do senador júnior do Estado: *Reconstruiremos...*[4]

— Do prefeito da cidade na época da reconstrução: "*Reconstruiremos*, renovaremos e continuaremos sendo a capital do mundo livre".[5]

— Do presidente dos Estados Unidos: "*Reconstruiremos* a cidade de Nova York".[6]

— De uma forma ou de outra, cada líder acabaria pronunciando as mesmas palavras de desafio proclamadas milhares de anos antes pelos líderes da antiga Israel.

— E como aconteceu com a antiga Israel, não se tratava apenas de pronunciar palavras.

— Isso mesmo, Nouriel. As palavras foram seguidas de ações.

— Então o que aconteceu depois que as palavras foram ditas pelos líderes norte-americanos?

— As palavras também foram seguidas de ações. As ruínas do 11 de Setembro foram retiradas. Então apareceu uma placa no Marco Zero com estas palavras: *Um novo ícone em breve se levantará acima da linha do horizonte de Lower Manhattan... a Torre da Liberdade.*[7]

— A Torre!

— Exatamente. Ela se tornaria o ponto central da reconstrução.

— E a placa a chamou de *um ícone*. Ela estava destinada a ser um símbolo da reconstrução, do Marco Zero e da nação.

— Ela estava destinada a ser um ícone do desafio. *Desafiar* — a palavra aparece por vezes seguidas em diferentes Comentários Bíblicos disponíveis. Ouça:

> É o *desafio* de um povo que, longe de se arrepender, gloria-se na sua iniquidade.[8]

> Ser desatento quando Deus está falando, seja qual for a voz por meio da qual Ele esteja se dirigindo a nós, certamente é uma grande iniquidade, mas agir com *atitude deliberada de desafio ao Todo-Poderoso* é extremamente pior.[9]

> O *desafio* orgulhoso a Deus sempre traz o desastre.[10]

— Muito antes de começar a reconstrução, enquanto a poeira do ataque ainda pairava sobre o solo da devastação, um senador norte-americano previu o significado da futura campanha:

> Creio que uma das coisas com as quais deveríamos nos comprometer — com a ajuda federal que enfatiza o propósito da nossa nação — *é reconstruir* as torres do World Trade Center e mostrar ao mundo que não temos medo — *NÓS OS DESAFIAMOS.*[11]

— Então isso tem a ver com os líderes? — perguntei.

— Não — disse o profeta — não especificamente.

— Então tem a ver com os que estão fazendo os pronunciamentos?

— Não — repetiu ele. — Estas são repetições de algo que já aconteceu no passado, ou manifestações proféticas, as primeiras de muitas. E embora elas envolvam pessoas, não têm a ver com as pessoas envolvidas. As pessoas envolvidas agem inconscientemente, sem perceber o que estão fazendo, como representantes da nação, agentes do espírito nacional. Estes são sinais proféticos de uma nação e para uma nação. Então a campanha para a reconstrução não teve a ver com qualquer pessoa ou com qualquer grupo de pessoas. Ela foi a vontade de uma nação, a manifestação de um espírito nacional. Um jornalista a descreveu desta forma: "A reconstrução do Marco Zero seria *a declaração de desafio dos Estados Unidos* aos que nos atacaram".[12]

— *Uma declaração de desafio*, exatamente o que a antiga promessa foi... uma declaração de desafio.

— De desafio e prepotência. Veja mais uma nota em um Comentário Bíblico:

> Eles se levantam sobre as ruínas dos seus lares destruídos... vangloriando-se de que *mostrarão ao inimigo, seja ele Deus ou o homem*, que eles não vão tolerar isto.[13]

— Dois mil e quinhentos anos depois, o governador de Nova York proclamaria o mesmo no solo do Marco Zero: "Que esta grande Torre da Liberdade *mostre ao mundo que o que nossos inimigos tentaram destruir... está em pé, mais alto do que nunca*".[14]

— E essas são as palavras do Comentário Bíblico de Wycliffe sobre Isaías 9:10:

> Eles se gabaram de que reconstruiriam o seu país devastado e *o fariam mais forte e mais glorioso do que nunca.*[15]

— Das palavras do prefeito de Nova York em resposta ao 11 de Setembro: "Reconstruiremos. Vamos sair disto mais fortes do que nunca, politicamente mais fortes, economicamente mais fortes".[16]

— Todas estas são citações literais? — perguntou Ana.

— Sim.

— E o que você pensou quando as ouviu?

— Foi assustador. Os líderes norte-americanos modernos dizendo as mesmas coisas que foram ditas na antiga Israel, e palavras que tiveram a ver com julgamento. Foi assustador.

— E o que mais ele lhe disse?

— Ele falou sobre a diferença entre *restauração* e *desafio.*

— E qual é?

— Substituir tijolos por tijolos é restauração — disse ele. — Mas substituir tijolos por pedras lavradas é desafio. Reconstruir o que foi destruído é restauração, mas gabar-se de reconstruir mais forte e maior do que antes é desafiar. O Quarto Presságio não tem a ver simplesmente com a reconstrução do que foi destruído, mas deve envolver especificamente a intenção de reconstruir maior, mais alto, mais forte e melhor do que antes. Essa distinção está clara nas Escrituras e nos Comentários Bíblicos publicados:

> Uma vez que suas casas haviam sido destruídas, *eles construiriam casas maiores, melhores e mais admiráveis.*[17]

— Da mesma maneira, essa ideia foi expressa nas palavras dos que tentavam reconstruir o Marco Zero. Um dos magnatas mais proeminentes da nação no ramo imobiliário disse o seguinte acerca do projeto proposto:

> ... devemos fazer o World Trade Center *maior e melhor.*[18]

— Extraído do que um Comentário Bíblico diz sobre a antiga Israel:

> Se destruírem nossas casas, as restauraremos, e as faremos mais fortes e melhores do que antes.[19]

— Do magnata norte-americano, sobre a reconstrução do Marco Zero:

> O que quero ver construído é o World Trade Center *mais forte e talvez um andar mais alto.*[20]

— Como você vê, Nouriel, ainda que seja apenas por mais um andar, não se tratava de reconstruir — tratava-se de lançar um desafio, assim como aconteceu na antiga Israel. Isto é o que um dos Comentários traz sobre o significado que estava por trás da reconstrução de Israel:

> Eles estão decididos a resistir a Deus e a reconstruir em uma escala ainda mais grandiosa.[21]

— Agora, nas palavras de um observador, o significado por trás da reconstrução do Marco Zero:

> O empreendedor que detém o arrendamento *jurou que as torres se erguerão novamente... isto mostraria que somos desafiadores diante do terror, uma nação que não se curva, que sobe novamente, resplandecendo no céu mais alto, maior e mais forte.*[22]

— Observe as palavras: *que não se curva, que sobe até o céu, mais alto, maior, mais forte... desafiadores.* Em outras palavras, a reconstrução do

Marco Zero, a Torre, seria a materialização de uma nação desafiadora, assim como em Isaías 9:10.

— Ele até usou a palavra *jurou.*

— Correto. Era um voto, e um ato de vanglória. Na verdade, por algum tempo, eles até se gabaram de que a Torre do Marco Zero ofuscaria todos os outros prédios da terra; é como Isaías 9:10 ao extremo.

— E o que aconteceu com esse ato de vanglória?

— Ele acabaria sendo frustrado. Mas foi assim que começou. A reconstrução do Marco Zero deveria ter resultado no prédio mais alto do mundo.

— Uma pergunta — disse eu. — Entendo a Torre como um símbolo da reconstrução, mas existe algum lugar em Isaías que realmente fale de uma torre?

— Séculos antes de o Novo Testamento ser escrito, as Escrituras hebraicas foram traduzidas para o grego. O resultado foi uma versão em grego das Escrituras em hebraico chamada de *Septuaginta.* A versão da Septuaginta de Isaías 9:10 traduz o projeto de reconstrução em termos ainda mais específicos. Ela diz assim:

> Os tijolos caíram... *mas subamos... vamos reconstruir para nós uma TORRE.*[23]

— Como isso acontece? — perguntei. — Como tudo isto se junta, as palavras dos líderes, os votos, a Torre? É impressionante, como se tudo fosse parte de um mesmo tipo de reencenação.

— Encenar de novo um drama antigo de julgamento — respondeu ele. — Uma reencenação onde nenhum dos atores tem qualquer ideia do que estão fazendo.

Com isso ele ficou em silêncio, e ambos olhamos para a vasta extensão que nos cercava, agora mais escura e mais pontilhada de luzes.

— E assim — disse ele, rompendo o silêncio — das ruínas da calamidade da nação emerge o Quarto Presságio, o mais colossal dos Presságios, a Torre — e o testamento mais altivo de arrogância a se levantar em solo norte-americano.

E, mais uma vez, ele ficou em silêncio e simplesmente ficou ali no *deck* ao vento, olhando para as luzes e a escuridão da paisagem da cidade.

— Ela tem uma estranha beleza quando você a olha daqui — observou ele suavemente. Então ele abriu a mão. — O selo do Quinto Presságio.

Peguei-o, examinei-o, depois coloquei-o em meu bolso.

— O que você pode dizer-me sobre ele? — perguntei.

— É um Presságio sobre fundamentos.

— Onde eu o encontro?

— Longe daqui.

— Você tem certeza de que não está dando informação demais?

— *Longe* daqui.

Capítulo 9

O Quinto Presságio: A Pedra de Gazit

ת א

— Então, o que havia no selo? — perguntou ela.

— Uma linha irregular... subindo e descendo. Imaginei que fosse o topo de uma montanha.

— E onde isso o levou?

— Procurei em Isaías 9, mas não havia nada ali sobre uma montanha. Eu não conseguia encontrar nada para relacionar o selo à profecia, muito menos ao 11 de Setembro. Mais uma vez eu estava em uma barreira na estrada... sem chegar a lugar algum... até que fui mais fundo.

— Mais fundo?

— Na profecia. O último Presságio citava a palavra *reconstruir.*

— *Mas reconstruiremos.*

— Sim, *Reconstruiremos,* mas com o quê? Concentrei-me na palavra seguinte.

> Mas reconstruiremos *com pedras lavradas.*

— Mas pensei que isso fizesse parte do mistério da Torre... que eles substituiriam o que havia sido destruído por algo maior e mais forte do que antes.

— E *fazia.* Mas a profecia fala especificamente sobre uma pedra.

— Uma pedra lavrada.

— Sim, mas ela foi escrita originalmente em hebraico. Foi aí que eu fui mais fundo. Procurei no hebraico por trás da palavra *pedra*.

— E...

— A palavra é *gazit*. Poderia ser chamada de *Pedra de Gazit*. Pode-se traduzir como *pedra lavrada, pedra esculpida, pedra talhada, pedra lisa, pedra cortada* ou *pedra escavada*. A Pedra de Gazit era, mais especificamente, uma pedra cortada, cinzelada, e escavada da rocha de uma montanha.

— *Montanha!* — disse ela como se estivesse orgulhosa por ter feito a descoberta. — Aí está a sua relação!

— Exatamente. E depois de ser cortada, ela seria nivelada, alisada e moldada em um bloco para ser usada na construção, um bloco de construção. Depois do ataque assírio, o povo de Israel se lançaria à reconstrução. Eles iriam às montanhas e pedreiras para escavar, moldar e alisar a Pedra de Gazit. Então eles a trariam de volta para onde os tijolos haviam caído para que a reconstrução começasse.

— Então você realmente juntou as pistas corretamente.

— Creio que foi a primeira vez que fiz isso — uma grande realização.

— Onde isso o levou?

— A lugar algum. Não me levou a lugar algum. Pude relacionar a pedra à montanha, mas nada mais. Não havia nada relacionando-a ao momento atual... nenhuma relação com os Estados Unidos. Quantos prédios novos nesta cidade eles constroem com pedras de montanhas? Não tinha uma conexão.

— Então o que você fez?

— Fiz uma pausa. Parei um pouco de tentar entender... e me afastei da cidade. Fui para o norte do Estado. Há uma cabana ali junto ao lago que costumo alugar. Eu tinha vários projetos nos quais queria trabalhar. Então parti.

— Então você deixou a pesquisa para trás.

— A pesquisa, sim, mas não o selo. Eu não queria deixá-lo para trás.

— Então o que aconteceu?

— Durante os dois primeiros dias... nada. Nenhum acontecimento. Então, no terceiro dia, eu estava dirigindo, não estava indo a nenhum lugar específico, mas apenas dirigindo pelo campo. Foi quando a vi... à minha esquerda... à distância.

— Foi quando você viu o *quê*?

— Uma montanha.

— Deve haver muitas montanhas no norte do Estado.

— Mas aquela parecia familiar. Estacionei e saí do carro. Enfiei a mão no bolso para olhar para o selo. E as duas imagens correspondiam.

— A montanha correspondia à imagem no selo? — disse ela, obviamente incrédula.

— Era a mesma forma, o mesmo desenho, a mesma montanha.

— Mas eu pensei que o selo era antigo, do Oriente Médio. Como ele poderia corresponder a uma montanha nos Estados Unidos?

— Não sei. Talvez fosse a imagem de outra montanha, alguma montanha no Oriente Médio que por acaso fosse semelhante à montanha que vi naquele dia. Não sei... mas elas eram iguais.

— Mas para que isso acontecesse, a imagem não apenas teria de corresponder com a montanha, mas com a visão de onde você viu a montanha. Como isto seria possível?

— Como tudo isto poderia ser possível? — disse ele, como se esperasse que a esta altura ela achasse tudo aquilo uma coisa banal.

— Como eu poderia continuar encontrando-o todas as vezes? Uma espécie de destino... ou predestinação... alguma coisa. De qualquer maneira, as imagens batiam, ou pareciam bater, no instante em que vi a montanha, e exatamente do lugar de onde eu a vi.

— Então você foi atrás dela.

— É claro. Subi à montanha até onde era possível dirigir, e depois subi a pé o restante do caminho.

— E o que você descobriu?

— Imaginei que o que quer que eu tivesse de encontrar estaria no topo da montanha. Mas a montanha era alta e escorregadia e estava coberta de árvores. Era difícil saber onde procurar, sem mencionar o que exatamente eu procurava. Fiquei ali por horas, do meio-dia até o fim da tarde. E então, no final da tarde, finalmente encontrei o que deveria encontrar.

— O que era?

— *Ele*. Eu *o* encontrei. A primeira coisa que notei foi o casaco... aquele longo casaco escuro que ondulava a cada golpe de vento. Ele estava em pé ali junto a uma das beiradas do topo da montanha, olhando para a distância.

— Ele ficava sempre fazendo isso... olhando para a distância... certo?

— Sim. E agora era para uma vasta paisagem de montanhas azuis distantes, com todos os diferentes tons de azul se mesclando uns aos outros, algo que poderia ser visto em uma aquarela.

— E ele simplesmente estava ali *por acaso* quando você *por acaso* foi parar ali. E você simplesmente foi parar ali apenas porque estava dirigindo *por acaso* e passou por aquele lugar específico naquele dia, e aconteceu de você ver a montanha de um ponto de vista que *por acaso* batia com a imagem da montanha no selo.

Ela fez uma pausa e olhou para ele com um leve sorriso antes de acrescentar:

— Tudo simplesmente *aconteceu por acaso*.

— É mais ou menos isso — respondeu ele.

— E a que distância da cidade ficava a montanha?

— Várias horas no sentido norte.

— Como ele...?

— Nem tente. Então eu me aproximei dele. Eu estava cerca de 3 metros dele quando ele falou.

— E então, como foram suas férias, Nouriel? — perguntou ele, sem olhar para trás.

— Sabe, prometi a mim mesmo que não ia lhe perguntar como você faz tudo isto... mas há quanto tempo você está aqui... nesta montanha... neste lugar?

— Não faz muito tempo... o suficiente apenas para estar aqui antes de você chegar. Eu não queria deixar você esperando. Isso não seria educado.

— Mas é claro.

— Então, você teve férias agradáveis?

— Ainda estou no meio delas, e não tenho certeza.

Agora eu estava em pé ao lado dele, próximo à beirada, olhando para ele. Ele alternava o olhar entre as montanhas à distância e eu.

— Então, o que você descobriu até agora? — perguntou ele

— Sobre o Quinto Presságio? Não muito.

— Então vamos começar com o pouco... o que você descobriu?

— Depois do ataque, a nação promete reconstruir, não com tijolos de argila, como antes, mas com pedras. Na profecia, a palavra hebraica para pedra é *gazit*.

— Muito bem, Nouriel. Você está indo mais fundo. Isto é bom. O que mais?

— *Gazit* fala de uma pedra que foi cortada, cinzelada, em particular, escavada da rocha de uma montanha. Assim a montanha no selo... é um lugar de onde a pedra de *gazit* é escavada.

— Isto é mais do que pouco.

— Mas não me leva a lugar algum.

— Trouxe você até aqui.

— Mas o que isso tem a ver com os Estados Unidos... ou com a Torre? Imagino que a cidade de Nova York não esteja para construir arranha-céus com pedras escavadas.

— Junte as pistas, Nouriel. Então poderemos ver se existe alguma relação com os Estados Unidos. Onde estamos na profecia?

— *"Mas reconstruiremos com pedras lavradas."*

— Então eles prometeram reconstruir e fazer isso mais forte do que antes... substituir os tijolos de argila caídos pela pedra de gazit. Eles escavam as pedras, as esculpem em enormes blocos e as levam de volta para o local da destruição, onde os tijolos caíram. A primeira pedra da construção é sempre a mais importante — a pedra angular. A colocação da pedra angular dá início à construção. Não é apenas um ato necessário, mas um ato simbólico. E no caso da reconstrução de Israel, a colocação da primeira pedra de gazit estava cheia de significados simbólicos, assinalando o início da reconstrução da nação e o cumprimento da sua promessa. Posso ver o selo?

Então entreguei-o a ele, e ele o ergueu enquanto revelava o seu significado.

— O Quinto Presságio: a nação responde à calamidade com uma afronta em forma de pedra. A pedra é cortada das suas montanhas e rochas. Eles a cinzelam e formam um bloco. Eles a levam de volta ao lugar da destruição. A pedra se torna um símbolo, a representação do voto deles, da confiança deles e do desafio que fazem. Sobre a pedra eles depositam os seus planos de reconstrução e o seu voto de ressurgimento nacional. Mas a Pedra de Gazit é, na verdade, o símbolo da rejeição de uma nação ao chamado de Deus. Quando o sinal da Pedra de Gazit se manifesta, ele é um Presságio que contém uma advertência de uma calamidade futura. O Quinto Presságio: A Pedra de Gazit.

— E o que ele tem a ver com os Estados Unidos?

— Eles vieram aqui, Nouriel. Eles vieram aqui para encontrar a Pedra de Gazit.

— Aqui? — perguntei.

— Aqui... às montanhas. Eles vieram aqui e cortaram a pedra da rocha da montanha e a levaram de volta.

— De volta?

— De volta, para onde os tijolos haviam caído.

— Ao Marco Zero?

— Sim. Pois o voto declara: *Os tijolos caíram, mas reconstruiremos com pedra lavrada*. Então a reconstrução deve começar no mesmo lugar da destruição. A Pedra de Gazit deve ser levada para onde os tijolos caíram, ao local da calamidade. Assim, a pedra escavada tinha de ser levada de volta ao Marco Zero. E foi o que aconteceu.

— E o que foi feito no Marco Zero quando eles a levaram de volta?

— Houve uma reunião ali, uma reunião de líderes — o prefeito da cidade de Nova York, o governador do Estado de Nova York, o governador de Nova Jersey, diversas autoridades envolvidas com a reconstrução, outros líderes, e uma reunião de convidados e espectadores. Todos eles estavam focados em um único objetivo — a Pedra de Gazit. A Pedra de Gazit frequentemente tomava a forma de um bloco retangular maciço de rocha cortada, e o mesmo aconteceu com a pedra que foi colocada na base do Marco Zero.

— Um bloco retangular maciço de pedra escavada... colocado no Marco Zero?

— Um bloco retangular maciço de vinte toneladas de pedra escavada. A pedra deveria marcar o início da reconstrução.

"Mas reconstruiremos com pedra lavrada."

— Exatamente. A pedra da profecia de Isaías era outro símbolo do desafio nacional. Assim, eles também fizeram da Pedra de Gazit do Marco Zero um símbolo. Eles até lhe deram um nome. Eles a chamaram de a *Pedra da Liberdade*. Ela foi criada para ser a pedra angular simbólica da reconstrução — não apenas do Marco Zero, mas da cidade de Nova York e dos Estados Unidos. A sua colocação seria o primeiro ato dessa reconstrução e o início da Torre que deveria se erguer naquele lugar. Assim, como nos últimos dias da antiga Israel, a Pedra de Gazit se tornaria novamente o símbolo da reconstrução e restauração de uma nação.

— Houve alguma proclamação ou voto que tenha sido pronunciado — perguntei — quando a Pedra de Gazit foi colocada no Marco Zero?

— Por que você está perguntando isto?

— Porque a pedra de Isaías 9:10 estava ligada à proclamação do voto.

— Houve. Houve proclamações. E, como no caso antigo, as proclamações deles uniram a reconstrução da nação à pedra escavada. As palavras deles foram, com efeito, uma paráfrase moderna do antigo voto. No Marco Zero os líderes norte-americanos declararam que eles também *reconstruiriam com pedra lavrada.* A pedra, eles declararam, seria o início da reconstrução da nação. Ela:

> ... permaneceria para sempre como *uma pedra angular simbólica da reconstrução de Nova York e da nação.*[1]

— Como aconteceu com a antiga Israel, o ato de reconstruir com pedra escavada destinava-se a enviar uma mensagem. Então o governador de Nova York proclamou:

> Ao colocar esta magnífica pedra angular de esperança, estamos mandando um recado aos povos de todo o mundo.[2]

— Uma mensagem de desafio.

— Sim, uma mensagem de resistência. Por um lado, um desafio à calamidade; mas por outro, por baixo da superfície, algo muito mais profundo... um desafio muito mais profundo... assim como aconteceu com a antiga Israel. Um Comentário explica desta forma:

> Longe de ficarem humilhados e de se arrependerem em resultado dos juízos punitivos do Senhor, eles estão resolutamente determinados a resistirem a Deus e a reconstruir em escala ainda mais grandiosa: *Os tijolos desabaram, mas reconstruiremos com pedra cortada da pedreira...*[3]

— *Pedra cortada da pedreira* — assim como a reconstrução do Marco Zero e dos Estados Unidos envolvia a pedra cortada da pedreira... aqui.

— Sim, e até o governador de Nova York faria uma alusão à *pedra cortada da pedreira* quando fez uma proclamação sobre a pedra:

> Hoje trazemos vinte toneladas de *granito Adirondack, a rocha do nosso Estado,* e as colocamos como o fundamento, *a rocha de um novo símbolo da força e da confiança norte-americanas.*[4]

— Como aconteceu na antiga Israel, a pedra escavada se tornaria a representação da equivocada confiança de uma nação no seu próprio poder para emergir mais forte do que antes. E o ato de colocar a pedra escavada seria uma manifestação do que diferentes Comentários Bíblicos chamam de *espírito de desafio*:

> Os tijolos podem ter caído; isso de nada adiantou — eles reconstruiriam *com pedra lavrada...* Assim eles expressaram o próprio *espírito de desafio.*[5]

> A nação... está determinada a agir com um *espírito de desafio*... ela transformará os seus tijolos caídos em *pedras maciças*.[6]

— *O espírito de desafio*... Por que isso é importante?

— No dia em que os Estados Unidos começaram oficialmente a sua reconstrução substituindo os tijolos caídos do 11 de Setembro pela Pedra de Gazit, o governador de Nova York fez uma proclamação no local do Marco Zero. Veja as palavras dele:

> Hoje, nós, herdeiros daquele revolucionário *espírito de desafio, colocamos esta pedra angular*...[7]

— Ele usou estas palavras exatas?

— Estas palavras exatas.

— As mesmas palavras... e o mesmo ato — a pedra escavada e o espírito de desafio.

— Juntos.

— Inacreditável... a coisa toda é tão...

— Sim, é... mas aconteceu. O antigo drama reencenado no Marco Zero.

— E o que aconteceu depois — perguntei — depois que a pedra foi colocada?

— O que aconteceu depois foi especialmente assustador. A reconstrução do Marco Zero já havia ficado enredada em uma série contínua de controvérsias, confusões, obstáculos, divisões e conflitos. Mesmo depois que a pedra foi colocada, a construção da torre seria desafiada, impedida, redesenhada, renomeada e revertida. Os planos de reconstrução do Marco Zero seriam frustrados por anos. Finalmente eles removeriam a pedra do Marco Zero completamente.

— Estranho — eu disse. Eles retiraram a pedra angular, depois de todas essas palavras.

— Estranho, mas ao mesmo tempo não tão estranho. Os planos da antiga Israel de se reconstruir desafiadoramente também seriam frustrados. Isso acabaria levando a nação ao ponto de destruição. A colocação da Pedra de Gazit foi mais um elo na cadeia do julgamento. Um Comentário Bíblico continua revelando para onde tudo isso leva:

> Ela transformará os seus tijolos caídos em pedras maciças que não falharão... isso seria seguido por penalidades temerosas... eles seriam pressionados de todos os lados pelos seus inimigos... a estarem preparados para misérias ainda iminentes.[8]

O desafio a Deus impede um bem incomensurável.[9]

— É uma repetição... tudo está se repetindo, a coisa toda. É tão... misterioso. E eles não faziam ideia do que estavam fazendo.

— De que estavam reencenando a antiga profecia? Não. E ainda assim cada um deles acabou seguindo as antigas pegadas. Foi um ato profético, que ocorreu de acordo com o mistério.

— Então o que tudo isso anuncia para o futuro dos Estados Unidos?

— Se aqueles que foram ao Marco Zero naquele dia para fazer as suas proclamações tivessem percebido o que tudo aquilo anunciava... eles teriam ficado em casa.

Ele enfiou a mão no bolso do casaco e me deu o selo seguinte.

— O selo do Sexto Presságio — disse eu. — E este é...?

— A imagem é suficientemente clara — disse ele — assim como a profecia. Este não deve ser difícil de desvendar.

— Ainda assim, um pouco de ajuda seria muito apreciada.

— O Sexto Presságio apareceu no mesmo dia que o primeiro... e no mesmo lugar daquele que veio depois dele.

— Bem, isso realmente esclarece tudo — respondi. — E pensar que eu estava preocupado que você não fosse específico o bastante desta vez.

— Nouriel.

— Sim?

— Tenha um ótimo descanso nas suas férias.

E com isso, ele me deixou ali... em pé na beirada da montanha.

— Com certeza terei — respondi em voz alta.

— Tente descansar um pouco — ele respondeu enquanto andava. — Descansar é bom.

— E, sem dúvida, não vou me esquecer de lhe levar uma lembrança — gritei.

— Só o selo, Nouriel, apenas traga o selo de volta.

E com isso ele desapareceu entre as árvores da floresta.

CAPÍTULO 10

O Sexto Presságio: O Sicômoro

ת א

— Ele disse que a imagem era clara. Então, qual era ela? — ela perguntou.

— Uma árvore — ele respondeu.

— Uma árvore, como na profecia?

— Sim... como nas próximas palavras exatas da profecia.

— Então os Presságios estavam sendo revelados a você na mesma ordem em que apareciam em Isaías 9:10.

— Na mesma ordem exata — disse ele. A profecia vai da pedra para o sicômoro:

> Mas reconstruiremos com pedra lavrada. *Os sicômoros foram cortados.*

— Então a árvore no selo era um sicômoro? — ela perguntou.

— Foi o que eu supus.

— E então, onde isto o levou?

— Fui mais fundo, como antes, no idioma original para descobrir a palavra em hebraico para a palavra *sicômoro.*

— E você descobriu...

— *Shakam.* A palavra traduzida como *sicômoro* é a palavra hebraica *shakam.* Ela também é conhecida como *figueira amoreira,* porque suas folhas se assemelham às folhas da amoreira.

— Como se chega a sicômoro a partir disso?

— A palavra grega para figo é *sukos*, e para *amoreira* é *moros*. Junte as duas e temos *sukamoros* ou...

— Sicômoro.

— O seu nome latino é *ficus sycamorus*... uma árvore que se espalha bastante e que atinge a altura de 15 metros. Nos tempos bíblicos elas cresciam nas terras baixas de Israel e ao longo das estradas e rodovias.

— Então você fez o dever de casa.

— E corri atrás dele. Até levei a minha busca ao Jardim Botânico de Nova York... mas isso não me levou nem um pouco mais perto do mistério do Sexto Presságio. Na verdade, levou-me para mais longe. Quanto mais eu aprendia sobre o sicômoro, mais longe ficava da resposta.

— Por quê?

— O que o fato de se cortar um sicômoro poderia ter a ver com os Estados Unidos ou com o 11 de Setembro? Os antigos assírios podem ter estado interessados em cortar sicômoros, mas não os terroristas do 11 de Setembro. Eles visavam cidades, e não florestas ou áreas rurais. Como o fato de se cortar um sicômoro poderia ter alguma coisa a ver com isso? Não havia relação. Este foi o meu primeiro problema. Mas o segundo foi fatal.

— Qual foi?

— Ele não cresce aqui, nem no nordeste norte-americano, muito menos naturalmente. O *ficus sycamorus* é nativo do Oriente Médio e da África. Ele não cresce em climas gelados. A única maneira de mantê-lo vivo em Nova York ou em Washington seria mantendo-o em áreas fechadas ou envolvido em cobertas e plástico. E algumas pessoas realmente fazem isso. Mas isto é uma novidade. O sicômoro de Isaías 9:10 é estranho ao nordeste norte-americano.

— Então o 11 de Setembro não teve nada a ver com árvores, e o sicômoro não tem nada a ver com o nordeste. Então o que você fez?

— Depois de mais alguns becos sem saída, desisti de tentar. Imaginei que, de alguma forma, seja o que for que eu devesse saber, eu acabaria sabendo.

— E você acabou sabendo?

— Acabei no Central Park, no lago, em um barco a remo. É uma coisa que faço quando preciso clarear a mente. Há uma ponte ali, uma ponte de passagem, que se estende sobre a água em um longo arco. Se você está em um barco a remo você pode passar por baixo dela, que foi o que fiz... duas vezes — a primeira vez indo, e a segunda vez voltando. Foi na segunda vez que, assim que eu estava saindo de debaixo da ponte, notei um homem na ponte quando olhei para cima. Ele estava em pé no meio da ponte com as duas mãos encostadas no corrimão e olhando para baixo... para mim, acho, mas não tive certeza.

— O profeta?

— Sim.

— E você não o viu na primeira vez que passou embaixo da ponte?

— Nem sei se ele estava ali quando passei da primeira vez.

— Então o que aconteceu?

— Parei de remar e gritei para ele: "É você?"

— Eu só queria ter certeza.

— Quem mais poderia ser se não eu? — veio a resposta.

— Definitivamente é você — eu disse calmamente.

— E como vai a sua pesquisa, Nouriel? — ele perguntou.

— Como parece estar indo? Estou em um barco a remo... em um lago... no Central Park. Não está indo muito bem.

— Mas você está em um lugar de árvores.

— Este é o lugar do nosso próximo encontro?

— Acho que sim.

— Então como nos encontramos?

— Ou você sai do barco e se junta a mim na ponte, ou eu saio da ponte e me junto a você no barco. Recomendo a segunda opção.

Então ele desceu da ponte enquanto eu navegava até a margem para encontrar um lugar onde pudesse subir — o foi o que ele fez. Agora era eu e o profeta... em um barco a remo... em um lago... no Central Park. Havia outros barcos na água naquele dia, mas desde o instante em que ele se juntou a mim, tudo o mais se desvaneceu no pano de fundo enquanto o foco se voltou para um antigo mistério e o futuro de uma nação. Poderíamos estar em qualquer lugar.

— E vocês continuaram remando enquanto falavam?

— Sim... enquanto falávamos... e enquanto eu gravava.

Ele ficou em silêncio por algum tempo. Ambos ficamos. Quando o barco se aproximou do meio do lago, o profeta rompeu o silêncio.

— Então, Nouriel, o que você descobriu até agora?

— O Sexto Presságio é o sicômoro de Isaías 9:10:

> Mas reconstruiremos com pedra escavada.
> *Os sicômoros foram cortados.*

— E por que você acha que os sicômoros teriam sido cortados? — ele perguntou.

— Por uma ação dos assírios durante a invasão — era parte da devastação da terra.

— E por que um sicômoro caído seria significativo?

— Foi até onde cheguei.

— Se os tijolos caídos prenunciavam o colapso do futuro da nação, o que o sicômoro caído prenunciava?

— Não sei.

— É um sinal de algo sendo desarraigado, arrancado pela raiz... um reino. Você está com o selo, Nouriel?

Entreguei-o a ele. Ele segurou-o enquanto começava a revelar o seu significado.

— O Sexto Presságio: a destruição não se limita aos prédios. O ataque do inimigo faz com que o sicômoro seja cortado. O sicômoro caído é um sinal de advertência e, sendo esta advertência ignorada, se torna uma profecia de julgamento. O Sexto Presságio: o sinal de arrancar algo pela raiz — o Sicômoro.

— Mas o que isso tem a ver com os Estados Unidos? Os agentes do Al Qaeda não estavam interessados em sicômoros. E o sicômoro de Isaías 9:10 cresce no Oriente Médio e na África, e não em qualquer lugar próximo aos acontecimentos de 11 de Setembro.

— Isto é verdade — disse ele.

— Então não vejo como alguma coisa poderia ter relação. As chances de...

— *As chances de* não significam nada.

— O que você quer dizer?

— Nos últimos instantes da calamidade, a Torre Norte começou a desabar. Em meio a esse colapso, ela lançou escombros e ruínas pelo ar até um pedaço de terra à margem do Marco Zero. Ele era diferente das outras propriedades que cercavam o Marco Zero pelo fato de que não estava coberto de concreto, aço ou asfalto... mas de terra e grama.

Parei de remar e deixei o barco deslizar. Ele fez uma pausa por um instante, antes de continuar.

— Os escombros arremessados pela torre que desabava atingiram um objeto.

— Um objeto? Que tipo de objeto?

— Uma árvore.

— Não...

— Depois que a nuvem de poeira começou a baixar, os policiais, as equipes de resgate e os observadores contemplaram o pequeno pedaço de terra às margens do Marco Zero. Ali no meio das cinzas e detritos que cobriam o chão estava uma árvore caída. Ela logo se tornaria um símbolo do 11 de Setembro e do Marco Zero. E ela *era* um símbolo... mas um símbolo muito mais antigo do que qualquer pessoa imaginaria, e um símbolo que transmitia uma mensagem que ninguém poderia ter compreendido.

— Que árvore era? — perguntei

— A árvore que foi derrubada — ele respondeu.

— Que tipo de árvore ela era?

— Era um sicômoro.

— A árvore no Marco Zero que foi derrubada em 11 de Setembro...

— ... era um sicômoro.

— Mas como? — perguntei. — Como é possível?... Eles não crescem aqui.

— Quando os líderes norte-americanos declararam *Reconstruiremos*, as mesmas palavras do voto da antiga Israel, eles a proclamaram em hebraico antigo?

— Não, é claro que não — respondi.

— E por que não? — ele perguntou.

— Porque os líderes norte-americanos não falam hebraico antigo, e ninguém teria entendido se falassem nessa língua.

— Exatamente. Em cada caso, o antigo e o moderno, os líderes falaram na língua do seu povo e da sua nação. O Presságio é traduzido para o contexto da nação onde ele aparece e do povo ao qual ele se dirige. O mesmo acontece com o sinal do Sicômoro. Foi uma tradução.

— Uma tradução... como?

— A árvore corresponde à nação... a terra. A árvore de Isaías 9:10 era comum em Israel. Do mesmo modo a árvore do 11 de Setembro era própria dos Estados Unidos da América.

— Mas você disse que ela era um sicômoro.

— Ela está classificada sob o gênero *platanus*. Mas é conhecida pelo seu nome inglês comum... *sicômoro*. *Era* um sicômoro.

— Mas...

— Sim, você estava certo, Nouriel. O sicômoro do *Oriente Médio* não cresce naturalmente no Nordeste norte-americano. Mas existe uma versão do sicômoro que cresce — o sicômoro inglês.

— O sicômoro inglês... uma tradução do Presságio.

— E era o sicômoro inglês que por acaso estava crescendo no pequeno pedaço de terra na orla do Marco Zero.

— E ele foi chamado de *sicômoro* porque...

— Porque o nome dele foi dado segundo o sicômoro do Oriente Médio.

— Então a árvore que foi derrubada em 11 de Setembro foi chamada pelo nome da árvore de Isaías 9:10?

— Sim. O antigo Presságio do Oriente Médio foi traduzido em forma ocidental... em uma árvore norte-americana que levou o mesmo nome da árvore do Oriente Médio do julgamento de Israel.

— E simplesmente aconteceu de ela estar ali na esquina do Marco Zero, no 11 de Setembro.

— Assim como tudo o mais — disse ele — apenas aconteceu de ela estar ali.

— Mas os assírios tinham a intenção de cortar o sicômoro — os terroristas do 11 de Setembro não.

— Os terroristas não faziam ideia a respeito de Isaías 9:10, não faziam ideia dos Presságios, não faziam ideia do sicômoro que estava crescendo na esquina do Marco Zero, nem faziam ideia de que o ataque deles faria com que ele caísse ou que a sua queda estava ligada a uma antiga profecia. Eles não faziam ideia... mas ainda assim aconteceu.

— E o que aconteceu depois que ele caiu? — perguntei.

— Ele se tornou o ponto principal de interesse e atenção. Ele se transformou em um símbolo.

— Assim como os Presságios anteriores.

— Os Presságios são, entre outras coisas, símbolos. Então o sicômoro se tornou um símbolo do 11 de Setembro. Ele foi rotulado de *o Sicômoro do Marco Zero*. Foram escritos artigos sobre ele. Ele foi colocado em exibição pública. Multidões se reuniram ao redor dele para vê-lo. Mas eles não faziam ideia da mensagem que ele continha ou do longo alcance dessa mensagem. Nem observaram o pequeno objeto que estava enroscado em suas raízes.

— Que era...

— Um tijolo — respondeu ele. *Os tijolos caíram... e os sicômoros foram cortados.*

— Toda a coisa é... não consigo sequer expressar em palavras... tudo sendo reencenado... tudo seguindo os detalhes de uma antiga profecia... agora até objetos inanimados... a Torre... a Pedra... a Árvore... e sem que ninguém orquestrasse tudo isso.

—Ninguém orquestrou tudo isso simplesmente porque haveria de acontecer. Os Presságios se manifestaram porque eles *tinham* de se manifestar... como sinais... como mensagens proféticas.

— E que mensagem o sinal do Sicômoro trouxe para os Estados Unidos? — perguntei.

— É o sinal de uma queda... de um corte... de um arrancar pela raiz... um fim. Quando apareceu na antiga Israel, ele profetizava a queda da nação e o fim do seu reino.

— E agora ele reaparece para os Estados Unidos. Então isso significa que tem de haver um...

— É uma advertência — disse o profeta — tudo depende de se a advertência será ouvida.

— E se ela não for ouvida?

— Se uma árvore cai ao chão e ninguém ouve... ela faz um som?

— Faz? — perguntei.

— No caso do Sicômoro, faz dois.

— Dois?

— Para aqueles que o ouvem, o som da advertência e o chamado à redenção.

— E para aqueles que não o ouvem?

— O som do julgamento.

Ficamos em silêncio por algum tempo. Então ele enfiou a mão no bolso do casaco e me entregou o selo seguinte. Examinei-o sem dizer nada, coloquei-o no bolso, depois recomecei a remar para levar o barco de volta ao cais.

— E que pista você tem para mim com relação ao Sétimo Presságio? — perguntei quando nos aproximávamos do cais.

— Ele é tão claro quanto o anterior — ele respondeu — e está intimamente ligado a ele.

— Intimamente ligado ao Sicômoro.

— Sim.

— É outra imagem de uma árvore... mas diferente.

— Correto.

— Existem duas árvores na profecia — eu disse — então o Sétimo Presságio tem de ser a segunda árvore.

— Como você vê, Nouriel, não é tão difícil. Você já percebeu isso antes mesmo de passar semanas procurando a resposta. E ainda nem chegamos ao cais.

— Então por que precisamos de semanas ou meses antes do próximo encontro?

— Para você trabalhar nele.

— Por que simplesmente não seguimos em frente... aqui? É um lugar de árvores. O ambiente funciona.

Ele pensou por um instante, depois respondeu:

— Por que não?

— Então vamos fazer isso aqui?

— Por que não? — ele repetiu.

Eu não esperava que ele concordasse com a sugestão. Aquilo me impressionou. Aquilo me impressionou o suficiente para que eu o questionasse.

— Então um profeta pode alterar o plano... o plano indicado?

— Quem disse que o plano foi alterado?

— Mas fui eu quem dei a ideia.

— E como você sabe se o fato de você ter dado a ideia de alterar o plano não era o plano indicado desde o início?

— Se foi uma mudança de plano... então não era o indicado.

— E se foi o indicado — ele respondeu — então não foi uma mudança de plano.

— Então você planejou continuar aqui desde o princípio... antes que eu mencionasse isso?

— Se eu planejei ou se aconteceu porque estava planejado sem que eu planejasse, não faz diferença.

— Acho que você está apenas dizendo tudo isto.

— E você é livre para pensar assim — respondeu ele.

— Então eu sou *livre* para pensar assim. Eu não *tenho* de pensar assim.

— Mas isso não significa que não foi planejado — ele acrescentou.

— Como poderia ser as duas coisas? — perguntei.

— São necessários dois remos para fazer o barco seguir reto.

— Quer dizer que é ao mesmo tempo livre-arbítrio e predestinação?

— Quer dizer que você precisa usar ambos os remos e se concentrar em manter o barco reto, para podermos voltar à terra seca.

Capítulo 11

O Sétimo Presságio: A Árvore de Erez

ת א

Ela se levantou da cadeira.

— Nouriel, você me daria licença por um instante antes de continuarmos?

Ela foi até sua escrivaninha.

— Todos já foram embora? — ela perguntou, falando ao telefone.

— Sim — respondeu a voz no alto-falante. — Todos já foram, e eu vou sair daqui a pouco.

— Você desliga tudo?

— Sim.

Durante a conversa, Nouriel deu uma olhada no horizonte. A noite estava começando. O sol havia se posto. A cidade estava iluminada pelos azuis e vermelhos profundos do crepúsculo e pelo brilho incandescente e fluorescente dos prédios e das lâmpadas das ruas.

— Então... — ela disse, enquanto voltava para a mesa redonda — você estava no barco com o profeta...

— Atracamos, saímos do barco e começamos a andar pelo parque. Ele me levou à fonte no terraço, aquela com a estátua do anjo no topo.

— Você sabe o que é aquilo, Nouriel? — ele perguntou.

— Um anjo — respondi.

— Esta é a Fonte de Betesda, e aquele é chamado o *Anjo das Águas*. É do Evangelho de João, o relato de um homem aleijado que esperava junto ao poço de Betesda em Jerusalém para ser curado. E você sabe o que significa *Betesda*?

— Não — respondi.

— Vem da palavra hebraica *khesed*, que significa *misericórdia* ou *bondade*. *Betesda* significa *a casa de misericórdia* ou *o lugar da bondade*. *Khesed*... misericórdia... amor. É a natureza de Deus, a Sua essência. Não se esqueça disso, em meio a tudo isto, não se esqueça disso. O julgamento é a necessidade dele, mas a Sua natureza e essência — o Seu coração — é o amor. Ele é aquele que está sempre chamando o perdido para que ele seja salvo.

Retomamos a nossa caminhada, passando por outras pessoas no parque que também estavam andando, correndo ou jogando damas, ou apenas sentados nos bancos do parque sem fazer nada especificamente. Seguimos a trilha em meio a uma paisagem verde exuberante de árvores e grama, pedras e pontes.

— Então, Nouriel, se o Sicômoro é o Sexto Presságio, então o Sétimo Presságio...

— Tem de ser o cedro. É o que vem em seguida:

> Os sicômoros foram cortados,
> *Mas plantaremos cedros em seu lugar.*

— Correto.

— Então a árvore no selo é um cedro.

— Sim, e o que isso significa?

— Não faço ideia.

— Os sicômoros deles caíram. Eles prometem substituí-los. Mas em vez de substituí-los por outros sicômoros, eles os substituem por cedros. Por que você acha que eles fizeram isso?

— Pelo mesmo motivo pelo qual eles não substituíram os tijolos caídos por outros tijolos, mas por pedra lavrada. O objetivo não era a restauração, mas o desafio. Então imagino que o cedro era mais forte que o sicômoro, ou tão diferente do sicômoro...

— ... quanto as pedras lavradas são diferentes dos tijolos de argila. Você está certo. O sicômoro era uma árvore comum. Ele nunca era visto como algo de grande valor. O seu grão era áspero, nodoso, esponjoso, e não especialmente forte. E embora a sua madeira pudesse ser usada em construções, ela não era nem o material ideal nem o mais durável para se construir.

— Então ele era uma espécie de tijolo de argila das árvores.

— Exatamente. E assim como os tijolos de argila foram substituídos por pedras enormes, o sicômoro caído seria substituído pelo cedro.

— Então o cedro era mais forte que o sicômoro?

— Muito mais forte, e muito mais valorizado. O sicômoro crescia nas planícies; o cedro crescia nas altas montanhas. O sicômoro era comum; o cedro era exótico. Diferente do sicômoro que se contorcia, o cedro era reto, majestoso e imponente. A sua madeira era lisa, durável e perfeitamente adequada para a construção. O sicômoro podia atingir uma altura de 15 metros; mas o cedro podia ultrapassar 30 metros. Esse era o ponto. Eles plantariam cedros em lugar dos sicômoros caídos. E diferente do sicômoro, o cedro resistiria fortemente a qualquer ataque futuro... ou pelo menos assim eles esperavam. Um conhecido volume de Comentário Bíblico explica essa diferença do seguinte modo:

> Em vez de escutar, dar ouvidos e se arrepender, a nação decide agir com um espírito de desafio... *ela trocará os seus frágeis*

sicômoros que foram cortados por fortes cedros que as mais violentas tempestades pouparão.[1]

— O que seriam *as mais violentas tempestades*? — ele perguntou.

— O dia do julgamento vindouro da nação — respondi.

— Sim. E naquele dia nada seria poupado — nem as árvores, nem as pedras, nem a nação. E o reino cairia tão rapidamente e tão violentamente quanto um cedro desabando sobre a terra.

— Então foi a mesma coisa que eles fizeram com a pedra lavrada... o mesmo ato de uma forma diferente. Eles colocaram a pedra lavrada em lugar dos tijolos caídos. Agora eles plantam o cedro no lugar do sicômoro.

— É o ato de *khalaf* — disse ele.

— *Khalaf*?

— É a palavra hebraica usada no versículo. Ela significa *trocar, substituir, plantar uma coisa em lugar de outra.*

— E quanto à palavra *cedro*? — perguntei. — *Cedro* é a palavra em português. Qual é a palavra original usada na profecia? Como era chamada a árvore em hebraico?

— *Erez.* Ela chamava-se *erez.* "Os sicômoros caíram, mas plantaremos *árvores de erez* no seu lugar".

— Então *erez* significa *cedro*? — perguntei.

— Sim e não — ele respondeu. — Cedro é a palavra usada mais comumente para traduzir *erez,* como nos cedros do Líbano. Mas *erez* significa muito mais que o *cedro* que conhecemos. Venha.

Com isso, ele deixou a trilha e me conduziu a uma árvore.

— Como você a descreveria, Nouriel?

— É um pinheiro.

— E o que mais?

— Ele tem cones e suas folhas são pontiagudas.

— É uma árvore conífera, um conífero. A obra botânica clássica conhecida como *Hierobotanicon* define o *erez* hebraico como uma árvore conífera ou um conífero. A palavra *erez* também aparece em vários textos antigos diferentes onde ela se refere a um pinheiro conífero.

— Então uma Árvore de Erez é um pinheiro, uma espécie de conífera.

— Sim — respondeu ele — mas nem toda árvore conífera é necessariamente uma Árvore de Erez.

— Então o que exatamente ela é? — perguntei.

— Mais especificamente é *determinada espécie* de pinheiro que tem cones. Um comentarista explica isso mais claramente em um dicionário bíblico:

> O *erez* hebraico traduzido como *cedro* em todas as versões [em português] é mais provavelmente uma palavra genérica para a família dos pinheiros.[2]

— E isso significa o que... exatamente?

— A Árvore de Erez se encaixa na classificação botânica de *pinácea.*

— *Pinácea.* E a *pinácea* — perguntei — está relacionada a que especificamente?

— Ao cedro, ao abeto e ao pinho.

— Então a identificação mais precisa para a palavra hebraica *erez* seria *árvore pinácea.*

— Sim. A tradução botânica mais precisa para o voto seria: "Mas plantaremos *árvores pináceas* em seu lugar".

— E a pinácea inclui o cedro, porém mais que o cedro.

— Correto. Então eles plantam a árvore mais forte em lugar da mais fraca, assim como prometem uma nação mais forte para substituir uma mais fraca. A Árvore de Erez se torna outro símbolo da nação e do seu desafio — um símbolo vivo da confiança deles no ressurgimento nacional, a sua árvore de esperança.

— Uma árvore de esperança, mas não uma boa esperança.

— Não — respondeu ele — uma esperança orgulhosa, egocêntrica, e sem Deus. O que eles viam como uma árvore de esperança era, na verdade, um presságio de julgamento.

Ele me perguntou pelo selo. Então, é claro, eu o entreguei a ele, e, erguendo-o em sua mão direita, como havia feito com os outros, ele começou a revelar o seu mistério.

— O Sétimo Presságio: a advertência do sicômoro caído não é ouvida. Os seus restos arrancados pela raiz são removidos. Outra árvore é levada ao lugar da sua queda, um erez hebraico, uma conífera, um pinheiro, o cedro bíblico — a árvore pinácea. A Árvore de Erez é plantada no mesmo lugar onde o Sicômoro caído um dia esteve em pé. O plantio é revestido de um significado simbólico. A segunda árvore se torna um símbolo do ressurgimento nacional, da confiança e da esperança. Ela se erguerá como o testemunho da falsa esperança de uma nação e um prenúncio vivo da sua rejeição à advertência dada... o Sétimo Presságio — a Árvore de Erez.

— Então o sinal é o aparecimento da Árvore de Erez.

— Sim.

— O seu plantio.

— Sim, o seu plantio, no lugar do Sicômoro caído.

— Se isso acontecer, o Sétimo Presságio se manifestará.

— Sim.

A esta altura, retomamos a nossa caminhada.

— E o Sétimo Presságio já se manifestou? — perguntei.

— Sim.

— Como?

— Ele começou com a remoção do Sicômoro.

— O Sicômoro do Marco Zero.

— Sim. Ele foi tirado do lugar da sua queda e colocado em exibição pública como um símbolo da calamidade. Até o seu sistema de raízes seria cuidadosamente removido e transferido para outro local.

— Mas para que o antigo mistério se desenrolasse — disse eu — outra árvore teria de ser trazida para o mesmo pedaço de terra e plantada no mesmo lugar onde o Sicômoro havia estado.

— Em fins de novembro de 2003, dois anos depois da queda do Sicômoro, uma estranha visão apareceu na esquina do Marco Zero — no céu... uma árvore. Ela estava sendo transportada por um guindaste sobre um pátio de terra e grama. Os que estavam a cargo da operação a guiaram cuidadosamente até embaixo, até o local indicado. A nova árvore foi colocada na posição para ficar no mesmo lugar onde um dia o Sicômoro do Marco Zero havia estado.

— O que era ela? Que tipo de árvore?

— A coisa mais natural a ser feita seria substituir um Sicômoro por outro. Mas a profecia exigia que o Sicômoro caído fosse substituído por uma árvore de uma natureza inteiramente diferente. Então a árvore que substituiu o Sicômoro do Marco Zero também *não* foi um sicômoro. De acordo com a profecia, o Sicômoro deveria ser substituído pela *erez* bíblica. Então ele precisa ser substituído por uma conífera.

— E a árvore que substituiu o Sicômoro do Marco Zero...?

— A árvore que substituiu o Sicômoro foi uma conífera.

— Um pinheiro?

— Sim... com folhas em forma de agulha e cones.

— Eles substituíram o Sicômoro caído pela Árvore de Erez!

— O sinal da falsa esperança de uma nação e do desafio a Deus.

— É como algo saído de um filme... é surreal!

— Exceto pelo fato de que é real.

— Quem estava por trás da decisão de fazer isso? — perguntei.

— Ninguém — respondeu ele. — Ninguém no sentido de haver uma pessoa fazendo tudo acontecer ou tentando cumprir a profecia.

— Ninguém fazia ideia do que eles estavam fazendo?

— Ninguém.

— Então de onde veio a ideia?

— A árvore foi doada por terceiros, assim como a Pedra de Gazit que substituiu os tijolos caídos.

— Mas você limitou a palavra *erez* mais especificamente a um tipo particular de conífera.

— A árvore pinácea.

— E a árvore que foi trazida do alto até o chão...?

— O seu nome latino era *picea albies.*

— E...

— A árvore que substituiu o Sicômoro era uma árvore pinácea.

— Uma árvore pinácea! A mesma árvore da antiga profecia... a mesma árvore que *tinha* de substituir o sicômoro caído... Inacreditável!

— E a árvore irmã do Cedro do Líbano.

— E tudo isso aconteceu na esquina do Marco Zero?

— Sim.

— E a substituição dos tijolos pela Pedra de Gazit aconteceu no Marco Zero.

— Sim.

— Então ambas as partes da antiga profecia foram cumpridas no mesmo lugar... no Marco Zero.

— E não apenas no mesmo lugar — disse ele — mas da mesma maneira.

— O que você quer dizer?

— Eles não apenas colocaram uma Pedra de Gazit no Marco Zero. Eles transformaram isso em um evento público, em uma reunião pública completamente centralizada em torno do Presságio. O mesmo aconteceu com a substituição do Sicômoro pela Árvore de Erez. O ato se tornou um evento público, uma reunião completamente centrada no Presságio.

— E quem dirigiu o evento?

— Um líder espiritual local.

— Então o plantio da Árvore de Erez foi transformado em uma cerimônia?

— Uma cerimônia centralizada no ato de substituição, como a colocação da Pedra de Gazit foi um ato de substituição. Cada evento estava centralizado em um dos Presságios. Nenhum deles teve nada a ver com arrependimento; em vez disso, cada um exaltava o espírito humano e o seu desafio à calamidade. Foi outro eco do antigo voto. Dois mil e quinhentos anos antes, o povo de Israel respondeu à sua calamidade plantando a Árvore de Erez como um sinal da sua esperança desafiadora e autoconfiante. Agora, após o 11 de Setembro e tendo como pano de fundo o Marco Zero, os cidadãos de Nova York reunidos o transformaram em um sinal. Durante aquela cerimônia, a autoridade deu um nome à árvore. Ele proclamou:

> Esta *Árvore do Marco Zero* será um sinal da natureza indômita da esperança humana...[3]

— Uma árvore de esperança — disse o profeta.

— E *um sinal.*

— Sim, da natureza indômita. *Indômita...* significando *inconquistável.*

— O espírito do voto.

— E no voto, que palavra foi usada para esse ato?

— Você acaba de me dizer... *khalaf.*

— Que significa?

— Trocar, substituir, plantar algo no lugar de outro.

— Então é exatamente isso que tem de se cumprir. Não é apenas o fato de que uma árvore caiu e uma nova foi plantada — mas a nova árvore tem de ser plantada no *mesmo lugar.* A Árvore de Erez deve ser plantada no mesmo lugar onde o Sicômoro caído um dia esteve em pé. Agora ouça as palavras que eles proclamaram naquele dia enquanto se reuniam em torno da Árvore de Erez:

> A Árvore da Esperança é plantada *no mesmo lugar onde* um *sicômoro* de 60 anos de idade *estava em pé* na manhã de 11 de setembro de 2001.[4]

— E ninguém percebeu que o que eles estavam fazendo estava cumprindo a profecia? — perguntei. — Não houve ninguém que juntasse as peças do quebra-cabeça?

— Ninguém — respondeu ele.

— É um cumprimento exato e preciso do antigo voto. É exato, e é como se eles estivessem enfatizando-o para não errar.

— Esta é a natureza dos Presságios, Nouriel. Eles precisam ser manifestos.

— Eles não poderiam ter encaixado as coisas com tanta precisão se tivessem recitado Isaías 9:10 palavra por palavra. E ninguém estava tentando fazer isso acontecer. Aconteceu de todos eles simplesmente fazerem isso?

— Pense nisto, Nouriel. Quem poderia ter orquestrado tudo isso? A torre caiu por causa dos terroristas. Aconteceu de ela cair exatamente como caiu para derrubar aquela árvore específica. Simplesmente aconteceu de a árvore estar crescendo na esquina do Marco Zero. A árvore que a substituiria simplesmente foi dada como presente de terceiros que não tinham nada a ver com nada, mas que simplesmente sentiram-se inclinados a dá-la. O presente deles aconteceu de ser o cumprimento do antigo voto bíblico da Árvore de Erez, que simplesmente era a mesma árvore mencionada no antigo voto — a árvore que deveria substituir o Sicômoro. Simplesmente aconteceu de eles descerem-na até o mesmo lugar onde o Sicômoro caído um dia esteve em pé — exatamente como no hebraico do antigo voto. E o homem que dirigiu a cerimônia em torno da árvore simplesmente reuniu tudo aquilo sem saber que estava fazendo isso. Ninguém sabia o que estava fazendo. Não foi uma questão de intenção. Foi a manifestação dos Presságios.

— É de arrepiar — disse eu — e é outra encenação do mistério. Todos eles estavam pisando nas pegadas antigas — e pensaram que eram as suas próprias pegadas.

— *Eram* as pegadas deles mesmos — disse ele — mas sobre as pegadas antigas.

— Outra peça de um antigo quebra-cabeça que se encaixava, outra reencenação de um antigo drama... de julgamento. Ainda parece um filme. Ainda é difícil acreditar que tudo isso é real, que realmente aconteceu.

— Tudo isso aconteceu... e está acontecendo.

— E qual é a mensagem da Árvore de Erez?

— A mesma mensagem que ela transmitiu à antiga Israel. A Árvore da Esperança do Marco Zero foi um sinal, como foi proclamado que seria, mas não da esperança que eles proclamaram. Em vez disso, ela foi o sinal da rejeição desafiadora de uma nação ao chamado de Deus para que eles voltassem.

— E com relação ao futuro... o que ela significa?

— Quando você vê a Árvore de Erez plantada no lugar do Sicômoro caído, ela é um prenúncio, uma advertência. O que ela significa para o futuro? Um Comentário Bíblico diz o seguinte sobre Isaías 9:10:

> "Se o inimigo cortar os sicômoros, *plantaremos cedros em lugar deles*. Nós nos tornaremos como a mão de juízo de Deus, conquistados por eles, mas finalmente os superaremos em bravura". Observe que estão amadurecendo rapidamente para a ruína aqueles cujos corações não se humilham sob providências humilhantes.[5]

— *Amadurecendo rapidamente para a ruína.* Então não há esperança? — perguntei.

— *Há* esperança — disse o profeta — mas quando uma nação como esta coloca a sua esperança nos próprios poderes para salvar-se, então a sua esperança é falsa. A sua verdadeira esperança encontra-se apenas em voltar para Deus. Sem isso, a sua Árvore de Esperança é um presságio do dia em que os seus fortes cedros virão desabando até o chão.

Ele parou de andar.

— E agora, Nouriel, estamos nos aproximando do último Presságio... os dois últimos... cada um deles intimamente ligado ao outro como a Árvore de Erez está ligada ao Sicômoro.

Ele me entregou o selo seguinte, o selo do Oitavo Presságio, que prontamente examinei. A sua imagem era a de uma espécie de plataforma... uma espécie de plataforma ampla e baixa. Eu não consegui entender nada, além disso.

— Você está confuso — disse ele quando viu minha reação.

— Sim — respondi. — Este não parece muito promissor.

— O que mais você tem para prosseguir?

— As palavras do voto. Mas o voto *termina* com o plantio da Árvore de Erez, o cedro. Não há nada mais.

— E que outras pistas você tem?

— Não sei.

— Você se esqueceu das outras pistas? Só existem mais duas. É um simples processo de dedução. Um é de pedra...

— A Pedra de Gazit — respondi.

— O outro está caído...

— Os tijolos... os tijolos estão caídos.

— Um sobe...

— Tem de ser a Torre.

— Um está vivo...

— A Árvore de Erez.

— E o outro foi...

— O Sicômoro.

— Só há mais dois — disse ele.

— Diga-me novamente — respondi.

— Um fala do que é, e o outro do que seria.

— Um fala do que é, e o outro do que seria. Muito místico... e vago.

— Os dois últimos Presságios não são como os outros — disse ele — e, no entanto, são como todos eles.

— Não são como os outros e ainda assim são como todos eles. Tenho de supor que você acredita que está me ajudando.

— Estou — respondeu ele.

— Preciso de algo mais.

— Você está certo. Os dois últimos são mais difíceis que o restante.

— Esta é a pista? — perguntei.

— E não estão aqui, mas longe.

— Longe... Longe como a montanha?

— Sim.

— Tão longe? — perguntei.

— Mais ou menos tão longe — ele respondeu.

— Isto não esclarece muito.

— A profecia revelará.

— Onde ele está?

— Sim.

— Não vejo como.

— Até lá — disse ele — e então ele me deixou ali à beira do parque.

Gritei após ele — "Você poderia pelo menos dizer 'Boa sorte, você vai precisar'".

— Mas não acredito em sorte, Nouriel — respondeu ele sem se virar. Ele atravessou a rua com uma multidão de outros pedestres. Comecei a me dirigir para o início do cruzamento, mas não fui além dali.

— Mas se eu não sei o que estou procurando — gritei — como saberei quando encontrar?

— Você não saberá — respondeu ele.

— Não saberei?

— Não, você não o verá.

— E por que não?

Ele chegou ao outro lado da rua, parou, e virou-se para mim.

— Por que você não o verá? Ele gritou do outro lado da rua.

— Sim — gritei.

— Porque você não pode vê-lo... é invisível, é claro.

Então ele se virou, retomou o seu caminho, e desapareceu na multidão.

Capítulo 12

O Oitavo Presságio: O Pronunciamento

ח א

— Então — disse ela com um leve sorriso de diversão — você agora estava em uma jornada para descobrir um presságio invisível.

— Exatamente — respondeu ele — um presságio invisível alicerçado em uma imagem inidentificável.

— Uma imagem inidentificável no selo...

— Sim.

— E quanto às outras pistas?

— Como *um fala do que é... e o outro do que seria?*

— Sim.

— O que eu poderia fazer com isso? O que isso estava revelando?

— Ele lhe deu outras pistas, porém.

— Ele me disse que os dois últimos Presságios eram *diferentes dos outros... e, no entanto, como todos os outros.*

— E isso foi uma ajuda?

— Parece uma ajuda?

— Não muito... não.

— O máximo que consegui extrair disso foi que cada um dos Presságios tinha a ver com um pedaço do mistério, mas os dois últimos não seriam sobre um pedaço, mas a respeito do mistério como um todo — não como *qualquer* dos outros e, no entanto, como *todos* eles.

— Isto me parece bastante plausível.

— Sim, mas ainda não me leva a lugar algum.

— E quanto ao voto? Até aquela altura, tudo estava seguindo o voto. Tudo estava acontecendo na ordem.

— Não sobrou mais nada. Vimos os Tijolos, a Torre, a Pedra de Gazit, o Sicômoro, e a Árvore de Erez. E terminava com: *Mas por cedros os substituiremos.* Não havia nada mais no versículo para nos dar qualquer pista.

— E quanto a ser longe?

— Esta foi a única pista que realmente me deu algo para seguir em frente.

— Como?

— Perguntei a ele se era tão longe quanto a montanha. Ele respondeu que era mais ou menos tão longe quanto.

— O que é muito vago.

— Ainda assim, era algo para me ajudar a prosseguir. A montanha ficava a quatro horas de distância da cidade. Então a mesma distância seria...

— Mas *mais ou menos a mesma distância* — disse ela — não equivale a dizer que é a mesma distância.

— Ainda assim — respondeu ele — *poderia* ser a mesma distância. Em todo caso, por medida de segurança, calculei uma distância de três a cinco horas da cidade. Isto são algumas centenas de quilômetros. Então fiz um círculo em torno dela.

— Com a cidade de Nova York no meio?

— Sim, até um raio de algumas centenas de quilômetros, para ver o que estaria incluído ali.

— Devia haver muitos lugares.

— Sim — o Estado de Nova York, Nova Jersey, Connecticut, Pensilvânia, Massachusets, Delaware...

— Mas como isso poderia levá-lo a encontrar o Oitavo Presságio? Seria como encontrar uma agulha num palheiro.

— Não poderia me levar a isso... não sem algo mais. Mas o profeta me deu mais uma pista. Ele disse: *A profecia o revelará.* Então eu olhei de novo a profecia para encontrar alguma coisa que pudesse me dar uma pista do lugar.

— E...?

— A única coisa que eu não havia considerado foi a introdução:

> O Senhor enviou uma palavra contra Jacó
> E ela caiu em Israel.
> Todo o povo o saberá.
> Efraim e os moradores de Samaria —
> Que em soberba e altivez de coração dizem:
> "Os tijolos ruíram por terra..."[1]

— Como você pôde encontrar uma pista nisto? — ela perguntou.

— Os nomes — respondeu ele — Efraim, Jacó, Samaria — todos eles estavam ligados a Israel.

— Então o Oitavo Presságio estava em Israel?

— Não. Israel não fica exatamente a quatro horas de distância. Pesquisei livros de Comentários Bíblicos para ver o que eles tinham a dizer... se eles podiam me levar à chave que faltava.

— E eles levaram?

— Sim.

— E qual era ela?

— Era Samaria.

— Samaria? Isto não é quase o mesmo que dizer *Israel*?

— Depende. *Samaria* não era apenas outro nome para o reino de Israel. Era também o nome de uma cidade. A profecia se dirige àqueles que habitavam em Samaria. Seria Samaria o reino ou Samaria a cidade... ou ambos?

— Não faço ideia — respondeu ela. Mas por que isso seria importante?

— O voto poderia ter sido proferido em qualquer lugar na terra e por qualquer pessoa. Ele poderia ter se tornado um grito de zombaria ou um hino entre o povo. Mas ele só teria importância se representasse a resposta de toda a nação. E quem pode falar por toda uma nação?

— Os líderes?

— Exatamente. Então Samaria era a cidade capital da nação, o trono do seu governo, a cidade dos seus reis e oficiais. Para que o voto importasse, ele tinha de ser proferido pelos líderes; ele precisava ser a resposta oficial da nação. Então ele tinha de ser proclamado na capital. E então descobri uma pista em um dos Comentários sobre Isaías 9:10 que ligava o voto à capital da nação:

> O orgulho nacional em geral é mais arrogante em uma cidade capital.[2]

— Esta é a chave. O voto tem de ser proclamado na cidade capital. Era o que eu estava procurando — a cidade capital.

Ele fez uma pausa, esperando que ela entendesse.

— Washington D.C.? — perguntou ela.

— Quais eram os dois alvos do 11 de Setembro? — perguntou ele.

— A cidade de Nova York e Washington.

— Uma coisa já estava ligada à outra.

— E quanto à distância? — perguntou ela. — Ela se encaixava dentro do raio?

— Washington fica apenas a um pouco mais de quatro horas de distância da cidade de Nova York — a mesma distância da montanha. Então, se eu estava certo, haveria alguma relação entre Washington D.C. e as palavras do voto. Se eu estava certo, então em algum lugar da cidade capital estava o Oitavo Presságio. Era para lá que eu tinha de ir.

— Mas como você saberia para onde ir quando chegasse lá? — ela perguntou.

— Eu não saberia... não mais do que eu sabia aonde ir das outras vezes. Eu apenas fui com base no que sabia... ou no que eu achava que sabia.

— Então, para onde você foi?

— Primeiro ao Pentágono, o lugar com a relação mais direta com o 11 de Setembro. Mas o meu acesso era limitado, é claro, e nada parecia ter relação. No dia seguinte, fui à Casa Branca. Mas mais uma vez, nenhuma relação. Depois disso fui ao Lincoln Memorial.

— O que havia no Lincoln Memorial que você achou que teria alguma relação?

— Nada — respondeu ele. — Mas eu sempre quis vê-lo. E como eu estava na vizinhança, imaginei que se eu continuasse procurando, acabaria no lugar onde deveria estar, de uma forma ou de outra. Então era um lugar tão bom quanto qualquer outro.

— E...?

— Eu nunca havia estado lá. Ele era impressionante de perto — imensas colunas de mármore como as de um templo grego e, é claro, a estátua extremamente grande... nobre... poderosa. Eu estava olhando para o rosto dele quando ouvi... atrás de mim.

— Ele é considerado o maior dos presidentes norte-americanos — disse a voz.

Virei-me. Era o profeta. Antes que eu pudesse reconhecer a sua presença, ele falou de novo.

— E talvez o mais triste — disse ele. — Mesmo sendo de pedra, isso pode ser sentido.

— Então estou aqui — eu disse. — Consegui.

— Você conseguiu, Nouriel. Estou impressionado. Mas eu sabia que você conseguiria.

Ele me conduziu até a lateral para olhar as palavras gravadas na parede.

—— "O Segundo Discurso Inaugural de Lincoln" —— disse ele, e depois começou a ler as palavras em voz alta:

> O Todo-Poderoso tem os Seus próprios propósitos... amorosamente esperamos, ardentemente oramos, para que este poderoso flagelo da guerra possa passar velozmente. No entanto, se Deus desejar que ele continue até que toda a riqueza acumulada pelos 250 anos de trabalho não reconhecido dos escravos seja arruinada, e até que cada gota de sangue tirado com o chicote seja paga por outra tirada com a espada, como foi dito há milhares de anos, então ainda deve ser dito que os juízos do Senhor são verdadeiros e completamente justos.[3]

Ele fez uma pausa e virou-se para ver a minha reação.

— Você entende o que está escrito aqui, Nouriel?

— Que por trás da guerra que estava devastando a nação...

— Estava o julgamento... um julgamento nacional pelo pecado da escravidão: *até que cada gota de sangue tirado com o chicote seja paga por outra tirada com a espada.*

— E por isso a tristeza dele — eu disse, com serenidade.

— Mas por trás do julgamento estavam os propósitos de redenção, de que a escravidão seria removida da terra.

— *O Todo-Poderoso tem os Seus próprios propósitos.*

— Sim, *o Todo-Poderoso tem os Seus próprios propósitos.*

Ele começou a andar em direção à entrada, mas parou próximo aos degraus, onde ficou, com a silhueta delineada contra a luz do sol do lado de fora do memorial, emoldurado entre duas colunas de mármore colossais. Ele estava esperando que eu o seguisse. E eu o fiz. Então ambos ficamos ali entre as colunas, olhando para fora em direção ao lago, à rua e ao obelisco do Monumento de Washington à distância.

— Então diga-me Nouriel, como você sabia? Como você sabia que era em Washington?

— Era Samaria — eu disse — a cidade capital. O voto tinha de ser pronunciado na cidade capital.

— E por que isso?

— Porque a cidade capital é a sede do governo, o lugar de onde a nação é dirigida. O voto só importa se ele representar a vontade ou a voz da nação, se ele for a resposta da nação a Deus. E só os líderes podem falar pela nação como um todo.

— Muito bem, Nouriel. Então o que esperamos encontrar em Washington D.C.?

— Algum elo entre esta cidade e o antigo voto — disse eu. — De algum modo Isaías 9:10 tem de estar ligado a Washington D.C.

— Correto. Nos dias de Isaías o voto sem dúvida teria sido proferido ou repetido por toda a terra. Mas o voto é proclamado com autoridade e em nome de toda a nação. Ele resume a resposta da nação e estabelece o seu rumo futuro. Seja o que for que ele possa ter sido, o voto tinha de ter sido uma declaração pública dos líderes da nação. Ele precisava ser proclamado de alguma forma na cidade capital.

— E assim o Oitavo Presságio é exatamente o quê? — perguntei.

— O que resta em Isaías 9:10 que ainda não foi revelado como um dos Nove Presságios?

— Nada. Ele termina com o plantio da Árvore de Erez.

— Nada? — disse ele. — Então tudo.

— O que você quer dizer? — perguntei.

— Eu lhe disse que os últimos Presságios são diferentes dos outros e, no entanto, semelhantes a todos eles. Como você entendeu isto?

— Que não se trataria tanto das peças individuais do quebra-cabeça, mas do todo.

— Correto novamente. E o que mais eu lhe disse?

— Que eu não as veria... que elas eram invisíveis.

— Então junte as peças.

— É sobre o todo.

— O todo de quê? — ele perguntou.

— O mistério todo.

— E mais especificamente...?

— O todo de Isaías 9:10... o voto na íntegra.

— Então o que é o Oitavo Presságio?

— Isaías 9:10?

— E quando Isaías 9:10 é invisível?

— Quando ele é dito?

— Correto.

— Então o Oitavo Presságio é Isaías 9:10 em forma falada?

— O Oitavo Presságio é o voto em si proclamado pelos líderes da nação na cidade capital — o espírito de desafio tomando voz, o pronunciamento do julgamento.

— Os líderes da nação pronunciando juízo sobre a sua nação?

— Ao proclamarem o voto inconscientemente... mas publicamente, eles selam o rumo da nação, e ao fazer isso pronunciam juízo sobre a terra. Suponho que você tenha trazido o selo com você?

Tirei-o do bolso e entreguei-o a ele.

— Você conseguiu entender a imagem? — perguntou ele.

— Não.

— É uma plataforma — disse ele — a plataforma de um orador... de onde, nos tempos antigos, os líderes e oradores se dirigiam à sua audiência.

Então ele levantou o selo em sua mão direita e começou a revelar o seu significado.

— O Oitavo Presságio: após a calamidade, os líderes da nação respondem com proclamações públicas de desafio. Eles se gabam da determinação e do poder da nação. Eles falam dos seus tijolos caídos e das pedras lavradas, das suas árvores arrancadas e do replantio delas. Eles falam de uma nação desafiadora e decidida a emergir mais forte do que antes. As palavras tomam a forma de um voto. O voto dá voz a um espírito nacional e sela o rumo da nação. Tudo isso ocorre na capital. O Oitavo Presságio: O Pronunciamento.

O profeta saiu de entre as colunas e desceu alguns dos degraus de mármore... depois sentou-se. Segui-o e sentei-me ao lado dele.

— Foi no terceiro ano após a calamidade — disse ele.

— A calamidade de Israel — perguntei — ou a dos Estados Unidos?

— Foi no terceiro ano após o 11 de Setembro. As peças do antigo quebra-cabeça estavam se encaixando. Em fins de novembro de 2003, a Árvore de Erez foi descida a terra para substituir o Sicômoro caído. No 4 de Julho seguinte, em 2004, a Pedra de Gazit foi, por sua vez, descida até o chão do Marco Zero para substituir os Tijolos caídos. Então, por volta do verão de 2004, cada objeto mencionado na antiga profecia havia se manifestado, e cada um deles no Marco Zero. Menos de três meses depois, viria a manifestação do Oitavo Presságio.

— Mas não no Marco Zero.

— Não, na capital da nação, onde os líderes da nação residem. De acordo com o mistério, ele teria de envolver pelo menos um líder, um líder que pudesse falar em nome da nação... uma figura de proeminência nacional. Ele teria de proferir palavras paralelas ao antigo voto.

— E tudo isso teria de ocorrer publicamente.

— Sim. No outono de 2004, a nação estava na fase final de uma eleição presidencial. O candidato que fazia sua campanha pelo partido democrático para o cargo de vice-presidente, um membro do Senado, estava, naquela época, entre os mais proeminentes dos líderes da nação. Era 11 de setembro de 2004. O candidato a vice-presidente foi convidado a falar em uma convenção do congresso nacional no aniversário da calamidade. Deveria ser um discurso eloquente, designado a inspirar os ouvintes. *Isso seria também um sinal.* O que sairia de sua boca seria mais preciso e assustador do que o que havia sido dito sobre a pedra no Marco Zero. Em 11 de setembro de 2004, no terceiro aniversário da calamidade, estas foram as palavras exatas ditas naquele dia em Washington D.C., a capital da nação:

> Bom dia. Hoje, neste dia de memórias e lamento, temos a palavra do Senhor para nos levar em frente:
>
> *Os tijolos ruíram por terra*
> *Mas tornaremos a edificar com pedras lavradas*
> *Cortaram-se os sicômoros*
> *Mas por cedros os substituiremos.*[4]

— Meu Deus! — eu disse. — Isto é demais...

— É sim — disse o profeta. — Ainda assim, aconteceu.

— Não posso acreditar...

— Mas aconteceu.

— Ele disse... exatamente... essas palavras?

— Essas palavras... exatamente.

— Mas esta é uma profecia de julgamento! O que ele estava proclamando...

— Este é o ponto.
— Ele proclamou Isaías 9:10...
— O código para os Presságios.
— É demais...
— Mas é real.

Ana havia ficado em silêncio até esse ponto, apenas querendo assimilar tudo. Mas ela não conseguiu mais conter a sua reação.

— É totalmente inacreditável... — disse ela. — É como algo saído de um...

— Eu sei — respondeu ele — mas é tudo real.

— Quando o profeta lhe disse todas essas coisas, você verificou para constatar e garantir que elas realmente aconteceram? — perguntou ela.

— Sim — respondeu ele.

— E todas elas foram confirmadas?

— Sim, todas foram confirmadas.

— É tão difícil de acreditar. Agora é o candidato à vice-presidência dizendo isso abertamente... esse antigo mistério. Isto está fora da realidade.

— Eu sei. Eu disse a ele isso. Mas é tudo verdade.

— Mas por que alguém proclamaria esse voto? — perguntou ela.

— Perguntei a mesma coisa ao profeta.

— E qual foi a resposta dele?

— A resposta dele foi que aquilo aconteceu pelo mesmo motivo pelo qual tudo o mais aconteceu. Não teve a ver com o motivo ou a intenção da pessoa que o fez, mas com o fato de que foi feito... de que aconteceu. Aconteceu porque *tinha* de acontecer. Era outra encenação do antigo mistério. O que o orador pretendia dizer era irrelevante. As palavras saíram porque aquelas eram as palavras que deveriam ser ditas. O voto *precisava* ser proclamado, as palavras dos antigos líderes sobre a antiga calamidade *tinham* de ser proclamadas por um líder norte-americano sobre o 11 de Setembro. E ao fazer isso, as duas nações, a antiga e a moderna, estavam unidas. O pronunciamento uniria a invasão assíria ao 11 de Setembro e o desafio dos Estados Unidos ao 11 de Setembro ao desafio de Israel diante do julgamento de Deus.

— Mas como — perguntou ela —aconteceu de o candidato à vice-presidência acabar dizendo essas palavras?

— Foi a mesma coisa que eu quis saber. Perguntei ao profeta quantos versículos havia na Bíblia.

— Mais de trinta mil — ele me disse.

— Então — respondi — de mais de trinta mil versículos... esse foi o que ele escolheu? E você disse que era obscuro... que até as pessoas que leem a Bíblia todos os dias provavelmente não faziam ideia de que ele existia.

— Correto — respondeu ele.

— Então como ele acabou por escolher esse versículo específico?

— Como o Sicômoro foi cortado? — perguntou ele. — Por meio de uma série de coisas que se seguiram. Mas agora essas coisas acontecem na esfera da escrita de um discurso, na procura de citações consideradas mais apropriadas para essas ocasiões, pegando-se passagens e citações emprestadas de outras proclamações e discursos. Não importa como aconteceu; o ponto é que *aconteceu*. Um dos líderes mais proeminentes dos Estados Unidos agora havia proclamado o antigo voto — um dos versículos mais obscuros da Bíblia e um dos mais terríveis.

— E ele também não fazia ideia do que estava fazendo... ou dizendo? — perguntei.

— Se fizesse, ele nunca o teria feito.

— Isto é *assustador*...

— Sim — disse ele. — É assustador o bastante que Isaías 9:10 apareça no discurso centralizado no 11 de Setembro. Mas isso não foi o fim. Não foi apenas o fato da antiga profecia *aparecer* no discurso...

— O que mais aconteceu?

— Na verdade, *o discurso todo* girava em torno da antiga profecia e realmente emanava o espírito dela.

— Todo o discurso girava em torno de Isaías 9:10? — perguntei.

— Ele foi a pedra angular sobre a qual o discurso foi construído.

— Então um líder norte-americano construiu todo um discurso sobre um voto antigo proferido em desafio a Deus pelos líderes rebeldes de uma nação condenada?

— E para que a ligação não se perdesse, ele prosseguiu acrescentando as antigas palavras de juízo sobre os Estados Unidos.

— Como?

— Ele disse isto:

> Deixe-me mostrar a vocês como *estamos construindo e colocando cedros* nestes três lugares santificados.[5]

— E outra vez:

> E no lugar onde um dia a fumaça subiu, você e eu, *veremos aquele cedro subir*.[6]

— E outra vez ainda:

> Vocês verão que embora *aqueles tijolos tenham caído e os sicômoros tenham sido cortados, o nosso povo está fazendo aqueles cedros subirem*.[7]

— Na verdade, ele está ligando os tijolos caídos do Marco Zero aos tijolos caídos do julgamento de Israel!

— Sim, Nouriel. É exatamente isso que ele está fazendo. Mas ele não para por aí. Ele também fala de sicômoros caídos e de pedras que sobem...

— A Pedra de Gazit.

— Sim, e cedros que sobem.

— A Árvore de Erez.

— E tudo se referindo à campanha dos Estados Unidos para desafiar a calamidade do 11 de Setembro, enquanto ele liga tudo ao julgamento da antiga Israel. E então ele coroa o discurso com uma conclusão dramática na forma de um voto final:

> Os cedros se erguerão, as pedras subirão, e este período de esperança perdurará.[8]

— E ele nunca percebeu isso? — perguntei. — Ele não fazia absolutamente nenhuma ideia do que estava fazendo?

— A única intenção dele era fazer um discurso inspirador, uma palavra para encorajar uma nação. Mas em vez disso...

— Mas em vez disso ele estava pronunciando juízo sobre uma nação.

— Sim — disse o profeta. — Sem perceber as ramificações das suas palavras, ele estava pronunciando juízo sobre os Estados Unidos.

— Impressionante!

— Mas isso também aconteceu no caso da antiguidade. Sem perceber o que estavam fazendo, os líderes da antiga Israel estavam pronunciando juízo sobre a *sua* nação.

— Mas agora 2.500 anos se passaram — disse eu. — Agora há um contexto — o Livro de Isaías. Essa claramente não é uma palavra de encorajamento. Então isso significa que ninguém se deu ao trabalho de olhar dois versículos atrás ou à frente para ver que aquilo na verdade era uma proclamação de julgamento?

— Não, porque isso *tinha* de ser proclamado. E ainda assim, observe, Nouriel, que o senador fez uma mudança sutil. O voto original fala no tempo futuro. — "*Tornaremos* a edificar." "Por cedros os *substituiremos*." Mas no discurso, isso muda para "*Estamos* construindo". "*Estamos* fazendo aqueles cedros se erguerem." Somente no final ele volta ao tempo futuro, "os cedros *se erguerão*". "As pedras *subirão*." Por que você acha que isso acontece?

— Quando ele fala no futuro, ele está prometendo... é o voto. Mas quando ele fala no presente, ele está dando testemunho do fato de que o voto está sendo executado.

— Exatamente. Ele está dando testemunho de que o voto está sendo executado. E para fazer isso, ele pega pedras lavradas e cedros, os símbolos do desafio de Israel em Isaías 9:10, e os transforma nos símbolos da campanha dos Estados Unidos para a sua reconstrução depois do 11 de Setembro.

— Assim como os presságios físicos reais foram literalmente transformados nos símbolos do ressurgimento dos Estados Unidos.

— Correto.

— Ele sabia que isto estava acontecendo?

— Ele sabia *o que* estava acontecendo?

— Ele sabia que o que ele estava declarando, figurada e simbolicamente, estava na verdade acontecendo *na realidade*? Ele falou da queda do sicômoro como um símbolo do 11 de Setembro. Ele sabia que realmente acontecera, que um sicômoro havia sido derrubado realmente no 11 de Setembro? E quando ele falou dos norte-americanos colocando pedras e cedros, ele entendia que aquilo também ocorrera? Ele sabia sobre a Pedra de Gazit ou a Árvore de Erez?

— Ele estava apenas falando poeticamente. Ele não fazia ideia.

E mesmo se alguém contasse isso a ele, ele ainda não faria ideia do que tudo aquilo significava, não fazia ideia do que ele estava fazendo tanto quanto aqueles que realmente substituíram o Sicômoro caído pela Árvore de Erez, e os tijolos por pedras. Todos estavam inconscientemente fazendo a sua parte no mistério. E a parte dele era pegar o voto antigo e transformá-lo. Em seu discurso, ele deixou de ser uma citação. Já não era mais Israel se gabando dos seus cedros. Agora eram os Estados Unidos. Portanto, agora ele era o voto dos Estados Unidos. Tudo estava sendo transposto — os Tijolos, a Pedra Lavrada, o Sicômoro, o Cedro, e agora um líder norte-americano estava proclamando publicamente as palavras exatas do voto e dando testemunho do seu cumprimento, um Presságio para selar os outros Presságios, e para revelar os Estados Unidos como uma nação sob a sombra do julgamento.

— Um líder norte-americano pronunciando juízo sobre os Estados Unidos!

— Sem perceber... sim... como a manifestação do Presságio.

— Então no aniversário do 11 de Setembro, um líder norte-americano proclama o antigo voto... pronuncia julgamento sobre a sua própria nação, e não faz ideia do que está fazendo ou dizendo. Assim como acontece com todos os outros Presságios, ele não pretende fazer isso nem percebe o que está fazendo. Ninguém percebe... Cada peça do quebra-cabeça se encaixa no seu lugar exato, mas ninguém pretende que isso aconteça. Mão humana alguma dirige isso. Simplesmente acontece. Ainda não consigo compreender isto.

O profeta fez uma pausa antes de responder, depois falou, quase em um sussurro.

— O Todo-Poderoso — disse o profeta — tem os Seus próprios propósitos.

Ele enfiou a mão no bolso do casaco e entregou-me o selo seguinte. — Este é o último — disse ele — o selo do Nono Presságio e o último dos Presságios.

— Posso ter uma pista? — perguntei.

— Você já tem uma pista.

— *Não é como os outros Presságios... e, no entanto, é como todos eles.*

— Sim.

— Então o Nono Presságio é como o Oitavo Presságio? — perguntei.

— É como ele e diferente dele.

— Existe alguma lei — perguntei — que diga que se alguma coisa não é confusa o bastante do jeito que é, você deve torná-la ainda mais confusa?

Ele não respondeu.

— Então o Nono Presságio é como o Oitavo Presságio no sentido de que ele é uma soma de todos os Presságios anteriores? — perguntei.

— Sim e não — respondeu ele.

— Vê o que quero dizer? — disse eu, como se esperasse que ele tivesse misericórdia da minha aflição.

— Sim — respondeu ele — ele é uma soma. Mas não, não principalmente dos que vieram *antes* dele.

— Então do quê? — perguntei.

— Do que veio *depois* dele.

— Como ele poderia ser uma soma do que veio depois dele?

— A pista que lhe foi dada — *Um fala do que é... e o outro...*

— O outro — eu disse — *o outro fala do que será.*

— O que você vê no selo? — ele perguntou.

— Parece... poderia ser uma espécie de... uma espécie de documento.

— Isto *é* um documento. Isto é um pergaminho, do tipo em que a Bíblia foi escrita, do tipo em que as profecias de Isaías foram registradas.

— Então o Nono Presságio é um documento?
— É — disse ele — mas não principalmente.
— Então o que é principalmente?
— O que é que fala *do que será,* Nouriel?
— Uma profecia — respondi.
— O Nono Presságio.
— É uma profecia?
— Correto.
— Então temos de procurar um profeta?
— Não.
— Então o quê?
Ele se levantou e começou a descer os degraus.
— Venha, Nouriel, e eu lhe mostrarei.
— Mostrará...?
— O lugar onde tudo aconteceu.

Capítulo 13

O Nono Presságio: A Profecia

Descemos os degraus de mármore e depois andamos ao longo do Espelho d'Água.

— Uma pergunta — eu disse, rompendo o silêncio.

— Pergunte — ele respondeu.

— O Nono Presságio é *como* o oitavo no fato de que ele não diz respeito a um pedaço do mistério... de Isaías 9:10... mas a toda... a toda a profecia?

— Sim.

— Mas ele é *diferente* do oitavo pelo fato de que o oitavo fala principalmente *do que é*, no presente, e o nono fala *do que será*, no futuro. Certo?

— Correto.

— Por que isso é importante... essa distinção?

— Porque Isaías 9:10 existe em duas dimensões. Em uma dimensão, é a voz de uma nação proclamando um *voto* em desafio a Deus. Mas na outra dimensão, é a voz de um profeta, a voz de Isaías, e de Deus falando através dele. Isto é *uma profecia*. E como uma profecia, é o juízo sobre o desafio e a arrogância da nação, e uma advertência, um sinal prevendo o seu futuro. É uma mensagem enviada por Deus e de tal maneira a cair sobre toda a nação, *de modo que todas as pessoas o saibam.*

— Então o Nono Presságio é uma manifestação de Isaías 9:10 em forma de profecia.

— É um voto *e* uma profecia, tanto um quanto outro — disse ele — e dado de tal maneira a cair sobre a nação.

— E também para cair sobre os Estados Unidos.

— Sim.

Andamos por algum tempo em silêncio enquanto eu refletia nas suas palavras. Então ele parou e me pediu o selo que havia acabado de me dar. Ao recebê-lo, ele começou a revelar o seu mistério.

— O Nono Presságio — disse ele. — Após a calamidade, a nação emite a sua resposta na forma de um voto. O voto coloca a nação em uma rota de desafio, uma rota que acaba em julgamento. As palavras do voto se tornam parte de uma revelação profética dada à nação como um todo, uma denúncia da sua rebelião, um prenúncio do seu futuro, uma advertência do seu julgamento. O Nono Presságio: a Profecia.

— Então de acordo com o mistério teria de ter havido uma palavra profética dada após o 11 de Setembro... para cair sobre a nação.

Ele não respondeu, mas apenas continuou andando.

— Uma profecia dada, mas não por um profeta?

Ele continuou em silêncio.

— E as palavras da profecia se realizaram?

Ele parou.

— Veja aquilo — disse ele, apontando para a frente.

Na distância à nossa frente, está o imenso domo do Capitólio.

O centro do governo norte-americano — disse ele.

— Aquele é o lugar? — perguntei.

Ele não respondeu, mas retomou a caminhada. Continuamos até chegarmos aos pés dos degraus do Capitólio, onde paramos.

— Nouriel, quando você acha que os líderes da antiga Israel pronunciaram pela primeira vez o voto de desafio deles?

— Provavelmente, logo após a calamidade.

— E o que seria *logo após a calamidade* com relação aos Estados Unidos?

— O momento logo após o 11 de Setembro.

— Como 12 de setembro?

— Isto *seria* imediatamente após. Por quê?

— Em 12 de setembro de 2001 — disse ele — na manhã após o ataque, o Senado dos Estados Unidos e o Parlamento norte-americano fizeram uma assembleia para emitir uma resolução conjunta respondendo ao 11 de Setembro. Aquela seria a primeira resposta oficial da nação à calamidade.

— Então foi *aqui* — eu disse.

— O voto deve ser proferido em nome de toda a nação. Aqui onde os representantes da nação reúnem-se, os dois corpos representativos do Congresso norte-americano, aqui seria o lugar mais perfeito para que isso acontecesse.

— O Parlamento norte-americano e o Senado.

— E dos dois, o Senado é o corpo representativo superior ou mais elevado. E o representante mais elevado do corpo mais elevado é o líder majoritário do Senado, representante do corpo representativo mais alto da nação, em posição de entregar a resposta da nação à calamidade.

Começamos a subir os degraus de mármore.

— Na manhã após o 11 de Setembro — disse ele — os Estados Unidos emitiriam a sua resposta à calamidade na forma de uma resolução conjunta do Congresso. A pessoa indicada para apresentar a resposta da nação foi o líder majoritário do Senado. O ato seria crucial. Pois a maneira como uma nação responde a uma advertência divina determina o seu futuro.

Finalmente chegamos ao topo dos degraus onde o profeta continuou o seu relato.

— A fumaça ainda pairava sobre o Marco Zero quando o governo norte-americano se preparava para entregar a sua resposta ao 11 de Setembro diante de uma nação e de um mundo que esperavam para ver qual seria essa resposta. O líder majoritário do Senado caminhou até o pódio no solo do Senado para apresentá-la. "Sr. Presidente" — disse ele "envio uma resolução à mesa". O secretário legislativo assistente então leu o documento:

> Uma resolução conjunta expressando o consenso do Senado e do Parlamento norte-americano com relação aos ataques terroristas lançados contra os Estados Unidos em 11 de Setembro de 2001.[1]

— O Secretário prosseguiu com a leitura da resolução, uma condenação aos ataques, uma expressão de condolências, e depois um chamado à unidade, uma guerra contra o terrorismo, e a punição dos responsáveis pelo ataque e de todos os que os auxiliaram.

— Tudo isso era de se esperar — eu disse.

— *Seria* — disse o profeta. — Mas então o líder majoritário do Senado iniciou o seu discurso. No final do discurso viria o clímax. Estas são as palavras proclamadas pelo líder majoritário do Senado no Capitólio, na manhã após o 11 de Setembro, para apresentar e resumir a resposta da nação à calamidade. Ouça...

> Sei que existe apenas uma medida mínima de inspiração que pode ser extraída desta devastação, mas há uma passagem na Bíblia em Isaías que acredito que fala a todos nós em momentos como este...

> *Os tijolos ruíram por terra,*
> *mas tornaremos a edificar com pedras lavradas;*
> *cortaram-se os sicômoros,*
> *mas por cedros os substituiremos.*[2]

Fiquei sem palavras por vários minutos. Não sei o que eu esperava ouvir, mas o que ouvi me deixou sem palavras e com o coração disparado. Eu estava completamente atônito. O antigo voto havia realmente sido proclamado à nação na Colina do Capitólio — o voto dos tijolos caídos e sicômoros ecoara pelos salões do Congresso dos Estados Unidos, e tudo isso na manhã após o 11 de Setembro.

— Como? — perguntei. — Como isso pode ter acontecido?

— Como poderia isso ter acontecido com o candidato à vice-presidência, ou com a pedra, ou com a árvore? Como qualquer destas coisas pode ter acontecido? Elas tinham de acontecer, e aconteceram.

— Mas ele estava identificando os Estados Unidos como uma nação sob julgamento.

— Sim, inconscientemente.

— O líder majoritário do Senado dos Estados Unidos estava pronunciando publicamente juízo sobre os Estados Unidos.

— Cegamente — respondeu ele — sem ter ideia do que estava pronunciando. Ele achava que estava apenas fazendo um discurso inspirador.

— Mas inconscientemente estava desempenhando o seu papel em um mistério profético.

— Sim... e assim as palavras do antigo voto agora estavam oficialmente ligadas aos Estados Unidos e ao 11 de Setembro. E assim como o relato de Isaías do voto transformou isso em uma questão de registro nacional e em uma palavra profética para todo o povo, agora as mesmas palavras estavam oficialmente registradas nos Anais do Congresso para fins de registro nacional.

— Mas o líder majoritário do Senado não era um profeta.

— Não.

— Mas você disse que isso é uma profecia. Como alguém que não é profeta pode trazer uma palavra profética?

— No Evangelho de João — ele respondeu — no capítulo 11 versículo 50, está registrado que o sumo sacerdote Caifás disse: "Vos convém que morra um só homem pelo povo". Este foi o início do plano que culminaria com a crucificação do Messias. Mas também foi algo mais. Foi também uma profecia, qual seja, que um homem, Jesus, morreria pelo povo, para salvá-los. Caifás não era profeta. Ele era um homem ímpio, no entanto ele profetizou. Não foi o homem — foi o cargo que ele ocupava. Ele estava falando, como o Evangelho mostra, *não de si mesmo*, mas profetizando em *virtude de seu cargo*, como representante principal da nação.

— Então o líder majoritário do Senado estava *profetizando* em *virtude do seu ofício*?

— O líder majoritário do Senado era o mais alto representante do corpo representativo mais elevado dos Estados Unidos. Em virtude desse cargo, ele se tornou o instrumento para representar a nação, para falar em seu nome, para dar voz à sua resposta, e para entregar uma palavra profética.

— Então alguém pode profetizar sem ser um profeta. Como isto acontece?

— A palavra é *inspiração*. Quando um profeta fala, ele faz isso sob a *inspiração* do Espírito. Mas os profetas não são os únicos que podem falar ou agir sob inspiração. A própria Bíblia é chamada de *a Palavra inspirada de Deus* porque ela foi escrita por aqueles que estavam sob a inspiração do Espírito de Deus — não apenas pelos profetas. Até mesmo aqueles que não fazem ideia do que estão fazendo ou dizendo, mesmo aqueles que agem e falam por outros motivos, como foi o caso de Caifás, até um político, seja ele bem-intencionado ou não, pode falar sob a inspiração de Deus.

— *Inspiração* — disse eu. — Ele não usou essa palavra no discurso?

— Sim. Ele disse "Sei que existe apenas a mínima medida de *inspiração* que pode ser extraída desta devastação".[3] Ele usou isso para introduzir a profecia.

— Mas ele não pretendia usá-la assim.

— É claro que não. Ele usou isso para dizer *isto tem por fim inspirar vocês.* Mas a palavra significa mais que isso, mesmo na sua definição mais literal. *Inspiração,* do latim *inspiratio,* significa receber um *sopro* ou uma *respiração.*

— Um sopro de...?

— Do vento... do fôlego... do Espírito. O que é inspirado por Deus recebeu *o fôlego de Deus, o sopro do Espírito.* A palavra é definida como *uma influência sobrenatural ou divina sobre os profetas, os apóstolos e os escritores sagrados, ou sobre os homens, para capacitá-los a transmitir a verdade divina.*

— Então a palavra tem um duplo significado.

— Sim, assim como as palavras proféticas de Caifás tiveram um duplo significado. Aquilo que ele pretendia dizer e aquilo que ele não pretendia dizer. O que ele não pretendia — isto foi a profecia. O mesmo aconteceu com o líder majoritário do Senado; a mensagem que ele pretendia transmitir era: *as seguintes palavras vão inspirar vocês.*

— E foi assim que a maioria das pessoas as entendeu.

— Sim — disse o profeta — mas então houve a mensagem que ele *não* pretendia transmitir, que foi esta: *as palavras que se seguem não vêm de mim mesmo, mas são de origem divina, a mesma origem e influência pelas quais os profetas falavam. O que vocês vão ouvir é uma mensagem profética.*

— Então até a palavra *inspiração* saiu por inspiração.

— Sim, ela, assim como o endereço profético.

— O que você quer dizer? — perguntei.

— Quando você manda uma carta, você a endereça, identifica o remetente. Do mesmo modo, as profecias bíblicas contêm endereços proféticos, introduções identificando aquele ou aqueles a quem elas estão sendo enviadas. Está ali na profecia de Isaías: "O Senhor enviou uma palavra contra Jacó... Israel... Efraim... Samaria... todo o povo". Então a profecia é dirigida ao povo de Jacó, Israel e Samaria. Mas agora a mesma profecia, a mesma mensagem, está para ser dada... enviada profeticamente, a um povo diferente, e a uma nação diferente.

— Os Estados Unidos.

— Sim.

— Então ela tem de ser *reendereçada*. O endereço profético tem de ser mudado.

— Exatamente — disse ele. — E assim foi. O líder majoritário omitiu o endereço profético original que identificava Israel como seu destinatário e colocou outro diferente em seu lugar:

> Há uma passagem na Bíblia em Isaías que acredito que fala a todos nós em tempos como este.[4]

— Mais uma vez, é uma mensagem com duas dimensões e duplo significado. O que o orador queria dizer era isto: *há uma passagem na Bíblia para trazer consolo em tempos de crise como este*. E, é claro, a Bíblia está cheia de inúmeras passagens de consolo e encorajamento...

— Mas Isaías 9:10 não era uma delas.

— Não — disse o profeta — muito ao contrário.

— Então o que ele *não* queria dizer...

— O que ele *não* queria dizer, mas na verdade disse, foi isto: *há uma mensagem nas Escrituras que agora é dada e que fala aos Estados Unidos. A mensagem é uma palavra profética de advertência, enviada a uma nação que um dia conheceu Deus, e indicada para ser dada e falada neste tempo específico — o tempo em que uma nação está correndo perigo de ser julgada*. E então, depois de proclamar o antigo voto, o líder majoritário do Senado acrescentou com suas próprias palavras:

> Os tijolos caíram, mas reconstruiremos com pedra talhada; as figueiras foram derrubadas, mas as substituiremos por cedros. *É isto que faremos.*[5]

— *É isto que faremos...* apenas quatro palavras, mas foi o necessário para transformar o voto. Ele já não era mais um antigo voto de um povo antigo. Não era mais meramente uma citação. Agora era o próprio voto. Agora era *um juramento.* O *nós* da antiga Israel havia se transformado no *nós* dos Estados Unidos. O ato de desafio nacional estava ocorrendo não na antiga capital de um reino antigo; ele agora estava transpirando na Colina do Capitólio em Washington D.C. O antigo drama do julgamento agora estava sendo encenado no solo do Senado dos Estados Unidos. E então o líder majoritário do Senado o trouxe à sua conclusão lógica:

> É isto que faremos. Reconstruiremos e nos recuperaremos.[6]

— Esta foi a repetição da declaração final do voto. *É isto que faremos.* Em outras palavras, "os Estados Unidos farão exatamente como a antiga Israel havia feito nos dias do seu julgamento".

— Que é...

— A palavra *isto*, em *É isto que faremos,* só pode se referir ao antigo voto. Em outras palavras, os Estados Unidos continuariam desafiando a Deus, afastando-se dos caminhos dele, recusando-se a ouvir o Seu chamado para voltar — com a diferença que ela faria isso mais ainda. Os Estados Unidos seguiriam o rumo do antigo voto.

— Então Isaías 9:10 agora está sendo transformado em política nacional.

— Poderíamos dizer que sim.

— E o que aconteceu depois do pronunciamento do voto? — perguntei.

— Todos estavam plenamente de acordo — respondeu ele.

— Eles não faziam ideia do que haviam acabado de ouvir.

— Não. Eles não faziam ideia do que havia acontecido, de que o que fora dito na Colina do Capitólio era a proclamação que identifica uma nação em rebelião contra Deus e o pronunciamento do juízo sobre aquela nação.

— E o que aconteceu depois disso?

— O que aconteceu depois disso... Depois disso, tudo se cumpriria. Foi uma profecia. Ela previa o rumo do futuro da nação. *É isto que faremos*. Os Estados Unidos escolheriam o mesmo rumo da antiga Israel, executariam a mesma estratégia, e andariam nas mesmas pegadas. Tudo foi profetizado na mesma manhã após o 11 de Setembro.

— Ele falou da árvore cortada. Ele sabia que havia uma árvore de verdade cortada pela calamidade no Marco Zero e que esta tinha o mesmo nome da árvore caída de Isaías 9:10?

— Não. Ele não fazia ideia. A sua versão a traduziu como *figueira*. Ainda assim, era a *shakam* bíblica, a figueira-amoreira, o sicômoro. E ainda que ele *soubesse* o que estava dizendo, o que tudo aquilo significava, ele não poderia fazer ideia de que aquilo estava realmente se cumprindo. Quando ele proclamou a profecia em 12 de setembro, o Marco Zero ainda era um local de desastre e proibido ao público. E foi somente nos dias mais à frente que a história do Sicômoro do Marco Zero viria a público. E, no entanto, ele falou sobre ele. Ele também não poderia saber em 12 de setembro que um dia um guindaste desceria uma Pedra de Gazit de doze toneladas até o Marco Zero onde os tijolos haviam caído. Aquilo se realizaria três anos depois dele tê-lo previsto.

— E o cedro — disse eu. — Não havia como ele saber que uma árvore compatível com a Árvore de Erez bíblica seria efetivamente plantada no lugar do Sicômoro caído.

— Isto também só aconteceria anos depois... e só porque alguém decidiu doar aquela árvore específica. Ele não poderia fazer a mínima ideia e, no entanto, ele profetizou isso, que uma seria plantada no lugar da outra. Tudo foi profetizado no dia após o 11 de Setembro. Estava tudo ali, tudo registrado nos Anais do Congresso, para toda a nação tomar conhecimento. A nação responderia à sua calamidade assim como a antiga Israel havia respondido à sua calamidade. Ela seguiria uma rota de desafio em um caminho de julgamento.

Fiquei em silêncio. O profeta fez uma pausa antes de dizer mais alguma coisa, dando-me tempo para processar o que eu estava ouvindo antes de me mostrar algo mais.

— Venha, Nouriel. Quero que você veja uma coisa.

Ele me levou ao outro lado do Capitólio e apontou para um prédio próximo.

— Você sabe o que é aquilo?

— Acho que deveria saber.

— O que você está vendo é a Suprema Corte — o tribunal mais elevado da terra. E, no entanto, existe uma corte muito superior a esta pela qual as nações são julgadas. De acordo com os requisitos bíblicos, antes que uma verdade possa ser estabelecida ou um julgamento emitido em um tribunal, a questão deve ser confirmada por duas testemunhas:

> Uma só testemunha não se levantará contra alguém por qualquer iniquidade ou por qualquer pecado, seja qual for que cometer; pelo depoimento de duas ou três testemunhas, se estabelecerá o fato.[7]

— O princípio das duas testemunhas se aplica primeiramente à esfera legal. Mas ele também pode ser aplicado à esfera das nações. No caso dos Estados Unidos, a relação com Isaías 9:10 seria, da mesma forma, estabelecida por duas testemunhas.

— O líder majoritário do Senado, no dia após o 11 de Setembro... ele foi a primeira testemunha.

— Correto... e a segunda testemunha?

— O candidato à vice-presidência três anos depois no aniversário do 11 de Setembro. Ambos diriam as mesmas palavras.

— Correto. E ambos dariam testemunho da junção dos Estados Unidos à antiga Israel e do 11 de Setembro a Isaías 9:10 — um falando do que seria e outro do que foi... que o voto estava sendo cumprido.

— E nenhum dos dois — acrescentei — fazia a mínima ideia do que estava dizendo, ou do que o outro falava, ou de como as palavras deles estavam na verdade se cumprindo.

— Não — disse o profeta — o que apenas enfatiza ainda mais o peso do testemunho deles.

— E tudo foi deflagrado no dia seguinte ao 11 de Setembro... aqui... com uma advertência... e o pronunciamento de julgamento. A profecia foi proclamada à nação na Colina do Capitólio... e tudo se cumpriria.

Houve silêncio. A revelação do Nono Presságio estava encerrada... e eu ainda estava abalado. Essa obscura... misteriosa profecia... na verdade fora proclamada na sede do governo norte-americano, e o orador ligou tudo ao 11 de Setembro. Isto, com tudo o mais — todas as conexões, as reencenações, o antigo mistério que se manifestou nos Estados Unidos — aquilo me deixou abalado. Eu queria ficar em silêncio, para tentar digerir tudo aquilo. Mas eu tinha a sensação de que se eu não dissesse alguma coisa logo, ele iria embora, e isso seria o fim. Era o último Presságio. Então quebrei o silêncio.

— Tenho uma pergunta.

— Sim.

— Se os Estados Unidos estão seguindo o mesmo padrão da antiga Israel, testemunhando os mesmos sinais, pronunciando as mesmas palavras, reencenando os mesmos atos, dando a mesma resposta...

— Sim.

— Como pode escapar de sofrer o mesmo destino?

Ele não respondeu. Então falei novamente.

— E se a proclamação do voto foi apenas a *primeira* fase do julgamento de Israel, e não a última, então, e quanto aos Estados Unidos da América? O que o futuro reserva?

Capítulo 14

Aí Vem um Segundo

ה א

Mais uma vez o profeta ficou em silêncio, e ele olhava para a extensão do Washington Mall, parecendo preocupado.

— Este foi o *último* Presságio — eu disse — tentando atrair a atenção dele. — O que vem em seguida?

— O que vem em seguida?

— O que acontece agora? — perguntei. — A que tudo isso vai levar?

— Os Presságios são sinais de que, Nouriel?

— De advertência.

— E do que mais?

— Da rejeição da advertência.

— E qual é o propósito de uma advertência?

— Impedir que alguma coisa aconteça... uma ameaça, um perigo.

— Então o que acontece se uma advertência é dada, se os alarmes soam, e ninguém ouve?

— Então a coisa acontece.

— Mas tem de acontecer? — perguntei.

— Se a advertência é rejeitada, então, sim, tem de acontecer.

— Mas as pessoas podem mudar, e uma nação pode alterar o seu rumo.

— Sim. Esta é a esperança. Este é o propósito de uma advertência. Uma mudança de rumo significa uma mudança de resultado.

Mas não alterar o rumo significa que o resultado não será alterado. Então ele tem de acontecer.

— Como aconteceu com a antiga Israel?

— Cada caso é único. Mas a progressão geral é a mesma.

— Então se o rumo dos Estados Unidos não mudar... o que acontece? Outro 11 de Setembro?

— Poderia ser outro 11 de Setembro... ou um 11 de Setembro diferente. Ou o próprio 11 de Setembro era um Presságio?

— E o que isso significa?

— A primeira invasão da Assíria a Israel foi uma calamidade em si. Mas ao mesmo tempo, foi um presságio de uma calamidade ainda maior que estava por vir, uma advertência da destruição da nação. Uma calamidade também pode ser uma advertência.

— Mas o 11 de Setembro seria um presságio de quê?

— Foi o dia da queda dos símbolos. Mas o que é a queda de um símbolo? — ele perguntou.

— Não faço ideia — respondi.

— Não é também o símbolo de uma queda?

— Não estou entendendo.

— Mas vai entender.

— Então a primeira advertência é dada, e depois vem uma calamidade final.

— Mais de uma advertência pode ser dada — disse o profeta. — Se um alarme é ignorado, logo vem o segundo.

— *Está vindo* um segundo ou pode *estar vindo* um segundo alarme? — perguntei.

— *Está vindo* um segundo. Uma *segunda advertência* — disse ele — um segundo alarme...

— Um segundo abalo.

— Um segundo abalo dos Estados Unidos?

Ele voltou o olhar, de modo que agora fitava diretamente os meus olhos ao dar a sua resposta.

— Aí vem um segundo — disse ele outra vez.

Ele me entregou um selo. Era o mesmo que eu acabara de devolver a ele.

— O selo do Nono Presságio? Acabo de devolvê-lo a você.

— Sim — respondeu ele.

Ele começou a descer os degraus do Capitólio. Segui-o. Mas ouvindo os meus passos, ele parou e se virou.

— Não, Nouriel — disse ele. — Aquele foi o último presságio. O nosso tempo acabou.

Ele recomeçou a descer. Fiquei ali onde estava. Mas gritei para ele como havia feito antes, só que agora com mais urgência diante da ideia de que aquela poderia ser a minha última chance de obter uma resposta.

— E o que faço agora?

— A respeito de quê?

— A respeito de tudo. A respeito de tudo que você me mostrou...

— Não se esqueça disso.

— Isto não basta. Preciso de algo específico. O que faço agora... especificamente?

Quando chegou ao final do primeiro lance de degraus ele parou, virou-se e respondeu:

— Especificamente? — disse ele.

— Sim, especificamente — respondi.

— Vá para casa. Vá para casa — e observe.

— E o que devo observar?

— *Aí vem um segundo* — respondeu ele.

Ele desceu um lance seguinte de degraus enquanto eu acabava de descer o primeiro. Do espaço entre os dois lances de escadas, observei enquanto ele se afastava do Capitólio e descia o Washington Mall... até desaparecer de vista.

Ana esperava algo mais, que o relato continuasse. Ela estava esperando que aquele não fosse o fim da história. Mas Nouriel ficou em silêncio.

— O que você fez depois que ele partiu? — perguntou ela.

— Fui para casa.

— E...?

— Observei.

— O que exatamente?

— O que exatamente eu não tinha certeza. Procurei concentrar-me na profecia. Voltei à biblioteca e passei horas e horas pesquisando... detendo-me nos Comentários Bíblicos sobre Isaías 9:10.

— E...?

— Encontrei uma correlação — entre o que o profeta falou quando partiu e o que os Comentários diziam sobre Isaías 9:10... havia uma correlação.

— Como?

— Em um dos Comentários, encontrei isto:

> A ira divina, *sendo uma força corretiva, não cessará até que os seus propósitos se esgotem...* Portanto, se... Israel *resistiu a uma expressão da ira, outra teria de ser encontrada.*[1]

— E isso significa o quê? — perguntou ela.

— Significa que havia um propósito por trás daquela primeira calamidade, aquela primeira invasão da terra pelos assírios. O seu propósito era *corretivo* — corrigir, despertar a nação, fazê-la voltar para Deus, um propósito de redenção.

— Mas você já sabia disso — respondeu ela. — O que você extraiu do Comentário que fosse diferente, ou que estivesse relacionado com o que o profeta lhe disse?

— O que o Comentário está dizendo é que aqueles propósitos não cessarão até que sejam cumpridos. E se uma nação rejeita uma expressão desse propósito, *outro deve ser encontrado*. A fonte ou o propósito se manifestará novamente de outra forma. Foi o que descobri naquele Comentário. E, em um segundo Comentário sobre Isaías 9:10, encontrei isto:

> Os primeiros atos de julgamento de Deus não resultaram em transformação ou "arrependimento"... do Seu povo Israel. O propósito da disciplina punitiva inicial de Deus era restaurar o Seu povo, mas o povo teimosamente recusou voltar-se para Ele... E como o primeiro ato de disciplina não produziu a humilde confissão de pecados, *uma segunda punição era necessária.*[2]

— O Comentário Bíblico foi consistente em associar Isaías 9:10 com o mesmo princípio. E depois, em outro Comentário, encontrei isto:

> Como a primeira fase dos juízos não se seguiu de uma verdadeira conversão a Jeová, o Juiz Todo-Poderoso, *aí vem uma segunda.*[3]

— *Aí vem um segundo*. Foi o que o profeta continuou lhe dizendo no dia em que você o viu pela última vez.

— Ele continuou dizendo isso porque sabia que não era o fim. Isaías 9:10 é o começo, o primeiro elo em uma cadeia de progressão. Há mais ligado a isto. Tudo isto leva a algo mais.

— Se Isaías 9:10 está ligado aos Estados Unidos com os Presságios, isso significa que o que aconteceu em 11 de Setembro não é o fim da questão. E não acabou; há mais por vir.

— Sim. Aí vem um segundo.

— Um segundo o que... exatamente?

— Uma segunda advertência... o soar de um alarme... uma segunda punição... um segundo abalo.

— Mas o que exatamente? Que forma ele toma?

— O profeta falou dos Presságios como símbolos. Isto era uma pista. O World Trade Center era um símbolo do poder financeiro e econômico global dos Estados Unidos. O que essa queda prenunciaria?

— Uma queda... econômica?

— Como em um colapso financeiro e econômico.

— O colapso que deu início à *Grande Recessão*?

— Sim.

— O colapso dos Estados Unidos e da economia global estão ligados ao 11 de Setembro?

— Sim.

— Mas como?

— Tudo remonta à profecia... tudo — o colapso de Wall Street, a ascensão e queda do mercado de crédito, a guerra do Iraque, o colapso do mercado imobiliário, as penhoras de imóveis, as insolvências, as falências, as retomadas pelo governo — tudo — política, política estrangeira, história mundial — tudo que aconteceu depois. Tudo remonta à profecia e ao antigo mistério.

— Este é um problema muito grande — disse ela. Na verdade, ele é colossal.

— Entendo isto — disse ele.

— E ninguém mais percebe isto? Todos os economistas, especialistas, pensadores e agências de inteligência, eles não fazem ideia disso?

— Não sei. Imagino que não.

— Mas como *você* sabe? — perguntou ela. — Como você chegou a esta conclusão?

— Eu lhe disse — ele respondeu. — Não fui eu. Foi o que me foi dito.

— Entendo isso... quanto aos Presságios. Mas agora você está falando do que aconteceu *depois* que os Presságios lhe foram mostrados. E como você veio saber dessas coisas se a última vez que você viu o profeta foi na Colina do Capitólio?

— Mas aquela não foi a última vez.

— Ele apareceu de novo?

— Quando nos separamos naquele dia nos degraus do Capitólio, foi a primeira vez que ele me deixou sem um selo... ou sem um novo selo. Presumi que não havia mais nada a ser revelado. Eu não achava que fosse vê-lo de novo. Ainda assim, ocasionalmente, eu andava ao longo do rio Hudson até o lugar onde nos encontramos pela primeira vez, na esperança de que ele aparecesse novamente. Mas isso nunca aconteceu. Vários anos se passaram, e quando eu desisti de ter esperança de vê-lo novamente...

— ...ele reapareceu?

— Ele reapareceu.

— Mas na última vez que você o viu, ele lhe disse que o tempo dele com você havia terminado.

— E *havia* terminado. Ele apareceu na primeira vez para revelar a primeira parte do mistério. A primeira parte estava completa. Mas havia mais.

— Então ele apareceu novamente, mas desta vez para revelar a segunda parte do mistério?

— Porque um segundo está por vir.

Capítulo 15

O *Efeito Isaías 9:10*

ת א

Ele ficou em silêncio. Ela também estava em silêncio, pensando que seria bom dar a ele uma chance de descansar de falar, mas, ao mesmo tempo, preocupada com o fato de que, se esperasse demais, ele poderia não continuar. Finalmente, ela rompeu o silêncio.

— Você *está* planejando me contar a segunda parte do mistério? — ela perguntou.

— Desde que você tenha tempo — respondeu ele.

— Esqueça o tempo — disse ela. — Quero saber a segunda parte.

— Sei o quanto você está ocupada.

— Não estou mais, Nouriel.

— Eu só queria ter certeza.

— Espere. Antes de continuar... e se formos dar uma volta? Preciso andar, se estiver tudo bem para você.

— Tudo bem.

Eles saíram do escritório, pegaram um elevador até o primeiro andar, saíram do prédio e começaram a descer a rua. Eles andariam por muitas ruas naquela noite, passando por prédios de escritórios, lojas, vendedores de rua, apartamentos e outras pessoas que também caminhavam pelas ruas da cidade. Mas os dois estavam totalmente distraídos do que os cercava, absortos no antigo mistério e nas palavras do profeta.

— E quando você o viu de novo? — ela perguntou.

— Eu estava trabalhando em um projeto que me fez estar na parte inferior de Manhattan por várias semanas. Durante o meu tempo livre, eu ia dar umas voltas pela área. Um dia, durante uma dessas caminhadas, parei diante da Bolsa de Valores de Nova York. Eu estava olhando para o lugar, para a fachada com as colunas, aquela fachada famosa. Não lembro exatamente em que eu estava pensando quando ouvi a voz.

— A voz do profeta...

— Fazia vários anos desde que eu a ouvira pela última vez.

— Você não esqueceu, não é mesmo? — disse ele.

Virei-me. Ele não havia mudado... nem o seu longo casaco escuro. Ele parecia o mesmo da última vez que o vi.

— Esqueci o quê? — perguntei.

— O que lhe foi mostrado.

— Gravei tudo. Mas não, não esqueci.

— Bom. E como tem passado, Nouriel?

— Era a primeira vez que ele me perguntava isso.

— Tudo bem, acho — respondi — e você? O que você tem feito nesses últimos anos?

— Observado — respondeu ele.

— Observado.

— E agora estou aqui para começar a segunda parte.

— A segunda parte de...

— Do mistério. Você está pronto para começar?

— Acho que nunca estive pronto.

— Então vamos começar. O que nos diz respeito agora é o que vem depois... começando com a profecia. O que vem depois de Isaías 9:10?

— O que você quer dizer?

— O que vem depois de Isaías 9:10?

— Isaías 9:11.

— Não o número... as palavras.

— Não consigo lembrar... sem consultar.

— Isaías 9:10:

> Os tijolos ruíram por terra,
> Mas tornaremos a edificar com pedras lavradas;
> Cortaram-se os sicômoros,
> Mas por cedros os substituiremos.[1]

Agora, Isaías 9:11:

> Portanto, o SENHOR suscita
> Contra ele os adversários de Rezim
> E instiga os inimigos.[2]

— Então o que há em Isaías 9:11? — perguntou ele.

— O primeiro abalo da nação é seguido de um segundo?

— E por que isso?

— Porque a nação não despertou nem se voltou após o primeiro.

— Isaías 9:10 é um voto de desafio. Isaías 9:11 é uma profecia de calamidade futura. Os dois estão ligados. Um conduz ao outro. O primeiro leva ao segundo.

— Então o voto ocasiona as futuras calamidades da nação? — perguntei.

— O voto — respondeu ele — mas não apenas o voto. Se fosse apenas um voto e nada mais, tudo teria acabado de modo diferente. É o que a nação fez, depois que o voto foi feito, que determinou o seu futuro.

— E o que foi?

— Ela cumpriu o voto com pedras lavradas e sicômoros. A nação embarcou em uma campanha para reconstruir-se e se fortificar, para emergir mais forte e maior do que antes...

— Então, ao executar o voto... o voto de desafiar a primeira calamidade... a nação termina introduzindo o segundo.

— Ou o segundo desastre é ocasionado pela própria campanha destinada a impedi-lo.

— Mas por quê?

— O que aconteceria, Nouriel, se um jardineiro tentasse retirar uma erva daninha do seu jardim cortando as suas folhas? — ele perguntou.

— As folhas cresceriam novamente — respondi.

— E se ele cortasse o seu caule...

— Outro brotaria.

— Os esforços dele estariam condenados ao fracasso. Não se pode resolver um problema lidando com os sintomas dele... com as suas manifestações. Você precisa lidar com a causa que está por trás dele. No caso do jardineiro, a causa está escondida abaixo da superfície, nas raízes. Então, se ele resolve um problema, outro reaparece... e outro... e outro... até que ele finalmente tem de lidar com o problema subjacente... a raiz.

— Então, em outras palavras, o verdadeiro problema de Israel era espiritual — a sua separação de Deus. Tudo o mais era apenas um sintoma, ou uma manifestação, do problema subjacente. Então o voto de reconstruir é como um jardineiro tentando remover uma erva daninha cortando as suas folhas.

— Exatamente. O problema fundamental não era a segurança nacional ou a defesa nacional ou os assírios ou até mesmo o ataque. Se o problema subjacente de uma nação é espiritual, então todas as soluções políticas, econômicas ou militares não farão nada para removê-lo. Essas coisas só podem tratar os sintomas — os tijolos e os sicômoros. Um problema espiritual só pode ser resolvido por uma solução espiritual. Fora isso, todas as soluções acabarão gerando outra crise.

— Então a única solução é voltar para Deus.

— Mas Israel escolheria o contrário. A nação se endureceu, esperando voltar mais forte sem tratar da sua decadência espiritual. E a estratégia pareceu estar funcionando... por algum tempo. A limpeza das ruínas, a construção e a visão de uma nação se reconstruindo gerou uma sensação de ressurgimento nacional. Mas era tudo uma ilusão. O julgamento não havia sido evitado — só mascarado. O problema fundamental nunca foi tratado. Eles estavam se afastando cada vez mais de Deus. O ressurgimento foi oco. Eles haviam prometido reconstruir. Mas o que eles estavam reconstruindo era um castelo de cartas. E com o tempo tudo iria desabar.

— E tudo começou com o voto.

— Foi o voto que deflagrou tudo aquilo — disse ele. — O mesmo espírito de desafio que levou ao voto finalmente conduziria Israel a reafirmar-se, a se gabar da sua força, a desafiar o império assírio por meio de uma série de manobras estratégicas. Esse desafio levaria à calamidade. O mesmo aconteceu com o voto, e com o espírito por trás do voto, que deflagrou uma cadeia de eventos que finalmente ocasionaria a destruição da nação.

— Os Presságios são manifestações do voto — disse eu. — Então é inevitável que os Presságios levem à...

— Calamidade? Os Presságios ou levam à calamidade ou à redenção. Se forem ouvidos, eles conduzem à redenção; se não, então à calamidade. Agora... passaram-se anos, Nouriel, mas será possível que você ainda tenha o último selo?

Enfiei a mão no bolso do meu casaco e o retirei.

— O selo que ele lhe entregou no Capitólio? — perguntou Ana.

— Sim... com a imagem do pergaminho nele... o selo do Nono Presságio.

— Mas você tinha desistido de vê-lo novamente.

— É verdade.

— E por que você ainda tinha o selo com você?

— Eu não sabia que ele *estava* comigo até enfiar a mão no bolso. Durante algum tempo... depois daquele último encontro, certifiquei-me de tê-lo sempre comigo, como fazia com cada selo. Mas depois de desistir da esperança de ver o profeta outra vez, eu não me preocupei tanto em garantir isso. Ainda assim, ele estava ali no bolso de um dos meus casacos... e foi aquele casaco que eu por acaso *estava usando* naquele dia.

— Então você entregou o selo a ele.

— E, enquanto o examinava, ele começou a falar.

— Se uma nação rejeita o chamado de Deus para voltar para Ele, e se os Presságios não são ouvidos, então vem uma segunda fase. Então agora passamos para o segundo estágio, dentro do qual estão contidos quatro mistérios.

— Quatro mistérios...

— Você vê isto? — ele perguntou, enquanto apontava para a imagem no selo... para o que parecia uma sombra em volta do pergaminho, uma dupla imagem sombria. Ela era meio apagada, e não era nada que poderia atrair ou chamar a atenção de alguém como sendo algo digno de observação.

— Isto é importante? — perguntei.

— É uma imagem dupla... uma segunda imagem.

— Uma segunda imagem como em *aí vem um segundo?* — perguntei.

— Como em *aí vem um segundo*, sim. Então o que isso significa?

— A profecia tem uma segunda parte, ela leva a algo mais... a uma segunda manifestação.

— O Efeito Isaías 9:10.

— E o que é?

— Isto:

> *A tentativa de uma nação de desafiar o rumo do seu julgamento, sem o arrependimento, irá, em vez disso, deflagrar uma cadeia de eventos para ocasionar exatamente a calamidade que ela procurava evitar.*

— E isso também tem a ver com os Estados Unidos? — perguntei.

— Sete anos após o 11 de Setembro — disse ele — a economia norte-americana entrou em colapso, deflagrando uma implosão econômica global. Por trás de tudo isso, e de tudo o que se seguiu, estava algo muito mais profundo que a economia.

— Por trás do colapso de Wall Street e da economia norte-americana estava...

— Isaías 9:10.

— Como?

— As explicações para um colapso econômico são intermináveis — disse ele. — Nenhum fator é isolado. E podemos voltar no tempo se quisermos procurar as causas. Mas de acordo com o Efeito Isaías 9:10, a segunda calamidade precisa efetivamente ter se originado na primeira... e na resposta da nação a essa primeira calamidade.

— Assim o colapso da economia e de Wall Street teria que remeter de algum modo ao 11 de Setembro.

— E tudo realmente *remete* ao 11 de Setembro — disse ele. — A fumaça ainda estava pairando sobre o Marco Zero quando o antigo voto de desafio foi proclamado na Colina do Capitólio. Nos dias e anos que se seguiram, a nação tentaria cumprir esse voto. A reconstrução nunca teve a ver apenas com o Marco Zero — mas com a reconstrução de toda a nação. Lembre-se do que foi proclamado sobre a pedra lavrada:

> Ela permanecerá para sempre uma pedra angular simbólica da *reconstrução* de Nova York e *da nação*.[3]

E quando o antigo voto foi proclamado na sua totalidade, ele aconteceu em Washington D.C., a capital da nação. Em ambos os casos, ele teve a ver claramente com mais do que o Marco Zero e Nova York. Ele teve a ver com os Estados Unidos como uma nação. E seria a nação como um todo que faria o voto. Assim como aconteceu na antiga Israel, isso aconteceria nos Estados Unidos do pós 11 de Setembro — o voto seria transformado em realidade. Isaías 9:10 se tornaria a política estrangeira e doméstica da nação.

— Como assim?

— O que *Nós reconstruiremos* significou para a antiga Israel? — ele perguntou.

— Significou que eles reparariam os danos e reconstruiriam os seus prédios, torres e lares caídos...

— E os seus *muros* — ele acrescentou. — Eles reconstruiriam os seus muros e fortificariam as suas defesas de modo a se tornarem invulneráveis a futuros ataques. Da mesma forma, os Estados Unidos, após o 11 de Setembro, embarcariam em uma campanha para reconstruir os seus muros de proteção, para fortalecer e fortificar os seus sistemas de defesa. A campanha significaria o estabelecimento do Departamento de Segurança Nacional, o lançamento de uma guerra global contra o terror, e duas guerras convencionais no exterior, uma no Afeganistão e a outra no Iraque. Tudo foi uma reação ao 11 de Setembro. Os Estados Unidos estavam fazendo exatamente o que a antiga Israel fizera em Isaías 9:10 — tentar desafiar a primeira calamidade. Na verdade, o discurso que lançaria a guerra da nação contra o terror conteria as palavras *Tornaremos a edificar*. Os Estados Unidos declararam guerra contra o 11 de Setembro, tentando reverter as suas consequências, superar o seu impacto e anular o seu perigo. Portanto, nos anos que se seguiram ao ataque, a política exterior e doméstica dos Estados Unidos foi, com efeito, uma tradução do antigo voto.

— Mas isso foi errado? — perguntei. — Que escolha havia?

— É errado um jardineiro cortar o caule de uma erva daninha — ele perguntou — em vez de tratar da sua raiz? O problema era mais profundo. Não se pode resolver um problema espiritual com uma solução militar ou política. Sem um retorno para Deus, o problema fundamental permanece intocado e se manifestará novamente de uma forma diferente. É nisto que o Efeito Isaías 9:10 começa a operar. A tentativa de uma nação de desafiar o julgamento fora do arrependimento acaba deflagrando uma futura calamidade. Em sua campanha para fortalecer-se, ela acaba ocasionando o próprio enfraquecimento.

— Então, como os Estados Unidos prometeram emergir mais forte do que antes e declarar guerra ao 11 de Setembro, o Efeito Isaías 9:10 foi ativado.

— Sim. E cada campanha nascida desse desafio acabaria gerando um contragolpe.

— Como assim? — perguntei.

— A campanha para fortalecer a segurança nacional e as defesas dos Estados Unidos exigiria enormes gastos. A guerra ao Terror, as campanhas militares no Afeganistão e no Iraque, acrescentariam centenas de bilhões de dólares ao orçamento nacional. Os fundos e recursos que de outro modo seriam usados para fortalecer a economia norte-americana agora estavam sendo desviados e drenados para longe desses investimentos. A guerra do Iraque estimularia uma precipitação nos preços do petróleo, exaurindo ainda mais o produto doméstico bruto da nação. A enorme quantidade de gastos governamentais no apoio à guerra da nação contra o terror levaria ao crescimento estratosférico da dívida nacional, esgotando ainda mais a sua economia. E, além das consequências financeiras, o que os Estados Unidos iniciaram no dia seguinte ao 11 de Setembro acabaria por dividir ainda mais a nação.

— E tudo isso levaria ao colapso econômico?

— Em parte — disse ele. Apesar de tudo isso, seria ainda outra manifestação do Efeito Isaías 9:10 que ocasionaria o colapso da economia norte-americana e global. E ele também nasceu das ruínas do 11 de Setembro. O efeito mais crucial da calamidade sobre a economia norte-americana e global começaria seis dias depois do ataque.

— Como uma resposta à calamidade?

— Sim — disse ele — como no antigo voto. Em janeiro de 2001, com a economia norte-americana começando a desacelerar, a Reserva Federal começou a reduzir a taxa de juros, baixando-a para 3,5% no verão daquele ano. Então veio o 11 de Setembro. O primeiro impacto econômico do ataque foi o fechamento da Bolsa de Valores de Nova York no mesmo dia. O mercado permaneceria fechado por seis dias. Quando reabriu na segunda-feira seguinte, ele sofreria a maior queda da história de Wall Street até aquele momento.[4]

O ataque havia infligido um golpe devastador sobre uma economia já fragilizada. Nos dias e meses após o 11 de Setembro, houve um medo penetrante de que a calamidade gerasse uma hemorragia na economia. As repercussões ao 11 de Setembro e à resposta nacional ao mesmo continuariam a afetar a economia muito depois que aqueles temores iniciais desapareceram com as ruínas do Marco Zero, muito após até mesmo do que parecia um rebote econômico. O 11 de Setembro não apenas continuaria a afetar a economia norte-americana, mas também a alteraria, e, ao fazê-lo, transformaria a economia global.

— Então o que aconteceu seis dias depois do ataque?

— O Efeito Isaías 9:10 começa com a resposta da nação à primeira calamidade.

— Deste modo, o efeito começaria com a proclamação do voto na Colina do Capitólio, no dia seguinte.

— Sim — disse o profeta — mas aquelas foram palavras, *Tornaremos a edificar*. Seria na segunda-feira seguinte que aquelas palavras seriam traduzidas em realidade. Foi no dia em que a Reserva Federal tentou injetar liquidez no mercado em uma campanha para impedir o desastre econômico e garantir que os Estados Unidos realmente reconstruiriam e se recuperariam.

— Como a antiga Israel havia tentado desafiar as consequências da sua primeira calamidade.

— Sim, exceto pelo fato de que as pedras lavradas da recuperação dos Estados Unidos eram principalmente econômicas. Assim, na primeira segunda-feira após o 11 de Setembro, a Reserva Federal baixou ainda mais a sua taxa de juros... como o primeiro ato concreto da reconstrução da nação. A taxa já havia sido baixada para 3,5%. Mas a natureza extrema do 11 de Setembro agora faria com que ela começasse a descer a níveis extremos. Naquela manhã de segunda-feira, 17 de setembro, a Reserva Federal baixou a taxa de juros em cinquenta pontos base. Ao longo dos três meses que se seguiram, ela diminuiria várias vezes mais até atingir 1,75% em 11 de dezembro de 2001.[5] O 11 de Setembro forçaria a taxa de juros a descer abaixo da taxa de inflação.

— O que equivale a criar dinheiro livre.

— O Tesouro continuaria a sua supressão extrema das taxas de juros por um período prolongado. Por volta de junho de 2003, a taxa atingiria 1% e permaneceria abaixo dos 2% por vários anos. Só depois disso ela seria ajustada para cima. Mas a diminuição severa e a supressão prolongada das taxas de juros em reação ao 11 de Setembro deflagrariam uma cadeia de eventos que traria um colapso para a economia norte-americana e global.

— Como... exatamente? — perguntei.

— As taxas extremamente baixas inauguraram uma era de dinheiro fácil — ele explicou — empréstimos fáceis e hipotecas mais fáceis. As hipotecas mais fáceis fizeram com que um mercado imobiliário já em ascensão explodisse além de todos os princípios econômicos tradicionais, criando um "boom" imobiliário e na área da construção sem precedentes. O mercado imobiliário explodindo levou os proprietários de imóveis a pedir empréstimos e a gastar contra o valor crescente de suas casas. O fenômeno criou bolhas de crédito por toda a economia. Isto, por sua vez, estimulou injeções de capital maciços da Ásia para aumentar o problema. O mercado de ações sofreu oscilações com o volume de dinheiro emprestado, o que o impulsionou como uma alavanca. E esse efeito se espalharia por todo o mundo. A diminuição das taxas de juros após o 11 de Setembro seria copiada pelos bancos centrais de todo o globo, o que significava que a mesma dinâmica do pós 11 de Setembro em operação nos Estados Unidos agora estava se reproduzindo em todo o mundo — com consequências semelhantes: bolhas de crédito, booms na construção e no ramo imobiliário, e mercados explodindo.

— Então o que se espalhou pelo mundo por meio da economia global foi, em certo sentido, o efeito contínuo do 11 de Setembro.

— E do Efeito Isaías 9:10.

— Mas isso foi errado? — perguntei.

— Não foi mais errado do que substituir tijolos caídos por pedra lavrada ou sicômoros por cedros — se não houvesse nada mais envolvido. Mas *havia* algo mais envolvido, algo *muito* mais envolvido. Uma nação estava em declínio espiritual e se afastando rapidamente de Deus. Deus a estava chamando de volta, permitindo que ela fosse abalada, para despertá-la, para salvá-la do juízo. Mas ela escolheu em vez disso não voltar. E sem voltar para Deus, todos os seus esforços, todas as suas campanhas, se tornaram, na verdade, atos de desafio, o cancelamento dos sintomas, o silenciar dos alarmes, sem nenhuma resolução do problema subjacente.

— Como o jardineiro tolo.

— Os remédios apenas mascararam o problema, assim como aconteceu com a antiga Israel. A invasão assíria foi seguida de uma campanha para reconstruir o que havia sido destruído, os prédios caídos, os muros, as torres, os lares, uma onda maciça de construção em toda a terra.

— Como um boom da construção — disse eu.

— Como um boom da construção. Do mesmo modo, o 11 de Setembro não apenas resultou na reconstrução do que havia sido destruído, mas, além disso, em uma gigantesca onda de construções por toda a nação, um boom na construção ligado ao declínio das taxas de juros, ligado ao desafio dos Estados Unidos ao 11 de Setembro, ligado a Isaías 9:10 e às palavras: *Tornaremos a edificar.*

— E às palavras proclamadas na Colina do Capitólio dias antes do Tesouro baixar as taxas.

— Sim — disse o profeta. — E uma vez que o boom econômico estava ligado a Isaías 9:10... o Efeito Isaías 9:10... ele finalmente tinha de entrar em colapso. *A tentativa de uma nação de desafiar o rumo do seu julgamento sem o arrependimento, irá, em vez disso, deflagrar uma cadeia de eventos para ocasionar exatamente a calamidade que ela procurava evitar.* As palavras de Isaías 9:10 levariam Israel à sua queda, e toda a sua reconstrução e toda a sua prosperidade seria destruída. Todas as ações para promover o ressurgimento nacional então seriam expostas como sendo ocas, vazias e enganosas desde o começo.

— Um castelo de cartas — disse eu.

— E o mesmo aconteceu no caso dos Estados Unidos — disse ele. O declínio extremo e prolongado das taxas de juros plantaria as sementes do desastre futuro. A explosão do crédito levaria a uma explosão gigantesca do débito. O aumento da liquidez mascararia uma multidão de perigos econômicos. As cautelas e restrições tradicionalmente envolvidas nos empréstimos seriam postas de lado. Os bancos fariam empréstimos que nunca teriam feito de outro modo, os consumidores gastariam um dinheiro que jamais teriam gasto, e as pessoas comprariam casas que de outro modo nunca poderiam se dar ao luxo de pagar. O débito pessoal, a dívida do governo e a dívida corporativa, todos eles cresceram com rapidez extrema. E, com o aumento da pressão para gerar lucros cada vez maiores, as firmas de investimentos e os bancos se envolveriam em transações e práticas cada vez mais arriscadas.

— Um castelo de cartas econômico.

— E assim como o ressurgimento de Israel foi um castelo de cartas — disse ele — o mesmo aconteceu com o ressurgimento dos Estados Unidos após o 11 de Setembro. Enquanto o crédito continuasse a fluir, o mercado de ações a subir e o mercado imobiliário a explodir, a ilusão podia ser sustentada. Mas se o mercado imobiliário parasse de explodir, se o mercado de ações começasse a vacilar, ou se o fluxo de crédito começasse a secar, a ilusão entraria em colapso.

— E foi o que aconteceu.

— Em setembro de 2008, o sistema financeiro dos Estados Unidos começou a implodir, deflagrando o maior desastre econômico desde a Grande Depressão. A explosão econômica global causada pelos Estados Unidos se transformou em uma implosão econômica global causada pelos Estados Unidos. O castelo de cartas estava desabando e arrastando o mundo na sua queda. E assim, por trás de todo o colapso econômico global... estava Isaías 9:10. Tudo começou nas ruínas do 11 de Setembro.

— Alguém mais viu a relação entre a implosão econômica e o 11 de Setembro?

— Com o tempo isso ficou claro para cada vez mais e mais analistas. Um observador definiu as coisas assim:

> Podemos rastrear as raízes da crise voltando aos ataques terroristas do 11 de Setembro... [Greenspan, presidente da Reserva Federal] seguiu cortando as taxas de juros após o 11 de Setembro, impulsionando a inovação financeira... Após o 11 de Setembro o povo norte-americano foi encorajado a gastar, gastar e gastar com um espírito de patriotismo, para ajudar a incentivar a economia enfraquecida... Para alimentar esses gastos, no extraordinário clima político e psicológico daquele momento, os políticos dos Estados Unidos encorajaram ativamente níveis de empréstimos que jamais teriam sido permitidos de outro modo.[6]

— É Isaías 9:10 traduzido em termos de economia moderna.

— Exatamente. E de outra fonte:

> O castelo de cartas financeiro foi construído lentamente após os ataques do 11 de Setembro. Enquanto o governo dos Estados Unidos tentava reativar a economia baixando repetidamente as taxas de juros, as famílias se lançaram sobre a oportunidade de refinanciar suas hipotecas. Agora, o colapso do mercado hipotecário é sentido em todo o mundo.[7]

— *A ira divina* — disse eu, citando o que havia lido — *sendo uma força corretiva, não cessará até que os seus propósitos se esgotem... Se resistir-se a uma expressão dela, outra precisa ser encontrada.*

— E onde você encontrou isto? — ele perguntou.

— Em um Comentário Bíblico sobre Isaías 9:10.

— Muito bem, Nouriel. Então você esteve pesquisando.

— Os Estados Unidos resistiram a uma expressão dela — disse eu — assim, outra foi encontrada.

— A advertência foi rejeitada — disse o profeta. — O caule foi cortado. Mas a raiz fez brotar outro. Então a crise econômica que engoliu os Estados Unidos e o mundo foi, em certo sentido, a continuação do 11 de Setembro.

— Ou o 11 de Setembro se manifestando na forma de um colapso econômico.

— Ou — disse ele — aquilo que se manifestou primeiro como o 11 de Setembro... agora se manifestando de uma forma alternativa.

— Aí vem o segundo — disse eu.

— E observe, Nouriel, que a dinâmica continua aumentando. Ela começa com a proclamação do antigo voto. Depois ela se torna uma direção, depois a política de toda uma nação, e depois um colapso que afeta o rumo do mundo inteiro. Os Presságios atraem tudo para si, desde a Reserva Federal à economia global.

— Eles alcançam o mundo inteiro, e ninguém percebe que tudo faz parte do antigo mistério.

Ele não disse nada como resposta, mas enfiou a mão no casaco, retirou um selo e entregou-o a mim. Reconheci-o imediatamente. Era outro dos Nove Presságios.

— Você percebe que também me entregou este antes? — perguntei.

— Sim.

— Então você está fazendo uma reciclagem?

Ele não respondeu a isto também, embora eu não estivesse surpreso.

— Você está me entregando o selo do Sexto Presságio.

— Isso mesmo.

— O Sicômoro caído... a árvore do juízo de Israel.

— E por que eu o estou entregando a você pela segunda vez? — ele perguntou.

— Porque ele tem algo a ver com o segundo abalo.

— Tem sim — disse ele. — Mas também por outro motivo.

— Qual?

— Dentro do Sicômoro encontram-se dois mistérios — um remontando aos últimos dias da antiga Israel, e o outro remontando aos primeiros dias...

— Os primeiros dias da antiga Israel?

— Os primeiros dias dos Estados Unidos.

Capítulo 16

Os Desarraigados

ת א

— Olhe o selo novamente — disse ele. — O que você vê?

— O Sicômoro — respondi.

— Olhe mais profundamente... não para a imagem central. Olhe para a esquerda dela. O que você vê?

— Algo que parece uma espécie de muro.

— E *é* um muro.

— E...?

Ele começou a andar, fazendo menção para que eu o seguisse. Retomamos a conversa, caminhando lentamente pela rua, parando diversas vezes ao longo do caminho.

— O Senhor enviou uma palavra — disse ele — por intermédio do profeta Ezequiel:

> Derribarei a parede que caiastes, darei com ela por terra, e o seu fundamento se descobrirá; quando cair, perecereis no meio dela e sabereis que eu sou o Senhor.[1]

— *O seu fundamento se descobrirá.* A que fundamento você acha que a profecia está se referindo, Nouriel?

— Ao fundamento de uma parede, é o que me parece.

— Um fundamento é aquilo sobre o qual alguma coisa fica em pé ou repousa, ou é construída. Então o fundamento de uma nação é aquilo sobre o qual ela está em pé... ou sobre o qual ela foi fundada... ou aquilo onde ela descansa ou coloca a sua confiança. As nações do mundo antigo confiavam nos seus ídolos e deuses. As nações modernas confiam nos seus poderes, nos seus exércitos, na sua economia, nos seus recursos. Mas o que está dizendo aqui é que nos dias do juízo os fundamentos de uma nação são expostos. Seus ídolos falham, e os seus poderes falham. Este é um dos sinais do julgamento — a exposição dos fundamentos. O Senhor disse isto por meio do profeta Jeremias:

> Eis que estou demolindo
> o que edifiquei
> e arrancando
> o que plantei.[2]

— Aquilo que é edificado é edificado *desde* o fundamento. E aquilo que é demolido é demolido até o fundamento. Então o Senhor edificou Israel como alguém constrói uma casa e a plantou como alguém planta uma árvore. Mas nos dias do juízo de Israel, aquilo que havia sido edificado seria demolido e aquilo que fora plantado seria arrancado. Duas imagens de julgamento nacional — *a demolição e o arrancar.*

— Repita isso — eu disse.

— Repetir o quê? — ele perguntou.

— A profecia de Jeremias.

— *Eis que estou demolindo o que arranquei.*

— *Os tijolos ruíram por terra* — respondi.

— *E arrancando o que plantei.*

— *Cortaram-se os sicômoros* — respondi.

— Sim, Nouriel, ela segue o mesmo padrão.

— É o mesmo padrão e a mesma ordem de Isaías 9:10. Primeiro vem a demolição — os tijolos caídos. Depois vem o arrancar — o sicômoro. E foi o que realmente aconteceu em 11 de Setembro. Primeiro veio o colapso dos prédios, e depois o arrancar do sicômoro. As duas imagens de juízo nacional — e na mesma ordem.

— Sim — disse o profeta — e a coisa vai ainda mais fundo. O World Trade Center era o símbolo imponente do poder financeiro dos Estados Unidos, um poder que estava há séculos em pleno desenvolvimento e há muito relacionado à ilha de Manhattan, a ilha que há muito funcionava como o ponto focal da atividade econômica e financeira da nação. Há muito tempo, no alvorecer do século 17, a ilha serviu como um posto avançado de comércio para os holandeses. Aqueles primeiros comerciantes e colonizadores logo sentiram a necessidade de se proteger dos índios, dos piratas e de outros perigos visíveis. Então eles construíram um muro. Ao longo do muro, os mercadores abriram lojas e estabeleceram armazéns. Com o tempo, o muro se tornou o ponto central do comércio da ilha. Os holandeses finalmente perderiam a ilha para os britânicos. Os britânicos derrubariam o muro. Ainda assim, a rua continuaria com o mesmo nome...

— ... de Wall Street! — eu disse.

— Correto.

— A rua onde estamos andando agora mesmo — é a Wall Street.

— Sim. E foi a partir desta rua e desse começo que o poder financeiro dos Estados Unidos se ergueria e esta ilha se tornaria a capital financeira da nação. Wall Street se tornaria um canal para a entrada e a saída de dinheiro para financiar a ascensão dos Estados Unidos a uma superpotência econômica, comercial e industrial. Aqui, nesta rua, as fortunas econômicas da nação se ergueriam e cairiam, e principalmente se elevariam. Ela se tornaria a representação do poder financeiro dos Estados Unidos. E no século 20, enquanto os Estados Unidos emergiam como o colosso econômico imponente do mundo, o poder e o alcance de Wall Street envolveria o globo para se tornar, com efeito, a capital financeira do mundo.

— Muito impressionante — disse eu — para uma rua que começou como um muro.

— Muito impressionante — respondeu ele — para qualquer rua. Mas como isso aconteceu? O que foi responsável por transformar uma estrada, de apenas alguns quarteirões de comprimento, e que por décadas não era sequer pavimentada com pedras, na capital financeira dos Estados Unidos e estabeleceu o fundamento da ascensão dos Estados Unidos como a superpotência financeira proeminente do mundo?

— Acho que você vai ter de me dizer.

— Em março de 1792, uma reunião secreta ocorreu em um hotel de Manhattan. Ela incluiu 24 dos principais comerciantes da cidade. O propósito da reunião era trazer ordem ao comércio de ações e títulos enquanto protegia esse comércio da competição. Dois meses depois, em 17 de maio de 1792, os comerciantes se reuniram novamente, desta vez no número 68 de Wall Street, para assinar um documento. O documento selaria os objetivos estabelecidos na primeira reunião. Ele seria o fundamento do que finalmente seria conhecido como A Bolsa de Valores de Nova York. O documento foi chamado de *Buttonwood Agreement.* A organização nascida desse acordo seria conhecida como a *Associação Butonwood* e, mais tarde, como a *Diretoria da Bolsa de Valores de Nova York* e, finalmente, como a *Bolsa de Valores de Nova York*. Ela se tornaria a principal bolsa de valores da nação e depois, no século 20, do mundo. Assim, em 17 de maio de 1792, com a assinatura do Buttonwood Agreement, foi lançado o fundamento para a ascensão dos Estados Unidos como a superpotência financeira imponente do mundo. Você sabe o que significa *buttonwood*, Nouriel?

— Não.

— É o nome de uma árvore — disse ele.

— O que uma árvore tem a ver com a fundação de Wall Street?

— Os 24 comerciantes costumavam se reunir e realizar suas transações sob uma árvore chamada *buttonwood* que crescia em Wall Street. Foi debaixo dessa árvore que eles assinaram o acordo que criou a Bolsa de Valores de Nova York. Então, tanto o documento de fundação quanto a associação fundada receberam o nome da árvore sob a qual tudo começou. Wall Street, como a conhecemos, e o poder financeiro dos Estados Unidos, também como o conhecemos, tiveram início oficialmente sob um *buttonwood*.

— Posso fazer uma pergunta?

— É claro — disse ele.

— Que tipo de árvore é um *buttonwood?*

— Você já sabe.

— Que tipo de árvore?

— Um sicômoro.

— Um sicômoro.

— *Buttonwood* — disse ele — é, na essência, apenas outra maneira de dizer *sicômoro*.

— Então aquele documento a partir do qual Wall Street teve início era, em essência, o *Acordo Sicômoro*.

— Poderíamos dizer que sim.

— E a Bolsa de Valores de Nova York é, em essência, a *Associação Sicômoro*.

— Também poderíamos dizer que sim — ele respondeu.

— E todas as consequências do poder financeiro dos Estados Unidos — todas as suas repercussões que transformaram o mundo — tudo começou sob os galhos de um sicômoro.

— Sim — disse ele — sob os galhos de um sicômoro.

— E o 11 de Setembro...

— O World Trade Center era um símbolo imponente do que aquele poder havia se tornado. Mas o sicômoro era o símbolo da sua origem.

— O *fundamento* — disse eu — o fundamento do poder de uma nação...

— Que é exposto nos dias do julgamento. *Derribarei a parede que caiastes, darei com ela por terra, e o seu fundamento se descobrirá.*

— E nesse fundamento havia um sicômoro... e crescendo à sombra do World Trade Center estava o Sicômoro do Marco Zero.

— Correto — disse ele. E no 11 de Setembro, a queda de um ocasionaria a queda do outro.

— A queda do símbolo que representa Wall Street.

— Sim — disse o profeta — assim como o 11 de Setembro deflagraria um golpe em Wall Street e na economia norte-americana — não apenas naqueles primeiros dias após o ataque, mas nos danos econômicos de longo prazo que ele infligiria, culminando no colapso de Wall Street vários anos depois.

— O arrancar do sicômoro é um sinal bíblico de juízo — disse ele. — Mas a mesma árvore também é um símbolo específico do poder norte-americano.

— Então o fato do sicômoro ter sido arrancado prenunciaria...

— Sim — disse ele — prenunciaria que o poder financeiro e econômico dos Estados Unidos seria arrancado.

Ele andou à minha frente, depois parou quando viu que eu não o estava acompanhando.

— Venha, Nouriel, quero lhe mostrar uma coisa.

Ele me conduziu ao final da Wall Street até o pátio de uma velha igreja, onde havia uma estrutura de bronze de aparência estranha.

— Você sabe o que é isto? — ele perguntou.

— Não faço ideia.

— Esta estrutura esteve entre os primeiros memoriais permanentes para comemorar o 11 de Setembro. Ele foi inaugurado em 11 de setembro de 2005. O seu criador pretendia que ele fosse um memorial a um dos detalhes da tragédia no qual muitos encontraram certa medida de inspiração.

— Mas essa escultura significava mais do que ele pretendia que significasse? — perguntei.

— Sim — respondeu ele. E você sabe o que é?

— Parece uma espécie de sistema de raízes.

— Isto *é* um sistema de raízes. É o sistema de raízes de uma árvore específica... um sicômoro.

— Um sicômoro em especial?

— Sim, é o sistema de raízes do Sicômoro do Marco Zero.

— Como?

— O criador dele o moldou de acordo com as raízes da árvore caída. Ele pretendia que ela fosse um símbolo de esperança.

— Mas um sicômoro caído não é um símbolo de esperança — disse eu — é um sinal de juízo...

— E um sinal de algo que é arrancado — acrescentou ele. — Eles colocaram-no aqui no final da Wall Street — a mesma rua simbolizada pelo sicômoro... agora levando a imagem de um sicômoro arrancado.

— O fundamento — disse eu — o fundamento do poder financeiro dos Estados Unidos. É a exposição do fundamento.

— E uma mensagem — respondeu ele — uma mensagem da parte dos profetas:

> Eis que estou demolindo
> o que edifiquei
> e arrancando
> o que plantei.[3]

— Então o que isso significa? — perguntei. — O que isso significa especificamente para os Estados Unidos?

— Se um sicômoro vivo significa a ascensão dos Estados Unidos como o poder financeiro proeminente do mundo, o que significa um sicômoro arrancado?

— A sua queda — respondi. — Teria de significar a sua queda.

— Deus havia permitido que o poder dos Estados Unidos fosse plantado aqui, que criasse raízes, que crescesse, e que os seus galhos se estendessem sobre o mundo. A nação se elevaria a alturas sem precedentes de poder global e prosperidade econômica. Mas no seu afastamento e na sua rejeição aos Seus caminhos, um sinal foi dado. Se agora ela se recusasse a voltar, as bênçãos e a prosperidade simbolizadas pelo sicômoro seriam retiradas — aquilo que fora edificado seria demolido, e aquilo que tinha sido plantado seria arrancado.

Depois de uma breve pausa, ele me perguntou pelo selo. E, depois de colocá-lo em sua mão, recebi outro.

— Você se lembra deste também? — ele me perguntou enquanto eu o examinava.

— É claro que sim. É a Árvore de Erez.

— O Sétimo Presságio.

— Mas agora você quer que eu veja algo mais? — perguntei.

— O que você vê... ao fundo... ao redor da árvore?

— Lâminas de grama.

— Olhe com mais atenção.

— Grãos... talos de trigo.

— Quantos? — ele perguntou. — Quantos talos?

— Seis — respondi. — Três de cada lado da árvore.

— Seis talos de trigo — disse ele — e um sétimo que você não vê.

— Como poderia haver um sétimo, se eu não posso vê-lo?

— Ele está ali — disse ele. — Ele está ali na sua ausência.

— Ele está ali na sua ausência... outro mistério?

— Este próximo selo, Nouriel, vai abrir outra dimensão de mistério.

— E ele tem a ver com o segundo abalo? — perguntei.

— Com o segundo... e com o primeiro... e com aquilo que une os dois.

— Como no Efeito Isaías 9:10?

— Sim, mas neste mistério as correlações estão ainda mais além da esfera do natural.

— Elas são sobrenaturais?

— Poderíamos dizer que sim.

— E elas ligam o 11 de Setembro ao colapso econômico?

— Elas não apenas ligam os dois... *como os determinam*... até o tempo em que cada uma aconteceria.

— Um antigo mistério?

— Sim, um antigo mistério sobre o qual a economia global e todas as transações dentro dela estavam determinadas, um mistério que começa há mais de trezentos anos nas areias de um deserto do Oriente Médio.

Capítulo 17

O Mistério da Shemitah

ת א

— E então ele partiu.

— E o que aconteceu depois?

— Tentei entender o mistério sobre o selo... os seis talos de trigo... e, de algum modo, um sétimo... mas que não estava ali... ausente. Seis de um tipo e um sétimo de outro. No fim das contas, esse é um padrão bíblico — os dias da semana, seis dias de um tipo e um sétimo dia, o *sabbath*, diferente do restante.

— Mas o que os dias da semana têm a ver com trigo? — ela perguntou.

— Eu não fazia ideia. Mas foi tudo que consegui calcular.

— E ele apareceu de novo...?

— Várias semanas depois. Eu estava dirigindo para casa voltando de uma conferência fora do Estado, e passava pelo campo. Era uma paisagem cheia de campos de grãos de ambos os lados da estrada. À minha esquerda, os grãos se erguiam em direção a uma crista distante. O vento batia contra os talos, fazendo ondas por todo o campo. Eu não podia evitar olhar aquilo enquanto tentava manter os olhos na estrada — era uma dança entre o vento, o trigo, a luz do sol e as sombras. Então percebi algo fora do lugar. Em princípio pensei que fosse um espantalho, era a única coisa em que eu conseguia pensar... a figura de um homem em pé no topo da crista.

— Com um casaco longo e escuro?

— Era ele. Não que eu pudesse ter certeza de tão longe, mas eu simplesmente sabia que era ele. Então encostei ao lado da estrada, saí do carro e caminhei pelo campo até o cume.

— Nouriel! — disse ele, cumprimentando-me enquanto eu me aproximava. — O que o traz por estas bandas?

— Ah... é claro... o que me traria a estas bandas? — respondi. — E adiantaria se eu lhe perguntasse o que você está fazendo no meio de um campo de trigo?

— Posso lhe dizer que não estou aqui pelo trabalho agrícola.

— Eu sabia que não adiantaria perguntar — respondi.

— Estou aqui pelo mesmo motivo que você.

Olhei os arredores. A crista não era na verdade parte do campo. O trigo parava um pouco antes de chegar até ela. E estávamos cercados não apenas por um campo, mas por vários em todas as direções, cada um se estendendo para longe de nós e subindo as colinas distantes.

— Então — disse ele, rompendo o silêncio — você esclareceu o mistério do selo?

— Tem algo a ver com os dias da semana.

— Por que você diz isso? — ele perguntou.

— Havia seis talos de trigo, e um sétimo do qual só sei porque você me falou. Os seis eram visíveis; o sétimo não. Um padrão de seis e sete... o mesmo padrão da semana bíblica.

— Você não captou — disse ele — mas estava no caminho certo.

— Como assim?

— O padrão está correto, seis de uma espécie e depois um sétimo. E cada talo de trigo representa uma medida de tempo. Você entendeu corretamente. Mas não é um padrão de dias.

— Então de que é?

— O mesmo padrão dado a Israel para marcar os dias deles, também foi dado para contar os anos. Durante seis anos, eles deveriam trabalhar, semear e colher nos seus campos, podando as suas vinhas, reunindo-se nas suas colheitas. Mas no sétimo ano, eles descansariam. Seria o Ano Sabático. A lei do sétimo ano foi dada a eles nos desertos do Sinai por meio de Moisés. Assim lhes foi ordenado:

> Quando entrardes na terra, que vos dou, então, a terra guardará um sábado ao SENHOR. Seis anos semearás o teu campo, e seis anos podarás a tua vinha, e colherás os seus frutos. Porém, no sétimo ano, haverá sábado de descanso solene para a terra, um sábado ao SENHOR.[1]

— Então cada talo representa um ano — disse eu. — Cada talo representa uma colheita.

— Correto. E o talo que falta?

— O talo que falta seria o sétimo ano. Ele não está ali porque o sétimo ano é o Ano Sabático. Então não há colheita.

— Muito bem — disse ele. — O sétimo ano recebeu um nome. Ele foi chamado de *Shemitah*. A palavra *Shemitah* significa a *liberação, a remissão, o descanso*. No ano do Shemitah, todo trabalho sobre a terra deveria entrar em descanso. Não se podia arar, plantar, podar, colher, produzir. Os frutos da colheita seriam renunciados... liberados:

> O que nascer de si mesmo na tua seara não segarás e as uvas da tua vinha não podada não colherás; ano de descanso solene será para a terra.[2]

— Olhe para lá, Nouriel. O que você vê?

— Um campo sem plantação — respondi.

— Apenas os restos da colheita passada. É campo de pousio.* A terra está descansando. No ano da Shemitah, todos os campos de Israel se tornaram como este, desocupado e descansando.

— Mas como eles viviam sem colheita?

— Eles comiam o que crescesse espontaneamente:

> Seis anos semearás a tua terra e recolherás os seus frutos;
> porém, no sétimo ano, a deixarás descansar e não a cultivarás,
> para que os pobres do teu povo achem o que comer.[3]

— No sétimo ano, era exigido que cada proprietário de terra abrisse a sua terra para os necessitados. Os pobres compartilhariam igualmente dos frutos dos ricos. O produto da terra se tornaria, em um sentido muito real, a posse de todos.

O vento agora começava a tomar velocidade e força, com as suas rajadas batendo ainda mais intensamente sobre os talos de trigo. As ondas resultantes estavam mais rápidas e mais fortes. O profeta fez uma pausa por alguns instantes enquanto eu assimilava tudo aquilo... e depois continuou.

— Mas o Shemitah — disse ele — dizia respeito não apenas os campos, mas também o povo. A última remissão ocorreu em outra dimensão inteiramente diferente:

> Ao fim de cada sete anos, farás remissão. Este, pois, é o modo da remissão: todo credor que emprestou ao seu próximo alguma coisa remitirá o que havia emprestado; não o exigirá do seu próximo ou do seu irmão, pois a remissão do SENHOR é proclamada [*Shemitah*].[4]

---

* *Pousio* é o período em que as terras são deixadas sem semeadura, para repousarem (N. do T.).

— Assim, a última *liberação* da Shemitah diria respeito à esfera econômica e a transformaria. Assim, no sétimo ano, todas as dívidas eram canceladas. Todos os que haviam feito um empréstimo tinham de cancelá-lo. Os que estavam endividados eram liberados. Qualquer coisa que ainda fosse devida era perdoada. Todo crédito era anulado, toda dívida era apagada.

— E tudo isso acontecia no *final* do sétimo ano? — perguntei.

— Sim, exatamente no final, em um dia específico — o vigésimo nono dia do mês hebraico de Elul, no último dia do ano civil, exatamente no final do sétimo ano. Então o dia 29 de Elul era o clímax, o ponto focal, e o final da Shemitah — o dia em que as contas financeiras da nação eram anuladas.

— Mas o cancelamento de todas as dívidas e a anulação de todo crédito não geraria o caos econômico?

— Poderia gerar — disse ele. — A maioria das economias depende de alguma espécie de crédito e empréstimos. Então as repercussões econômicas de uma mudança tão drástica seriam imensas, tão imensas que, ao longo dos séculos, os rabinos procuraram maneiras de contornar esses requisitos temendo que ao mantê-los os mesmos gerassem o desastre econômico.

— Mas ela deveria ser uma bênção — respondi — "um sabbath".

— Sim, um ano de liberação e liberdade, um ano de descanso dos trabalhos e de se aproximar de Deus. E ainda assim, na forma externa, ele poderia ter a aparência de um colapso econômico.

— Mas se o Ano da Shemitah foi designado para ser uma bênção, o que ele tem a ver com o julgamento — ou com Isaías 9:10 ou com os Estados Unidos?

— A Shemitah *teria sido* uma bênção se Israel a tivesse observado e não se rebelado contra Deus. Mas Israel se rebelou e não guardou o Ano Sabático. E a quebra do Ano Sabático se tornou o sinal de uma nação que havia expulsado Deus da sua vida. A nação não tinha mais tempo para Ele. O povo agora estava servindo aos ídolos. Os Anos Sabáticos deles seriam cheios, não de paz, mas da busca incansável pelo lucro e pelos ganhos. A quebra da Shemitah era o sinal de que a nação expulsara Deus de seus campos, dos seus trabalhos, do seu governo, da sua cultura, dos seus lares, da sua vida. A Shemitah pretendia *ser* uma bênção, mas ao ser quebrada, a sua bênção se transforma em maldição.

— E o que isso significa? — perguntei.

— A Shemitah ainda viria — disse o profeta — mas não por escolha — mas por juízo. Exércitos estrangeiros invadiriam a terra, destruiriam as cidades, devastariam os campos, e levariam o povo cativo para o exílio. E a terra descansaria. Os campos se tornariam campos de pousio. A compra e venda do seu produto e o fluxo do comércio seriam suspensos. A propriedade privada se tornaria praticamente sem sentido. E todas as dívidas, créditos e empréstimos seriam cancelados em um instante. De uma forma ou de outra, a Shemitah ocorreria.

— A Bíblia relaciona a Shemitah ao juízo... explicitamente?

— Sim — respondeu ele. — A relação foi prevista desde o início, no monte Sinai:

> A vossa terra será assolada, e as vossas cidades serão desertas. Então, a terra folgará nos seus sábados, todos os dias da sua assolação, e vós estareis na terra dos vossos inimigos; nesse tempo, a terra descansará e folgará nos seus sábados. Todos os dias da assolação descansará, porque não descansou nos vossos sábados, quando habitáveis nela.[5]

— E tudo isso se cumpriria séculos depois, quando os exércitos da Babilônia invadiram e devastaram a terra e levaram multidões cativas. O povo permaneceria no exílio por setenta anos. Por que setenta? A resposta estava oculta no mistério da Shemitah.

— Setenta era o número dos Anos Sabáticos que não foram guardados?

— Correto.

— Mas agora, com a terra descansando por setenta anos, a lei da Shemitah se cumpriria, ainda que não por escolha.

— Correto, mais uma vez.

— É irônico. Na busca pela prosperidade, o povo expulsou Deus e a Shemitah da terra. Mas agora era a Shemitah que expulsava o povo da terra... e a sua prosperidade... anulando todos os ganhos e lucros deles.

— E era na Shemitah — disse ele — que estava oculto o mistério do tempo.

— Do tempo?

— Do tempo do julgamento deles — setenta anos por setenta Shemitahs.

— Então a Shemitah destina-se a ser uma bênção, mas para a nação que um dia conheceu Deus e o expulsou de sua vida, a Shemitah se torna um sinal de juízo.

— Correto — disse ele. — Agora vamos juntar as partes do mistério juntos. Para fazer isso, precisamos identificar os pedaços. Grave isto.

— Gravei tudo — respondi. — O gravador está ligado.

— Não quero dizer isto. Você está com o seu bloco de anotações?

— Sim.

— E uma caneta?

— Sim.

— Você é um escritor, Nouriel... escreva.

Então anotei a parte seguinte enquanto ele ditava:

> O efeito e as repercussões da Shemitah se estendem até à esfera financeira, à esfera econômica, e às esferas do trabalho, do emprego, da produção, do consumo e do comércio.

Ao longo do sétimo ano:

A produção da nação diminui gravemente enquanto seus campos e vinhas ficam em repouso.

O trabalho da nação é grandemente reduzido ou cessa.

Seus campos se tornam, em parte, propriedade de todos.

A compra e venda do produto da terra são restritas.

Os frutos do trabalho são abandonados.

O crédito é cancelado e as dívidas são anuladas.

Para a nação que tenta expulsar Deus da sua existência, a Shemitah se transforma de um vaso de bênção em um vaso de juízo — o juízo da prosperidade de uma nação.

— Você pegou tudo? — ele perguntou.

— Sim. Mas o que isto tem a ver com os Estados Unidos? Os Estados Unidos nunca tiveram um Ano Sabático.

— É verdade. Ele só foi ordenado para uma nação. Mas a questão aqui não é a observância literal da Shemitah ou qualquer exigência de guardá-la.

— Então qual *é* a questão aqui? — perguntei.

— A questão aqui — respondeu ele — é a sua dinâmica, o seu efeito, e a sua consequência.

— E o que isso significa?

— A questão é a Shemitah *como um sinal*.

— A Shemitah como um *sinal*...?

— O sinal da Shemitah, dado a uma nação que expulsou Deus da sua vida e o substituiu por ídolos e pela busca financeira. A questão da Shemitah como um sinal de julgamento, o sinal que diz respeito especificamente à esfera financeira e econômica de uma nação.

— Ainda não vejo como isto está ligado aos Estados Unidos da América.

— Por trás do colapso de Wall Street e da implosão da economia norte-americana e mundial, por trás de tudo isso está o mistério da Shemitah.

— Diga-me.

— O colapso econômico de 2008 foi deflagrado por uma série de eventos que atuaram como um gatilho no início de setembro. Naquele momento, cerca de metade do mercado hipotecário dos Estados Unidos era de propriedade de duas corporações ou sustentado por elas: a Federal National Mortgage Association e a Federal Home Loan Mortgage Corporation.

— Também conhecidas por seus apelidos: Fannie Mae e Freddie Mac.

— Exato — disse ele — e por volta do início de setembro, ambas, com os mercados hipotecário e imobiliário, estavam balançando-se às margens do colapso. Em 7 de setembro, em uma das intervenções mais dramáticas desde a Grande Depressão, o governo federal assumiu o controle de* ambas as corporações, colocando-as sob a proteção do governo.

— Na verdade, nacionalizando-as.

— O embargo dessas corporações gerou um alarme global. E então, exatamente enquanto o mercado imobiliário estava cambaleando devido ao seu colapso, um colapso ainda mais cataclísmico economicamente estava para ocorrer.

— A queda da Lehman Brothers.

— No início do século 21, a Lehman Brothers estava no topo das principais empresas financeiras do mundo. Mas quando o mercado hipotecário de crédito de risco começou a se desintegrar, os ativos e a posição da Lehman começaram a entrar em colapso. Quando se espalhou a notícia de que um acordo para resgatar a empresa doente havia fracassado, as suas ações despencaram com o mercado de ações. No dia seguinte, a Lehman Brothers anunciou um prejuízo de aproximadamente quatro bilhões de dólares. Um dia depois a esse, as ações da empresa despencaram mais 40%, e espalhou-se a notícia de que ela estava procurando um comprador.

Nos dias que se seguiram, houve um alvoroço de reuniões de emergência entre a Reserva Federal* e os líderes de Wall Street em um esforço frenético para impedir o fim da Lehman. Mas o esforço fracassou e, na manhã de segunda-feira, 15 de setembro de 2008, uma semana depois do primeiro colapso, veio o segundo e, desta vez, sem rede de segurança para deter a queda. A Lehman Brothers decretou falência — a maior falência da história norte-americana até aquela data. Este seria chamado de *o colapso ouvido em todo o mundo.* A queda da Lehman Brothers, por sua vez, detonaria o colapso de Wall Street e a implosão financeira global.

— A pior crise econômica desde a Grande Depressão — disse eu. Mas o que isto tem a ver com o mistério da Shemitah?

— Nos dias do profeta Jeremias, com Jerusalém em ruínas e o povo levado cativo, a chave que detinha o tempo do juízo da nação estava oculta no mistério da Shemitah.

— Então há algo no tempo do colapso econômico que é importante?

— O colapso da Lehman Brothers e da economia norte-americana ocorreu no decurso de uma semana. Era a semana do aniversário de outra calamidade norte-americana...

— O 11 de Setembro.

— Sim, o 11 de Setembro — disse ele. — O colapso de Fannie Mae e Freddie Mac ocorreu em 7 de setembro. O colapso da Lehman Brothers começou dois dias depois, em 9 de setembro, quando ela perdeu 45% do seu valor. Foi em 10 setembro que ela anunciou a sua perda de quase quatro bilhões de dólares. No dia seguinte, suas ações tiveram uma queda vertiginosa.

* A Reserva Federal dos Estados Unidos equivale ao Banco Central no Brasil (N. do T.).

— 11 de Setembro.

— Foi o segundo colapso em 11 de Setembro, anunciado pelos sinos que dobravam pela morte da Lehman por toda a Wall Street e por Washington D.C. Então a Reserva Federal empreendeu uma série de ações e reuniões de emergência que culminariam na queda da Lehman Brothers, deflagrando a implosão da economia norte-americana e global. Foi também em 11 de Setembro que uma segunda queda atingiu a sua massa crítica e um segundo alarme soou quando o presidente da AIG alertou a Reserva Federal de Nova York de que sua empresa estava, do mesmo modo, correndo o risco crucial de entrar em colapso. Dois alarmes do colapso vindouro, ambos soaram em 11 de Setembro. Assim, enquanto a nação estava relembrando a calamidade do 11 de Setembro, uma segunda calamidade, uma calamidade que destruiria a esfera econômica, estava apenas começando.

— E o tempo que separou os dois eventos...

— Sete anos — disse o profeta. — Houve sete anos entre os dois.

— Sete anos — o período bíblico de tempo que diz respeito à esfera *financeira* e *econômica* de uma nação.

—— Sim — respondeu ele — e isso diz respeito ao julgamento daquelas duas esferas. Sete anos entre o primeiro e o segundo abalo. E o que acontece, Nouriel, no final dos sete anos?

— No final dos sete anos vem a remissão.

— *No final de cada sete anos, tereis uma liberação, uma remissão, o cancelamento das dívidas.* Então era uma remissão do que, exatamente? — ele perguntou.

— Do crédito e do débito — respondi.

— E todos esses colapsos têm a ver com o quê?

— Crédito e débito — respondi.

— Então o colapso de 2008 não apenas ocorreu no marco de sete anos após o 11 de Setembro, mas dizia respeito especificamente ao princípio da Shemitah. O colapso de Fannie Mae, Freddie Mac e da Lehman Brothers dizia respeito à questão do crédito e do débito. No caso dos dois primeiros, o governo interveio. Foi uma operação de emergência. As duas corporações foram liberadas dos seus débitos de mais de cinco trilhões de dólares.

— Uma remissão da dívida.

— A remissão da dívida — disse o profeta — seja ela temporária ou permanente, uma forma de Shemitah.

— E no caso da Lehman Brothers...?

— No caso da Lehman Brothers, a remissão assumiu uma forma diferente. O governo se recusou a entrar com uma operação de emergência e a corporação decretou falência. E ao decretar falência...

— As suas dívidas foram eliminadas e os seus empréstimos cancelados.

— Outra forma de Shemitah — disse ele — outra remissão da dívida.

— Então o colapso financeiro norte-americano e global foi deflagrado pela dinâmica da Shemitah...

— Sim, e não somente deflagrado por ele.

— O que você quer dizer? — perguntei.

— Os mercados de ações são edificados sobre os investimentos. O dinheiro é dado na presunção de que o investimento vá gerar um retorno. Nesse sentido, ele segue a forma externa de crédito e débito. Além disso, os investimentos vêm não apenas de indivíduos, mas também de instituições bancárias, cujos fundos representam empréstimos, crédito e débito.

— Mas no ano da Shemitah o crédito e o débito são anulados.

— Exatamente. A queda da Lehman Brothers deflagrou uma avalanche de colapsos financeiros de Wall Street à Ásia. Isto continuaria a causar a convulsão dos mercados de ações em todo o mundo por vários meses, mergulhando-os em profundidades cada vez maiores.

Enormes fortunas foram eliminadas da noite para o dia. A colisão violenta dos mercados de ações em todo o mundo significava que os fundos investidos haviam desaparecido e não seriam pagos de volta, pelo menos não em um futuro previsível. Tanto o crédito quanto o débito, trilhões de dólares em crédito e débito, foram, com efeito, cancelados. *Todo credor que fez um empréstimo ao seu vizinho o cancelará*... a Shemitah.

— Até que ponto no passado isso remonta — perguntei — o cancelamento da dívida na Shemitah?

— Até o fim da última Shemitah —respondeu ele — até a última remissão da dívida.

— Então a Shemitah cancelaria todas as dívidas dos sete anos anteriores?

— Sim.

— E quando o mercado de ações despencou, em setembro de 2008, quanto foi apagado em termos financeiros?

— Todos os ganhos dos últimos sete anos, e um pouco mais.

— E isso afetou o mundo inteiro.

— Isso afetou toda a economia global na forma de mercados em colapso, investimentos que desapareceram, operações de emergência pelo governo, falências de empresas e indivíduos e penhoras de bens... cada um dos quais era, em efeito, um cancelamento financeiro.

— Então, em cada caso, seja por falência, por ajuda, ou por contas que desaparecem, o fardo foi remido... liberado... cada um se tornava uma forma de Shemitah.

— Não apenas cada um — disse ele — mas todos... na íntegra. O colapso econômico global foi, em si, uma Shemitah colossal... composta de incontáveis menores.

— Até onde se estende esse círculo — perguntei — a todo sétimo ano no passado... e no futuro?

— Esse é um assunto para outro momento — disse ele. A questão agora é a Shemitah como um *sinal* de julgamento.

— Você falou sobre um dia específico em que as contas financeiras tinham de ser canceladas, quando o crédito e o débito precisavam ser anulados.

— O vigésimo nono dia de Elul, "o final de cada sete anos", o dia final e apoteótico da Shemitah, quando todos os empréstimos, créditos e débitos remanescentes tinham de ser cancelados.

— Então o vigésimo nono dia de Elul faz parte do mistério? — perguntei.

— Com a queda da Lehman Brothers, o mercado de ações mergulharia mais de 499 pontos. Durante as semanas que se seguiram, os mercados financeiros mundiais cambalearam violentamente com o impacto. Em resposta, o Congresso dos Estados Unidos trabalhou freneticamente para surgir com um plano para reverter a implosão. O resultado foi uma lei propondo a maior operação de emergência pelo governo da história dos Estados Unidos. Em uma reviravolta surpreendente que chocou a maioria dos observadores, a lei foi derrotada.

Naquela manhã, 29 de setembro, a Bolsa de Valores de Nova York começou a sua sessão com o que muitos viram como um aviso — o sino de abertura não tocava. Quando chegou ao mercado de ações a notícia de que o plano de salvamento fora derrotado, Wall Street despencou. Em um único dia ela mergulhou mais de setecentos pontos. Foi o dia que coroou a primeira fase do colapso global e, em termos de perda de pontos, o pior dia da história de Wall Street. Um analista financeiro resumiu o que aconteceu em 29 de setembro desta forma:

> Foi este acontecimento, mais do que qualquer coisa, que destruiu a confiança no mercado. Durante as duas semanas seguin-

tes, o índice Dow Jones caiu cerca de 2.700 pontos, um declínio de quase 25%... o dano havia sido feito.[6]

— Aquele foi o clímax da implosão global e a maior queda no mercado de ações em um único dia da história de Wall Street. Por que isso aconteceu? — ele perguntou. — Por que isso aconteceu exatamente naquele momento?

Não respondi. Ele fez uma pausa antes de revelar a resposta.

— A maior queda no mercado de ações em um único dia da história de Wall Street aconteceu *no vigésimo nono dia de Elul* — o dia crítico da coroação da Shemitah hebraica.

— Misericórdia! — exclamei. Era a única coisa que poderia ter saído de minha boca naquele instante.

— O dia em que as contas financeiras devem ser canceladas — disse ele.

— Quando o crédito e o débito são anulados — e tudo aconteceu no dia bíblico *exato* no qual estava ordenado que acontecesse.

— No dia bíblico exato especificamente ordenado para tocar a esfera financeira de uma nação.

— E o momento determinado... você disse que a Shemitah tem a chave para o mistério do momento determinado para o julgamento.

—Você verificou isso — Ana interrompeu — tudo que o profeta lhe disse... os fatos? Agora, havia uma instabilidade em sua voz.

— Sim — respondeu ele.

— E era tudo verdade? — ela perguntou.

— Era tudo verdade.

— É assustador — disse ela. — A maior queda da história de Wall Street e o colapso da economia global — toda a manifestação de um antigo mistério. É assustador.

— Eu lhe disse que seria.

— Você disse sim.

— E ainda há mais.

— Continue — disse ela.

— O profeta falou sobre o número sete. — A Shemitah — disse ele — gira em torno do número sete — é o *sétimo* ano. Ele começa e termina no mês de Tishri, o *sétimo* mês do ano bíblico. É um mistério de setes. Então, poderia haver uma marca deixada pela Shemitah... um sinal do mistério do número sete?

— Não estou entendendo — respondi.

— A maior queda de pontos do mercado de ações da história de Wall Street ocorreu no último dia que coroava a Shemitah. Naquela tarde, quando o sol se pôs, era o início de Tishri, o *sétimo* mês do ano hebraico. O que deflagrou a queda foi a rejeição à maior operação de emergência do governo da história norte-americana... uma soma de...

— ... *sete*centos bilhões de dólares — disse eu.

— E quanto do mercado de ações foi cancelado naquele dia?

— Diga-me.

— O que foi cancelado somava 7%. Quantos pontos somavam esses 7%? Quantos pontos foram cancelados nessa maior queda da história de Wall Street?

— Não sei — respondi.

— *Setecentos e setenta e sete* pontos foram cancelados naquele dia.[7]

— *Sete, sete, sete.*

— No último dia do sétimo ano.

— Você percebe — perguntei — quantas coisas tinham de estar no lugar para que isso acontecesse... para se chegar a esse resultado? Toda Wall Street, toda a economia norte-americana, toda a economia mundial, todas as transações, todas as ações compradas e vendidas, tudo... tudo tinha de estar na posição exata para que tudo acontecesse exatamente como aconteceu, na hora exata, e para chegar a esse número exato. Quem poderia ter orquestrado tudo isso?

— Deus — respondeu ele.

— Imagino que Ele seja o único que poderia ter feito isso.

— Tudo que eu lhe contei até agora, Nouriel, diz respeito ao *final* do Ano Sabático. Mas e quanto ao *início*? Aconteceu alguma coisa para sinalizar o início da Shemitah?

— Boa pergunta — disse eu. Era uma oportunidade rara de dizer algo assim para o profeta.

— Os anos que levaram à Shemitah foram gordos e prósperos. As compras, as vendas, os investimentos, o mercado de ações, o mercado imobiliário, os mercados de crédito — tudo estava explodindo em um enorme boom. Mas à medida que o Ano da Shemitah se aproximava, cada vez mais sinais de perigo econômico começaram a surgir. As instituições financeiras que sustentavam esses empréstimos e hipotecas agora estavam em crise. Mas o primeiro sinal definitivo do que ainda estava por vir aconteceu um ano antes do colapso econômico global. Aconteceu na Grã-Bretanha, mas como uma repercussão do fracasso do mercado imobiliário e do mercado de crédito norte-americano. Em princípios de setembro de 2007, a Northern Rock, o quinto maior credor hipotecário da Grã-Bretanha, entrou em colapso. Foi a primeira instituição britânica a sofrer uma corrida aos bancos em mais de um século. No final da crise, a Northern Rock seria nacionalizada.

— A remissão da dívida.

— Foi o primeiro colapso desse tipo na crise crescente do crédito e um prenúncio dos fracassos, dos colapsos e das intervenções que em breve assolariam a economia norte-americana e global.

— Uma primeira Shemitah.

— A queda da Northern Rock aconteceu em 13 de setembro de 2007. E 13 de setembro de 2007, no calendário hebraico, era o primeiro dia do mês de Tishri. O primeiro dia do mês de Tishri é o dia que *inicia o Ano da Shemitah*. Então o primeiro sinal maior da Shemitah ocorreu no dia exato em que a Shemitah tem início.

— Então, o dia da queda da Northern Rock e o dia da maior queda do mercado de ações da História deveriam marcar o início e o fim da Shemitah bíblica.

— E isso realmente acontece — diz o profeta.

— O início e o fim exatos?

— O início e o fim exatos.

— E o que aconteceu nesse meio-tempo?

— Em menos de um mês depois do começo da Shemitah, o mercado de ações, que, durante os diversos anos anteriores, esteve em ascensão, reverte o seu ímpeto. Por volta de princípios de outubro, a sua longa ascensão chega ao fim. Ele começa a cair. À medida que o Ano da Shemitah avança, o mercado de ações continua a sua descida, uma queda em câmara lenta. Bilhões e bilhões de dólares são eliminados.

— A remissão do crédito e do débito.

— Com o estrangulamento dos mercados de crédito e os preços dos imóveis que despencaram, números cada vez mais crescentes de proprietários de imóveis se encontram impossibilitados de efetuar o pagamento de suas hipotecas. Um número cada vez maior deles começa a entrar em inadimplência no pagamento de suas hipotecas e a sofrer penhoras.

— O cancelamento dos empréstimos, outra forma de cancelar o débito e o crédito.

— E à medida que eles se tornam inadimplentes, as firmas que estão por trás dessas hipotecas agora passam a absorver prejuízos cada vez maiores.

— Cada credor precisa liberar a sua dívida.

— E assim a economia continua a se deteriorar enquanto a absorção dos prejuízos deflagra ainda mais crises. As ondas de choque reverberam por todo o mundo financeiro enquanto algumas das instituições credoras mais poderosas da nação começam a falir. Outras são afiançadas ou têm seus direitos comprados por meio de intervenção do governo; outras ainda decretam falência. Cada fracasso, cada remissão, cada Shemitah deflagra a seguinte e a seguinte enquanto a economia global continua a desintegrar-se. Então, em fins de agosto, princípio de setembro, à medida que o ano da Shemitah entra em sua última e culminante fase, o mesmo acontece com a crise financeira.

— Com o colapso das instituições Fannie Mae e Freddie Mac.

— Sim — disse ele — e depois da Lehman Brothers, e depois da economia global — tudo chegando ao clímax em 29 de setembro de 2008, o último e culminante dia da Shemitah.

— Tudo seguindo o antigo padrão.

— Por falar no antigo padrão, Nouriel, leia para mim o que você anotou.

Peguei meu bloco de notas e comecei a ler as palavras que ele havia ditado:

> O efeito e as repercussões da Shemitah se estendem para a esfera financeira, para a esfera econômica, e para as esferas do trabalho, do emprego, da produção, do consumo e do comércio.

— Assim — disse o profeta — a crise global começou na esfera financeira, mas não parou ali. Não demorou muito para que praticamente todos os indicadores econômicos e todos os principais setores da economia fossem afetados. A crise se espalhou rapidamente pelas esferas do trabalho, do comércio, da produção e do consumo. Continue.

No curso do sétimo ano, a produção da nação diminui drasticamente enquanto os seus campos e vinhas ficam em repouso.

— Então a crise — disse ele — faz com que a produção industrial sofra um declínio e, em alguns casos, cesse completamente à medida que a demanda cessa. As corporações fazem cortes de funcionários, as fábricas diminuem os produtos, os negócios fecham as portas.

O trabalho da nação é grandemente reduzido ou cessa.

— Então a crise destrói a força de trabalho, os trabalhadores são dispensados, o desemprego sobe a um nível estratosférico.

Os seus campos tornam-se, em parte, propriedade de todos.

— Então as corporações privadas cada vez mais têm os seus direitos comprados, são afiançadas e nacionalizadas, ou se tornam cada vez mais sujeitas à esfera pública.

A compra e a venda do produto da terra são restringidas.

— Então o comércio e o consumo sofrem um declínio gigantesco. Os consumidores cortam os gastos e os vendedores ficam mais desesperados para encontrar maneiras de restaurar suas vendas.

Os frutos do trabalho são abandonados.

— As mercadorias ficam intocadas nas lojas e se amontoam nos depósitos. As nações que dependem mais do comércio de exportação agora sofrem intensos danos econômicos.

O crédito é cancelado e o débito é anulado.

— E assim — disse ele — todo o colapso global é uma manifestação do antigo mistério da Shemitah.

— Tenho uma pergunta.

— Faça.

— A queda do mercado de ações aconteceu no vigésimo nono dia de Elul, no último dia do sétimo ano. Desse modo, aquele dia foi o *fim* de um ciclo de sete anos hebraicos.

— Correto — disse ele.

— Então tem de haver outra parte do mistério. Aquela que acontece no 29.° dia de Elul seria a *conclusão* de algo que começou sete anos antes.

— E...?

— Portanto, deve haver algo que ocorreu sete anos antes da queda, algo ligado a isso... algo que levou a isso... algo que inaugurou o ciclo de sete anos.

— Então, Nouriel, como você poderia descobrir se existe esse algo?

— Você teria de contar sete anos para trás a partir da queda.

— O que nos levaria a quê?

— Ao ano de 2001... a setembro... de 2001... o mês do...

— O mês do 11 de Setembro — disse ele, completando meu pensamento.

— Então o ciclo de sete anos que chega à sua conclusão no colapso global teria de ter começado em algum momento por volta da época do 11 de Setembro. Estaria ligado ao Efeito Isaías 9:10. Foi o 11 de Setembro e a resposta da nação ao 11 de Setembro que levaram ao colapso econômico sete anos depois.

— Bom, Nouriel... mas você estava procurando um acontecimento da Shemitah. Teria de ser um evento maior transpirando na esfera *econômica*.

— E... esse acontecimento existiu? — perguntei.

— Existiu — respondeu ele.

— Qual foi ele?

— Aconteceu em uma segunda-feira, 17 de setembro de 2001. Aconteceu na esfera econômica, e corresponderia... e prenunciaria o que aconteceria sete anos depois.

— E foi...

— Foi a maior queda de pontos do mercado de ações da história de Wall Street até aquele dia. O recorde permaneceria intacto por sete anos, até a queda de 2008.[8] Tome nota, Nouriel, do que temos.

— O que temos? — perguntei.

— Um período de sete anos que começa com uma queda do mercado de ações e termina com uma segunda queda do mercado de ações. Temos um período de sete anos determinado pelas duas maiores quedas do mercado de ações da história de Wall Street até aquele momento.

— Um ciclo de sete anos começando e terminando com duas enormes remissões de crédito e débito.

— Que é o quê?

— A Shemitah — respondi.

— Correto.

— Acontece no mesmo tempo do primeiro e do segundo abalo.

— E o mistério vai ainda mais fundo — disse ele. — O que você acha que foi, Nouriel, que fez o mercado de ações despencar em 17 de setembro de 2001?

— O quê? — perguntei.

— Foi o 11 de Setembro. Foi o 11 de Setembro que fez com que a Bolsa de Valores de Nova York fechasse por seis dias e depois, quando ela reabriu na segunda-feira seguinte, sofresse o maior prejuízo da sua história até aquele dia. A queda de 17 de setembro de 2001 foi a repercussão do 11 de Setembro...

— Assim como a queda de 2008 também foi a repercussão do 11 de Setembro... a repercussão prolongada... O Efeito Isaías 9:10. Então cada uma foi um abalo secundário do 11 de Setembro — dois abalos — *e aí vem um segundo.*

— E os dois eventos estavam inextricavelmente ligados, com sete anos de distância. Isto também vai ainda mais fundo. O ano bíblico não se baseia no calendário gregoriano ocidental, mas no calendário lunar hebraico. Então o ciclo de sete anos da Shemitah tem de se fundamentar não no ano ocidental, mas no ano bíblico hebraico. Então, independentemente de qual seja a data no calendário ocidental, a Shemitah sempre terminará no 29.° dia de Elul no calendário hebraico, que, no ano 2008 caiu em 29 de setembro, o dia da queda. Mas nos outros anos, o mesmo dia do calendário bíblico cairia em uma data diferente no calendário ocidental.

— E...?

— Então o que acontece se voltarmos sete anos a partir da maior queda do mercado de ações da História, se voltarmos à outra maior queda do mercado de ações da História, a queda de 2001, a que foi deflagrada diretamente pelo 11 de Setembro. Em que dia caiu *essa data no calendário bíblico hebraico?*

— Diga-me...

— *No 29.° dia de Elul.* Tudo aconteceu no 29.° dia de Elul... *exatamente no mesmo dia...* o dia do calendário bíblico ordenado desde os tempos antigos para ocasionar o cancelamento do crédito e do débito.

— Misericórdia — disse eu — as duas datas?

— As duas — respondeu ele.

Ana agora parecia visivelmente abalada, visivelmente pálida. Nouriel fez uma pausa no seu relato para perceber a reação dela.

— O que foi? — ele perguntou.

— É assustador — respondeu ela. — As duas maiores quedas do mercado de ações de que se tem notícia, *ambas* ocorreram exatamente no mesmo dia bíblico, separadas exatamente pelo mesmo período ordenado na Bíblia, sete anos passados, ambas ocorrendo exatamente no dia indicado para o cancelamento do crédito e do débito. Absolutamente impressionante!

Ela fez uma pausa para organizar os pensamentos.

— E ninguém viu isso? — perguntou ela.

— Aparentemente não.

— Você estava certo, Nouriel.

— O que você quer dizer?

— Quando você entrou em meu escritório pela primeira vez e começou a me falar sobre esse antigo mistério que deveria explicar tudo, desde o 11 de Setembro até Wall Street... até a economia global... até a minha conta bancária... eu realmente pensei que você estava louco.

— Eu sei.

— Quero dizer *realmente* louco... *clinicamente* louco.

— Como você poderia não pensar?

— Eu não tinha ideia sobre nada disso... Você ouviria algo assim nos filmes... ou em novelas sobre o sobrenatural, mas não na vida real... Eu nunca, jamais, poderia ter imaginado... isso.

— E como poderia? Não havia como imaginar algo assim.

— Aceite o meu pedido de desculpas, Nouriel.

— Não há necessidade. Se eu estivesse no seu lugar, teria pensado a mesma coisa.

— É tudo tão incompreensível....

— Eu sei.

— 17 de setembro...

— O que tem a ver...

— Aconteceu antes — disse ela — não foi?

— Sim.

— Por que aconteceu antes?

— O Efeito Isaías 9:10.

— Foi isso... as taxas de juros... 17 de setembro foi o dia em que a Reserva Federal reduziu as taxas de juros.

— Isso mesmo. Foi o início da supressão extrema das taxas de juros no pós 11 de Setembro... O primeiro ato concreto de desafio diante do 11 de Setembro... e aquilo que levaria ao colapso econômico sete anos depois.

— Deste modo — disse ela —isso significa que o Efeito Isaías 9:10 teve início no dia da Shemitah.

— Significa isso — respondeu ele — não é mesmo?

— E, portanto — disse ela — isso significa que no dia da primeira queda do mercado de ações, em 2001, foram plantadas as sementes da segunda queda.

— E isso faria sentido — disse ele.

— Por que faria sentido?

— Porque uma Shemitah leva à outra, e a primeira calamidade leva à segunda.

— Agora *eu* tenho uma pergunta para *você*, Nouriel.

— Faça-a.

— O 29.° dia de Elul acontece uma vez ao ano. Certo?

— Sim.

— Mas só há *um* 29 de Elul que pode encerrar o ciclo de sete anos. Só *um* poderia ser o verdadeiro dia da remissão, aquele que só acontece uma vez a cada *sete anos*. Então, em que dia 29 de Elul a queda do mercado de ações de 2008 ocorreu?

— Fiz a mesma pergunta ao profeta.

— E o que ele disse?

— Sim.

— Sim?

— Foi *naquele* dia. A queda de 2008 ocorreu naquele exato 29.º dia de Elul que acontece a cada sete anos — no dia exato que acontece uma vez a cada sete anos.

— Incrível!

— E você percebe o que isso significa?

— O quê? — ela perguntou.

— Significa que a outra queda, aquela que aconteceu sete anos antes, a que foi deflagrada pelo 11 de Setembro, a outra maior queda do mercado de ações da História também ocorreu naquele exato vigésimo nono dia de Elul... que só acontece a cada sete anos.

— Então as duas maiores quedas do mercado de ações de Wall Street não apenas aconteceram no mesmo dia no calendário bíblico, e no único dia do ano bíblico ordenado para cancelar o crédito e o débito, como também cada uma caiu com sete anos de distância exatamente na ocorrência daquele dia hebraico que acontece uma vez em cada sete anos. Isto é além do extraordinário...

— E, no entanto, é real.

— E o que mais o profeta lhe disse?

Perguntei a ele se a Shemitah bíblica ainda era observada.

— Sim — disse ele — na forma de um ritual.

— Então o ritual da Shemitah estava acontecendo no dia da queda? — perguntei.

— Estava — ele respondeu. — Enquanto os religiosos judeus estavam observando a conclusão da Shemitah, encerrando o sétimo ano com atos rituais, simbolicamente cancelando os seus créditos e débitos, no mesmo dia a forma de uma Shemitah mais misteriosa estava operando, fazendo com que Wall Street despencasse e que somas astronômicas de crédito e débito fossem eliminadas... não simbolicamente... mas na realidade.

— Mas o mistério da Shemitah não poderia ser manifestado se o 11 de Setembro nunca tivesse acontecido... e exatamente quando aconteceu... naquele momento exato. Sem o 11 de Setembro, o mercado de ações nunca teria despencado no vigésimo nono dia de Elul. Então o 11 de Setembro tinha de estar interligado ao mistério da Shemitah.

— Tinha de estar —respondeu ele — e estava.

— E para que a queda de 2008 tivesse acontecido sete anos depois, exatamente sete anos bíblicos depois... daquele dia, todos os acontecimentos-chave desde a queda da Lehman Brothers até o voto na Colina do Capitólio, até os atos da Reserva Federal, até a totalidade de crise global — até cada outro acontecimento que afetou a esfera econômica desde os políticos à guerra e à cultura — cada evento tinha também de ser uma parte do mesmo antigo mistério.

— Eles tinham de ser parte dele — respondeu ele — como foram.

— É...

Não consegui completar o pensamento. Eu não conseguia pensar em nenhuma palavra que pudesse descrever o que era. Exatamente naquela altura, o vento aumentou novamente de intensidade, varrendo rapidamente os campos e estendendo a pausa da nossa conversa.

— E mais uma coisa... mais uma coisa a ser observada — disse ele, virando-se para olhar diretamente nos meus olhos. — A palavra hebraica *Shemitah* tem outro significado.

— Que é...

— *A queda* ou *deixar cair.*

— Como em um colapso?

— Como em um colapso. Então você poderia traduzir Shemitah por *O Ano da Queda* ou *O Ano de se Deixar Cair.*

— E esse é o mistério por trás do que aconteceu, não é?

— Sim... por trás de tudo... da queda do mercado de ações... da queda do mercado imobiliário e do mercado de crédito... da queda do comércio e dos negócios — tudo caiu. Cada falência, cada penhora, cada fracasso financeiro, cada mergulho de cada indicador econômico importante, o próprio colapso global — tudo foi uma queda. E todo o colapso global começou com a queda da Lehman Brothers.

— Que não foi apenas uma queda — disse eu — foi um *deixar cair*. A Reserva Federal decidiu *deixar cair*.

— Sim.

— Então todo o colapso global começou com o governo norte-americano executando um ato de Shemitah.

— E vai mais fundo ainda.

— Como?

— Mão humana alguma poderia ter orquestrado as inúmeras ações, reações e transações necessárias para fazer com que a Wall Street e a economia global despencassem e que tudo acontecesse exatamente como aconteceu, no momento exato ordenado no antigo mistério.

— E pela mão de...

— ... Deus — disse o profeta. — Era a Shemitah dele. Foi o *deixar cair* dele.

— Ele deixou cair...

— ... A ordem mundial econômica norte-americana. Com o colapso da economia global, novos desafios ao poder e à liderança norte-americanos seriam desatados — um prenúncio do fim definitivo da ordem global dirigida pelos Estados Unidos.

— E foi tudo deflagrado pelo 11 de Setembro — disse eu.

— E foi tudo uma mensagem profética — respondeu ele — assim como aconteceu nos dias do profeta Jeremias enquanto ele contemplava uma terra devastada, destituída de seus frutos e colheitas, enquanto ele compreendia a fundo o sinal da Shemitah, o sinal dado à nação que havia se esquecido das suas bases, colocado a sua confiança nos seus poderes e na sua prosperidade, e expulsado Deus da sua vida.

— E agora ele aparece outra vez.

— Como um sinal a outra nação que do mesmo modo expulsou Deus de sua vida, um sinal para advertir essa nação de que fora da Sua presença, as Suas bênçãos devem se transformar em maldições e a sua prosperidade deve se tornar o seu julgamento.

Paramos de falar e simplesmente ficamos ali... observando o vento varrendo os campos. Deve ter se passado bem uns dois minutos antes que o silêncio fosse quebrado... pelo profeta... com uma pergunta.

— Você está pronto, Nouriel?

— Pronto?

— Para o próximo mistério?

— Não sei. Ainda estou tentando absorver este. É muita coisa para digerir.

— Sim.

Então devolvi-o a ele, e ele, por sua vez, me entregou outro.

— Você tem certeza de que quer me dar este? — perguntei.

— Por quê?

— É o pergaminho.

— Sim, é.

— Você já me deu este... duas vezes antes.

— E agora uma terceira.

— É a Profecia... Isaías 9:10 — eu disse. — Então o que devo ver nela que eu ainda não tenha visto?

— Nada — disse ele.

— O que você quer dizer?
— Não está no selo; está no ato de dar.
— Não entendo.
— Quantas vezes eu o dei a você agora?
— Três vezes.
— Então aí vem uma terceira.
— Uma terceira o quê?
— Uma terceira testemunha.

Capítulo 18

A Terceira Testemunha

ת א

— A terceira testemunha... Foi tudo o que ele me disse.

— Então não houve outra pista? — ela perguntou.

— Não.

— E esse foi o final do encontro?

— Sim. Andei de volta por entre os talos de trigo até o meu carro. O profeta ficou ali... no meio dos campos. Na metade do caminho, virei-me. Ele ainda estava ali em pé na distância... como quando eu o vi pela primeira vez.

— Você precisa de uma carona? — gritei para ele.

— Para onde? — ele respondeu.

— Não sei... Talvez até o lugar do nosso próximo encontro.

— Mas então não poderíamos nos encontrar ali — respondeu ele.

Cheguei ao carro e virei-me novamente. Ele ainda estava lá. Comecei a me afastar. Olhei para trás mais uma vez... apenas alguns segundos se passaram... e ele havia desaparecido.

— Então você realmente não tinha muita coisa para prosseguir dessa vez.

— Não, uma pista mínima e um selo que eu já havia recebido duas vezes antes. E eu também não pensava nisso, em princípio. Eu ainda estava absorto no mistério que acabara de me ser mostrado, tentando digerir tudo aquilo. Eu já estava dirigindo havia uma hora quando comecei a refletir no selo seguinte e no significado dele.

— Mas não entendo — disse ela. Como você poderia encontrar mais alguma coisa? Ele já havia lhe sido revelado duas vezes. O que mais ele poderia significar? E como você poderia entendê-lo?

— Esta era a parte difícil. O selo era referente ao Nono Presságio, com o pergaminho representando a Profecia... o voto... como quando foi proclamado na Colina do Capitólio. Na segunda vez que ele me foi dado, ele ainda tinha a ver com o voto, mas agora com as repercussões desse voto, o Efeito Isaías 9:10.

— Então o que ele significaria ao ser lhe dado pela terceira vez? — ela perguntou.

— Fora o selo em si, eu tinha apenas uma pista.

— A terceira testemunha.

— Sim... mas isso era tudo que eu precisava.

— Como?

— As duas primeiras testemunhas já haviam sido reveladas.

— E isso bastava para você saber aonde ir?

— O selo estava ligado a um lugar. Onde cada testemunha recitou o voto?

— Na capital.

— Exatamente... e justamente quando me dei conta disso, passei por uma placa.

— Para Washington?

— Sim.

— E você interpretou a placa... como um *sinal*?

— Como eu poderia não interpretar a placa como um sinal?

— Agora você está falando como o profeta.

— Minha jornada mudou. Tomei aquela direção e me dirigi para Washington, e, especificamente, para a Colina do Capitólio. Eram algumas horas de viagem. Quando cheguei, era fim de tarde, começo de noite. Andei até o prédio do Capitólio, até os mesmos degraus onde o profeta havia revelado o Nono Presságio.

— E o que aconteceu?

— O que aconteceu? O que aconteceu foi que ele estava lá! Ele já estava lá!

— Mas quando você entrou no carro, ele ainda estava no campo.

— Sim, e não havia nenhum veículo à vista, além do meu carro, no entanto, ele estava lá antes de mim... esperando.

— Você alguma vez perguntou a ele como ele fez aquilo? — ela perguntou.

— Não. Para mim, era suficiente tentar entender os mistérios. Querer entender o profeta além de tudo isso teria sido demais. Então ele estava em pé ali no terraço no meio dos degraus, que davam para o Washington Mall. O sol acabara de se pôr ou estava para se pôr. O vento soprava tão forte como antes, durante o dia. Subi os degraus e juntei-me a ele no terraço.

— Você fez bem em chegar aqui tão depressa — disse ele, enquanto eu me aproximava.

— Mas ainda assim você chegou antes de mim.

— Você se lembra de quando viemos aqui na primeira vez?

— É claro — respondi. — Foi quando você me falou sobre o Nono Presságio.

— O Nono Presságio — Isaías 9:10 em forma de profecia. Aqui a profecia foi proclamada no dia seguinte ao 11 de Setembro. Aqui a nação proferiu o voto de emergir mais forte do que antes. Sete anos depois, o voto seria arruinado.

— Com o colapso da economia.

— Sim — disse ele. — E que acontecimento, mais do que qualquer outro, ocasionaria esse colapso?

— A queda da Lehman Brothers.

— E que decisão foi mais crucial para ocasionar essa queda?

— A decisão do governo norte-americano de deixar a Lehman Brothers cair.

— E quando essa decisão foi anunciada?

— Não sei.

— Aconteceu no primeiro dia das reuniões de emergência na cidade de Nova York, quando o Secretário do Tesouro informou aos líderes de Wall Street que o governo havia decidido não salvar a empresa doente. Ele deixaria a Lehman Brothers cair. Esta foi a decisão mais funesta na deflagração do colapso da economia norte-americana e global. A decisão foi anunciada e selada na sexta-feira antes da queda... 12 de setembro.

— 12 de setembro — disse eu. — Este foi o mesmo dia...

— O mesmo dia em que a profecia foi proclamada nesta colina. Sete anos depois da proclamação do voto até o anúncio da decisão que causaria o colapso da sua economia — até esse dia.

— Então o colapso econômico foi deflagrado no sétimo aniversário da proclamação do antigo voto.

— Assim como nos tempos antigos, o mesmo voto finalmente levaria ao colapso da antiga Israel.

— Um voto muito perigoso.

— Nouriel, você se lembra do requisito bíblico das testemunhas? — ele perguntou.

— Para que uma verdade seja estabelecida — respondi — ou um julgamento seja pronunciado, deve haver duas testemunhas.

— Sim, mas outro número também é mencionado nas Escrituras:

> Pelo depoimento de duas ou *três* testemunhas, se estabelecerá o fato.[1]

> Pelo depoimento de duas ou *três* testemunhas, toda palavra se estabeleça.[2]

— O mesmo acontece na questão do juízo de uma nação. A primeira testemunha aparece no dia seguinte à calamidade para proclamar a antiga profecia nesta colina. A segunda testemunha aparece três anos depois para fazer um discurso centralizado inteiramente em torno da mesma antiga profecia. Cada uma ligaria o 11 de Setembro a Isaías 9:10, os Estados Unidos à antiga Israel. E cada uma prometeria: *Tornaremos a edificar*.

— Cada uma delas inconscientemente pronuncia juízo sobre os Estados Unidos. Assim, duas testemunhas haviam falado.

— Mas as Escrituras falam de uma terceira...

— Então poderia haver uma terceira testemunha... uma terceira testemunha para confirmar a relação da antiga profecia com o 11 de Setembro... mas agora também com o colapso econômico... uma terceira testemunha como um sinal de que o rumo do julgamento subjacente não havia parado mas que ele progredira para uma nova fase? Poderia haver uma terceira testemunha para falar em um nível ainda mais alto e em uma escala ainda maior?

— Mais alto que o líder majoritário do Senado? — perguntei.

— Você sabe onde estamos?

— Na Colina do Capitólio.

— Não, bem aqui... neste terraço.

— Não — respondi.

— Este é o lugar onde os presidentes são empossados no seu cargo.

— Este é o lugar da posse oficial?

— A posse oficial — um evento cheio de esperança e expectativa. Mas no caso de uma nação que está se afastando de Deus e se dirigindo para o juízo, a esperança só pode vir com arrependimento. Sem uma mudança de rumo, o fim precisa permanecer o mesmo, e todas as outras esperanças devem fracassar.

— A terceira testemunha é...

— A terceira testemunha é o presidente dos Estados Unidos.

— Como? — perguntei.

— É noite — disse ele. Em 24 de fevereiro de 2009, o novo presidente vem até esta colina um mês depois da sua posse oficial. Ele entra na câmara do Congresso, caminha da galeria ao pódio, e é cumprimentado com fortes aplausos. A economia da nação ainda está em queda livre, e uma sensação palpável de mau presságio paira sobre o futuro. Antes mesmo que ele pronuncie a sua primeira palavra, o discurso está sendo saudado como as palavras mais importantes da sua recente presidência. Esta será a primeira vez que ele se levantará como presidente para se dirigir a uma sessão conjunta do Congresso e à nação... e o seu momento de dar aos Estados Unidos uma resposta para a sua maior crise desde o 11 de Setembro. A câmara se aquieta... ele começa:

> Sra. Presidente da Câmara, Sr. Vice-Presidente, Membros do Congresso e a Primeira Dama dos Estados Unidos: Vim aqui esta noite não apenas para me dirigir aos distintos homens e mulheres desta grande câmara, mas para falar franca e diretamente aos homens e mulheres que nos enviaram para cá. Sei que para muitos norte-americanos que estão nos assistindo agora, o estado da nossa economia é uma preocupação que se eleva acima de todas as demais.[3]

— Depois de preparar o terreno e de reconhecer a magnitude da crise, o discurso muda:

> Mas embora a nossa economia possa estar enfraquecida e a nossa confiança abalada; embora estejamos passando por tempos difíceis e incertos, esta noite *quero que todos os norte-americanos saibam disto* — *TORNAREMOS A EDIFICAR.*[4]

— É o voto — disse eu. — É Isaías 9:10!

— E observe a estranheza disto, Nouriel, a peculiaridade do aparecimento dessa afirmação neste contexto. *Tornaremos a edificar* foi o que foi declarado no dia seguinte ao 11 de Setembro. Mas em meio a uma crise econômica, esta dificilmente seria a coisa mais natural ou mais adequada a se dizer — exceto pelo fato de que tudo se encaixa no mistério mais profundo... onde as duas calamidades estão sendo ligadas.

— E o presidente não fazia ideia de que estava proferindo a declaração central de Isaías 9:10?

— A primeira e a segunda testemunha tinham alguma ideia do que estavam dizendo?

— Não, disse eu — mas eles sabiam que citavam palavras das Escrituras.

— Ainda assim eles não faziam ideia do que elas significavam. No caso do presidente, ele não fazia ideia de que citava palavras de lugar algum. E de fato não estava citando algo propositalmente... ele estava apenas procurando inspirar a nação. Ainda assim, da sua boca saiu a declaração central do antigo voto. O fato de ele ter proclamado as mesmas palavras sem sequer ter uma citação em que se basear é ainda mais impressionante.

— Tudo simplesmente aconteceu por acaso — respondi — como tudo o mais.

— Isso aconteceu porque precisava acontecer... de uma maneira ou de outra. As palavras tinham de se manifestar, um elo a mais no mistério, dando testemunho de que o que começou com o 11 de Setembro não havia terminado, mas ainda estava em vigor... e progredindo.

Agora estava escuro enquanto conversávamos no terraço. Os monumentos do Washington Mall estavam iluminados com luzes brancas, amarelas e laranjas, assim como o próprio prédio do Capitólio.

O profeta continuou:

— As palavras *tornaremos a edificar* também haviam se manifestado no discurso que declarou Guerra ao Terror, o discurso feito pelo ex-presidente. Mas nesse caso, a frase estava limitada e dirigia-se especificamente à reconstrução de Nova York. Mas agora as palavras seriam proferidas sem nada para limitá-las ou qualificá-las — simplesmente *TORNAREMOS A EDIFICAR*. Agora, um presidente norte-americano proclamaria a declaração central do voto funesto de Israel como a declaração central de todo o seu discurso.

— Mas sem nada para qualificá-las — perguntei — como três palavras poderiam estar ligadas especificamente a Isaías 9:10?

— Boa pergunta — respondeu ele. — Imagine este experimento: antes do discurso do presidente, você digita estas três palavras em quase todas as principais ferramentas de busca na internet... *Tornaremos a edificar*... somente estas três palavras, e nada mais. O que aconteceria? A ferramenta de busca o levaria à antiga profecia. Este versículo específico aparecia, muito provavelmente, nas primeiras páginas de resultados, se não na primeira página. É assim que estas três palavras estão ligadas especificamente à antiga profecia. Mas agora é a noite do discurso. Você repete o experimento e digita as mesmas três palavras, mas agora, em vez de levá-lo ao antigo voto, a ferramenta o leva às palavras do presidente norte-americano. À medida que a noite avança, você repete o experimento. Cada vez que faz isso, você testemunha o voto do presidente progressivamente empurrando o antigo voto para cada vez mais longe do topo da lista, ou, em outras palavras, o voto do presidente norte-americano agora toma o lugar do antigo voto.

— Então o mistério agora estava aparecendo na Web mundial.

— Diante de uma audiência global; através da televisão, do rádio, da imprensa e da Internet; através do presidente dos Estados Unidos aos ouvidos da nação e de muitas partes do mundo. E assim como aconteceu com as duas primeiras testemunhas, o voto mais uma vez se manifestaria como o clímax do discurso onde ele apareceu.

— Como — perguntei — sem ter aparecido no final do discurso?

— Onde ele apareceu no discurso foi irrelevante. O discurso do presidente foi gravado pelos recursos da mídia de todo o mundo. Cada um teve de escolher uma frase para servir como um resumo e manchete. Entre os milhares de palavras contidas nesse discurso, as palavras escolhidas com mais frequência para representá-lo e resumi-lo foram as palavras do antigo voto:

- CBS News:
  "Obama diz: *Tornaremos a edificar.*"

- CNN:
  "Obama diz: *Tornaremos a edificar.*"

- MSNBC:
  "Obama hoje à noite: *Tornaremos a edificar.*"

- The Guardian:
  "Obama diz: *Tornaremos a edificar.*"

- National Public Radio:
  "Obama promete: *Tornaremos a edificar.*"

- Times Online:
  "Obama diz aos Estados Unidos da América: *Tornaremos a edificar.*"

- Fox News:
  "Obama diz: *O País Será Reconstruído.*"

- Al Jazeera:
  "Obama promete: Os Estados Unidos *vão reconstruir*."

- Drudge Report:
  "Obama diz: *Os Estados Unidos Vão Reconstruir*."

- Associated Press:
  "Obama: *Tornaremos a Edificar*."

- New York Times:
  "Obama promete: *Tornaremos a edificar*."

- Isaías 9:10:
  "Tornaremos a edificar".

— Do *New York Times* à *Al Jazeera* — eu disse — todos eles escolheram a declaração central de Isaías 9:10... sem que ninguém fizesse ideia disso.

— Assim como aquele que proclamou essas palavras não fazia a mínima ideia. O mesmo princípio que fez com que os Presságios se manifestassem, agora estava operando através da mídia global. E observe algo mais, Nouriel. O presidente não disse apenas *Tornaremos a edificar*. Ele fez um prefácio a essas palavras dizendo:

> *Quero que todos os norte-americanos saibam disto:* Tornaremos a edificar.[5]

— Isto lhe soa familiar?

— É o endereço profético, aquele que vem antes de um pronunciamento profético, para identificar a pessoa ou o povo a quem ele está sendo enviado. Então a palavra agora estava sendo enviada a *todos os norte-americanos*.

— Correto — ele respondeu. — A antiga profecia foi dirigida ao povo de Israel:

"... Todo o povo o saberá..."[6]

— Então, agora, o presidente dos Estados Unidos está *reendereçando* a profecia. Agora ela está sendo dada para que *todos os norte-americanos saibam*. E como aconteceu com as outras testemunhas, ele também, claramente, deu ênfase que *"nós" tornaremos a edificar.* O presidente está declarando um voto de confiança de *cada norte-americano.*

— E ao fazer isto, o presidente está, de fato, identificando os Estados Unidos como uma nação estranha a Deus, que desafia a Sua vontade, e caminhando em direção ao julgamento.

— Sim — disse o profeta, igual às duas primeiras testemunhas. Para que a verdade ou um julgamento seja estabelecido, deve haver duas ou três testemunhas, e o testemunho de cada uma precisa ser compatível com o das outras. Com este fim, o presidente acrescentou uma segunda linha a este voto:

Vamos reconstruir, vamos nos recuperar.[7]

— Por que isto nos soa familiar? — perguntei.

— No dia seguinte ao 11 de Setembro, quando o antigo voto foi proclamado pela primeira vez na Colina do Capitólio, o líder majoritário do Senado selou o voto e o seu discurso com estas palavras:

Vamos reconstruir e vamos nos recuperar.[8]

— Então o presidente estava repetindo as palavras ditas na Colina do Capitólio — eu disse — no dia seguinte ao 11 de Setembro. Mas ele não podia ter feito isso propositalmente.

— Não — disse o profeta — não propositalmente... mas inconscientemente, como aconteceu com tudo o mais. E observe... quando o líder majoritário do Senado proclamou essas duas declarações, as palavras não estavam apenas sendo ligadas ao ataque, mas claramente a Isaías 9:10. E agora o presidente pronuncia as mesmas palavras, mas agora para falar sobre o colapso econômico. Assim, a mesma declaração proferida sobre o primeiro abalo agora é feita a respeito do segundo. Os dois eventos são ligados mais uma vez, e tudo isso é ligado por Isaías 9:10.

— E ambos fizeram as suas proclamações no mesmo lugar.

— Sim — disse ele — as testemunhas são ligadas não apenas pelo seu testemunho, mas também pelo lugar onde elas dão o seu testemunho. Cada uma das três testemunhas proclama o voto na capital da cidade. A primeira e a terceira testemunha proclamam o voto não apenas na mesma cidade, mas também na mesma colina.

— Exatamente no mesmo prédio.

— E um prédio dividido em dois... em duas alas... duas câmaras... o Senador e o Congresso, as duas assembleias legislativas de mais alta posição da nação... cada uma das quais deve confirmar uma lei ou proclamação para que ela seja aprovada... como acontece com as duas testemunhas. E assim o antigo voto é proclamado, primeiro no solo do Senado no dia seguinte ao 11 de Setembro, e depois no solo do Congresso... primeiro na ala norte e depois na ala sul, uma vez em cada ala... uma vez em cada câmara... duas testemunhas.

— E o presidente disse alguma coisa mais que estivesse relacionada a Isaías 9:10?

— Sim, a Isaías 9:10 e aos Comentários. Quando os líderes da antiga Israel declararam: *Os tijolos ruíram por terra, mas tornaremos a edificar*, o que eles estavam dizendo?

— Diga-me.

— Eles estavam dizendo que tijolos caídos não decidiriam o futuro deles, a crise não determinaria o destino da nação deles — *eles próprios* fariam isso. Um Comentário Bíblico diz:

> A resposta arrogante demonstra o quanto o povo de Israel era obstinado e superconfiante. *Eles pensavam que podiam determinar o seu próprio destino.*[9]

— Então, após declarar *Tornaremos a edificar*, o presidente fez outra declaração:

> O peso desta crise *não determinará o destino desta nação.*[10]

— Isto é o mesmo que dizer *os tijolos ruíram por terra, mas tornaremos a edificar*, traduzido em uma terminologia politicamente moderna.

— E o que ele disse que *iria* determinar o destino da nação? — perguntei.

— Os Estados Unidos seriam a sua própria resposta:

> As respostas aos nossos problemas não estão além do nosso alcance. Elas existem nos nossos laboratórios e universidades; nos nossos campos e nas nossas fábricas; na imaginação dos nossos empreendedores e no orgulho do povo mais trabalhador da Terra.[11]

— Em outras palavras, *Sairemos desta crise confiando na grandeza dos nossos poderes e recursos...*

— *Tornaremos a edificar... com pedras lavradas* — disse eu — *e cedros.*

— Exatamente — respondeu ele. — *Determinaremos o nosso próprio destino.* E, no entanto, o antigo voto se vangloriava de mais do que isso... mais do que reconstruir e mais do que se recuperar.

— Tratava-se de sair da crise mais forte do que antes.

— Exatamente. E assim o presidente acrescentaria mais uma declaração a esse voto. Ouça as palavras:

> Vamos reconstruir, vamos nos recuperar, *e os Estados Unidos da América se levantarão mais fortes do que antes.*[12]

— Um resumo perfeito da antiga profecia. Agora veja o que acontece se você pegar as palavras do presidente e as comparar com as palavras de um Comentário sobre Isaías 9:10:

» Do Comentário: "Eles se gabavam de que reconstruiriam o seu país destruído".[13]

» Do presidente: *"Vamos reconstruir, vamos nos recuperar"*.[14]

» Do Comentário: "... e torná-lo mais forte e mais glorioso do que nunca".[15]

» Do presidente: "E os Estados Unidos da América *se levantarão mais fortes do que antes*".[16]

— É assustador — disse eu — o quanto a relação é estreita.

— Muito mais assustador — disse o profeta — é onde tudo isso levou... no caso antigo.

— E no caso moderno? — perguntei.

— A resposta para os problemas da nação — disse ele — *não* está nos seus poderes, mas em um Poder mais superior a eles. E até que — e a menos que — essa resposta e esperança sejam encontradas, todas as outras respostas e esperanças fracassarão no fim, e a profecia deve continuar em vigor, juntamente com a progressão do juízo.

— A progressão do juízo... Então as coisas só vão piorar?

— Na esfera das aparências, nem sempre. O que se seguiu ao 11 de Setembro parecia uma era de ressurgimento e expansão econômica. Porém, na verdade, era um castelo de cartas. Uma dinâmica muito diferente estava em operação por baixo da superfície... e progredindo... até que as cartas desabaram.

— O Efeito Isaías 9:10.

— A progressão do juízo avança em tempos de calamidade e crise, mas igualmente em tempos de aparente recuperação, de aparente normalidade, e até de aparente ressurgimento, de crescimento econômico e de prosperidade. Nada disso impede ou acaba com a progressão. Seja acima da superfície seja abaixo dela, a progressão continua.

— Então o que acaba com a progressão? — perguntei.

— Ou o julgamento... ou a resposta.

— E as coisas estão se dirigindo para qual dos dois?

— Para qual deles você acha, Nouriel?

— Elas estão indo para longe de Deus.

— A progressão do juízo é apenas uma reação à progressão da apostasia de uma nação, ao corte progressivo da sua ligação com Deus e com o fundamento bíblico sobre o qual ela estava estabelecida. Se a primeira progressão não terminar, a segunda também não poderá fazê-lo.

— Então a resposta é...

— O selo — ele respondeu.

— A resposta é o selo?

— Posso ver o selo? — perguntou ele. Então entreguei-o a ele enquanto ele colocava outro na minha mão direita.

— Este — disse ele — é o que eu lhe dei no início, o selo do Primeiro Presságio. Agora deixamos os mistérios do segundo abalo e passamos para a resposta. E como este foi o selo que abriu os primeiros mistérios dos Presságios, ele também abrirá o último... e a resposta.

— E esta é como todas as outras revelações... ou não?

— Esta — disse ele — é *diferente* de todas as outras revelações... e, no entanto, todas elas estão ligadas a ela.

— E onde se deve ir para descobrir o seu significado? — perguntei.

— O seu significado está oculto... no fundamento.

— No fundamento de quê?

— Dos Estados Unidos.

— Onde?

— No solo do mistério.

Capítulo 19

O Solo do Mistério

ת א

— O selo do Primeiro Presságio — disse Ana — era... sobre o que mesmo?

— A Ruptura — respondeu ele. — A abertura na parede... a remoção da cerca de proteção.

— Mas tinha de haver algo mais com relação a ele... algo que você não percebeu no início.

— Exatamente.

— E você descobriu o que era?

— Sim, depois de examiná-lo com atenção, sim, mas foi preciso realmente uma lente de aumento para decifrar os detalhes.

— E o que era?

— Uma imagem muito, muito diminuta no canto inferior direito do muro, um retângulo... um retângulo vertical... com uma série de pontos correndo ao longo do topo como uma espécie de coroa.

— E o que você entendeu disso? — ela perguntou.

— Em princípio, nada mais do que isso, uma coroa em uma caixa.

— E o que poderia significar uma coroa em uma caixa?

— Eu não fazia ideia — disse ele. — Então fui procurar em inúmeros livros, coleções e compilações sobre símbolos e imagens. Mas nada combinava, nada que fizesse sentido. E então descobri, por acaso... não por acaso, mas pelo que pareceu um acaso na ocasião. Há muito tempo que perdi a fé no acaso.

— E então, o que aconteceu?

— Eu estava em casa, assistindo a um documentário sobre mistérios antigos na televisão. E então ela apareceu na tela.

— A coroa na caixa?

— Sim.

— E o que era?

— O templo de Jerusalém. Se você se aproximasse dele de frente, esta era a aparência dele... um retângulo vertical com uma linha de estacas dourada no topo.

— E o que você entendeu disso?

— Ali estava o Templo, e ali estava a ruptura. Então, juntando tudo... uma ruptura... no Templo.

— Uma ruptura no Templo de Jerusalém?

— Não poderia ser o Templo de Jerusalém — respondeu ele — não literalmente. O mistério dizia respeito aos Estados Unidos da América. Então calculei que o Templo seria a representação de um lugar santo... uma sinagoga... uma capela... algum lugar santo.

— Uma ruptura em um lugar santo?

— Sim. Então comecei a procurar qualquer coisa que tivesse a ver com uma ruptura em uma casa de adoração... e de importância para os Estados Unidos.

— E?

— E depois de muito procurar... nada. Então voltei ao Battery Park.

— Por quê? — ela perguntou.

— Porque foi ali que o profeta revelou pela primeira vez o significado daquele primeiro selo.

— E...?

— E nada. O tempo passou. Eu estava ficando desanimado. E então algo aconteceu... uma pista veio até mim... de uma maneira como nunca ocorrera.

— O que você quer dizer?

— Um sonho. Ela veio até mim em um sonho.

— Interessante.

— Foi um sonho com o Templo de Jerusalém. O dia estava ensolarado. Os pátios do Templo estavam cheios de pessoas, multidões... milhares e milhares de pessoas vestidas com túnicas, todas reunidas para alguma espécie de evento... alguma celebração. Houve uma procissão. Na procissão havia um objeto dourado. Devia ser a Arca da Aliança.

— Como você sabe que era a Arca da Aliança? — ela perguntou.

— Vi em filmes — respondeu ele. — Havia músicos tocando trombetas, harpas e címbalos enquanto as pessoas cantavam em adoração. Uma nuvem enchia o Templo... não uma nuvem comum... mas uma espécie de nuvem de brilho sobrenatural. Tinha um homem em pé em uma espécie de plataforma próxima ao Templo. Ele se virou para ficar de frente para a multidão e começou a se dirigir a ela. Era o rei — o rei Salomão.

— E como você soube que era o rei Salomão?

— Ele estava usando uma coroa, e o que parecia uma túnica real de ouro. E eu simplesmente sabia, daquela maneira como sabemos das coisas em um sonho... intuitivamente.

— Então o rei Salomão estava falando à multidão... e dizendo o quê?

— Eu não saberia dizer ou entender. Mas depois que ele terminou de falar, ele se voltou novamente para o Templo, ajoelhou-se, cobriu a cabeça com a túnica de ouro, e ergueu as mãos para o céu. Ele estava orando. Ele estava dirigindo o povo em oração. E enquanto eles oravam, eu estava andando no meio deles... em meio às multidões... em direção à plataforma onde o rei estava ajoelhado. Aproximei-me dele. Ele agora estava a apenas alguns metros de mim. Mas eu só podia vê-lo de costas, já que ele havia se virado para a direção oposta. Ele levantou-se, ainda de frente para o Templo, e com a túnica dourada ainda cobrindo sua cabeça. E então ele se virou, vi o seu rosto... e não era ele.

O que você quer dizer com *não era ele?* — ela perguntou.

— Não era mais o rei Salomão — ele respondeu.

— Então quem era?

— Era Washington.

— Washington... o presidente?

— Washington — disse Nouriel — George Washington. Ele deixou a túnica cair ao seu lado. E ficou ali na plataforma com aquela aparência que temos costume de imaginar — uma peruca branca coberta de pó de arroz, um paletó marrom escuro e calças curtas, meias brancas de seda e sapatos escuros com fivelas de prata. Ele levantou as duas mãos para os céus como Salomão havia feito, fechou os olhos, e começou a orar. Quando terminou de orar, ele abriu os olhos e abaixou a mão direita como se tentasse pegar alguma coisa à sua frente, mas não havia nada ali. Então uma folha de papel desceu do céu e aterrissou na sua mão esquerda, que ainda estava erguida. Exatamente naquele instante ele abaixou o olhar e pareceu estar olhando diretamente nos meus olhos. Então ele desceu os degraus da plataforma e andou até o Templo, ainda segurando o papel em sua mão. Quando chegou à esquina do prédio, ele se abaixou e escorregou o papel por dentro de uma das fendas entre duas enormes pedras, onde desapareceu. Nisso, ele também desapareceu. Olhei em volta para a multidão, mas eles também tinham desaparecido.

— E depois?

— Então eu estava só... em pé no pátio do Templo. O céu começou a escurecer. Os ventos sopravam cada vez mais forte. Parecia que o próprio tempo estava acelerando cada vez mais até que tudo à minha volta era um redemoinho de ação, eventos e som... um intenso borrão de visões e sons... enquanto o céu continuava a escurecer cada vez mais até que ficou quase tão escuro quanto a noite. Seja o que for que estivesse acontecendo, não parecia bom. E depois tudo terminou, como se uma violenta tempestade tivesse acabado de passar. A escuridão começou a desaparecer e tudo foi ficando mais claro. Mas quando me virei para ver o Templo, ele sumira. Ele estava em ruínas... as suas enormes pedras espalhadas sobre o monte. Tudo estava destruído. Foi então que percebi um homem... virado de costas para mim... um homem com uma túnica dourada.

— A túnica dourada do rei Salomão?

— Sim. Ele estava em pé no mesmo lugar onde Washington estava antes de desaparecer... na esquina do Templo, exceto que agora não havia esquina nem Templo... só ruínas, mas era o mesmo lugar. Aos pés do homem tinha uma folha de papel, o papel que fora escondido dentro das pedras. Mas a destruição havia feito que ele fosse revelado. Ele se abaixou para pegá-lo. Senti que eu tinha de me aproximar dele, e enquanto eu o fazia, ele se virou — e era ele!

— Salomão?

— Não.

— Washington?

— Não.

— Então quem?

— Era o profeta.

— O profeta...

— A túnica dourada caiu ao seu lado, revelando o seu longo casaco escuro. Ele olhou nos meus olhos, e então me entregou o papel. Peguei-o em minhas mãos e olhei para baixo para ver o que ele dizia.

— E o que ele dizia? — ela perguntou.

— Não sei.

— Por que não?

— Porque acordei!

— Má hora para acordar... — respondeu ela.

— Não sei — disse ele. — Acho que tinha de acontecer exatamente como aconteceu.

— O mistério que você estava procurando... o profeta lhe disse que ele estava escondido no fundamento. Então o papel no sonho, estava escondido na parede do prédio.

— Isso também me abalou — ele respondeu.

— Então você acreditou que o sonho era importante... um sinal?

— Sim.

— Então o que você entendeu dele?

— Tudo estava centralizado no Templo. O Templo estava no selo. O selo era sobre uma ruptura, a remoção da proteção... destruição. O sonho envolvia a destruição do Templo.

— Mas e quanto a George Washington? — ela perguntou. Qual seria o significado do aparecimento dele?

— Salomão era o rei de Israel. Washington foi o primeiro presidente dos Estados Unidos. Havia algo na ligação da antiga Israel com os Estados Unidos, como aconteceu com todos os outros mistérios.

— E o papel?

— É como você disse: o mistério está oculto no fundamento, uma mensagem com relação aos Estados Unidos, esperando para ser revelado.

— Então onde tudo isso o levou?

— Eu não fazia ideia de onde tudo estava me levando. E então me dei conta... Washington! Washington escondia o mistério. Então o mistério estava escondido em Washington... a cidade... a fundação da nação. E o Templo estava em Jerusalém, que era a capital. O mistério apontava novamente para a capital. Então voltei a Washington D.C.

— Mas desta vez procurando o quê?

— Alguma relação com o Templo ou com o rei Salomão. Mas a procura não deu em nada, então eu a ampliei para incluir qualquer casa de adoração importante. Mas mais uma vez, nada. Então ampliei-a novamente para incluir agora um lugar com uma relação específica com George Washington — o Monumento a Washington, a estátua no meio do prédio circular do Capitólio.

— E...?

— Mais uma vez, nada. Então finalmente fui apenas procurar em toda parte — no Smithsonian Institute, no Jefferson Memorial, na Suprema Corte... em toda parte.

— E...?

— Mas ainda... nada.

— Então por quanto tempo você ficou em Washington?

— Por várias semanas. E depois desisti. Desanimado, voltei para casa. O sonho parecia cheio de pistas, mas não havia nada para ligar nenhuma delas e nada que significasse alguma coisa. Então voltei novamente ao único lugar que tinha uma relação definitiva com o selo.

— Battery Park?

— Sim. E foi ali que eu estava, em pé... junto à margem da água, vendo uma gaivota no céu quando de repente ouvi a voz novamente vindo de trás de mim.

— O profeta?

— O profeta.

— Você não desistiu — disse ele — não foi, Nouriel?

— Por que parece que eu desisti? — perguntei.

— Eu não disse que parecia — ele respondeu.

— Sabe, há uma linha tênue — eu disse — entre desistir e não ter absolutamente nada para prosseguir.

— Então você acha que não tem absolutamente nada para prosseguir?

— Não é que eu *ache* que não tenho absolutamente nada para prosseguir... mas o fato é que o que eu tenho para prosseguir não leva a lugar algum.

— Então diga-me o que você tem.

— O Templo de Jerusalém... a capital... uma ruptura... um lugar santo... destruição... Washington D.C...

— E nada mais?

— Isto é praticamente tudo.

— Por que não vamos dar uma voltinha?

Então começamos a andar, primeiro por Battery Park e depois pelas ruas da parte baixa de Manhattan.

— O Templo de Jerusalém era a casa da glória de Deus — disse o profeta. — Mas em 586 a.C., depois de séculos de apostasia e sem nenhuma esperança de retorno, o Senhor finalmente permitiu que a Sua casa fosse tocada pelo julgamento e destruída.

— O Templo e a ruptura, a destruição do Templo, até aí eu tinha entendido.

— O Templo era o ponto focal da vida da nação. Então o ponto focal do julgamento da nação...

— ... seria a destruição do Templo.

— Exatamente.

— Assim como aconteceu com o Templo, aconteceu com a nação.

— Para o bem ou para o mal. Quando a construção do Templo foi concluída pelo rei Salomão, o próprio reino estava concluído.

— Salomão...

— E quando ele o dedicou a Deus, foi a nação que foi dedicada também.

— Eu vi isso! — eu disse, com a voz subindo de volume.

— O que você quer dizer? — ele perguntou.

— Foi assim que aconteceu no sonho — a dedicação do Templo. Eu tive um sonho, e ele começava com Salomão dirigindo uma reunião de multidões no Templo.

— Interessante — disse o profeta.

— Diga-me, o que exatamente Salomão fez no dia em que ele dedicou o Templo?

— Ele reuniu a nação e os seus líderes em Jerusalém. Ele se dirigiu à congregação, lembrando a eles o quanto Deus havia sido fiel com a nação. Então ele ofereceu orações, orações pelas futuras gerações. Salomão estava olhando para o futuro da nação, prevendo o seu futuro afastamento de Deus e as suas consequências.

— E as consequências seriam...

— A remoção do favor de Deus da terra — disse o profeta, a retirada das Suas bênçãos... do muro de proteção da nação... a calamidade nacional.

— E tudo isso aconteceu? — perguntei.

— Sim. As orações do rei Salomão foram proféticas. Mas ele não estava apenas prevendo o que aconteceria àquelas futuras gerações; ele estava também orando em favor delas, à luz do que aconteceria, pela misericórdia e restauração de Deus.

— Então ele estava orando em vista das calamidades — que ainda nem haviam acontecido?

— Este era o ponto. Não era apenas o Templo que estava sendo dedicado naquele dia, mas o futuro da nação, as suas gerações que ainda estavam por nascer. O Monte do Templo era o solo de dedicação da nação.

— Eu vi tudo isso no meu sonho... E, depois da dedicação, o céu ficou escuro e algo como uma tempestade estava se aproximando. E, no fim da tempestade, o Templo foi destruído. Não sobrou nada além de ruínas.

— Que foi exatamente o que aconteceu. Trevas espirituais envolveram a terra, e a nação se afastou de Deus. E depois, depois de anos e anos de misericórdia, veio o juízo. E esse juízo só se completou quando ele tocou o Monte do Templo, o mesmo lugar onde a sua apostasia havia sido prevista. O Senhor permitiu que o juízo atingisse o solo mais sagrado da nação, o solo da sua consagração. Este, Nouriel, é um princípio crucial. Tome nota disto. Quando o juízo vem a uma nação como esta que um dia comprometeu-se com Deus e que um dia foi consagrada aos propósitos dele, mas que agora se afastava dos caminhos dele, o juízo voltará ao solo da sua consagração, ou resumindo:

> *O solo da consagração da nação se tornará o solo do seu julgamento.*

— Por quê? — perguntei.

— O Monte do Templo representava a aliança da nação com Deus. Então a sua destruição era o sinal definitivo de que a aliança estava quebrada. Mas mesmo nisso houve misericórdia. Foi um sinal de que Deus estava chamando a nação de volta, para se lembrar do lugar da sua dedicação e consagração a Ele... o fundamento sobre o qual todas as suas bênçãos repousavam.

— Então foi tanto um sinal de julgamento — eu disse — quanto uma mensagem profética chamando a nação de volta... para voltar para o fundamento.

— Correto.

Retirei o selo para olhá-lo, mais uma vez.

— Mas o que tudo isso tem a ver com os Estados Unidos? — perguntei.

— No dia seguinte ao 11 de Setembro — disse ele — o líder majoritário do Senado recitou as palavras da antiga profecia no *final* do seu discurso. Mas no *início* desse discurso, ele citou um número. Ele disse:

> É com dor, tristeza, raiva e determinação que compareço diante deste Senado — um símbolo por 212 anos da força da nossa democracia.[1]

— Observe o número, Nouriel.

— Duzentos e doze.

— Ele foi dado para ligar o 11 de Setembro à fundação do governo norte-americano, o estabelecimento do Estado-nação norte-americano. Faça as contas.

— A declaração foi dada no ano de 2001. Dois mil e um menos 212 anos nos leva a 1789.

— Correto. 1789.

— Mas pensei que os Estados Unidos tivessem sido fundados em 1776.

— O ano de 1776 foi o ano em que os Estados Unidos declararam a sua independência. Vários anos se passariam até que essa independência se tornasse realidade, e muitos outros anos até que houvesse uma Constituição sobre a qual a nação seria estabelecida. Os Estados Unidos, como o conhecemos — com um presidente, um Senado e um Congresso — só veio a existir em 1789. Mais especificamente, a nação passou a existir em 30 de abril de 1789, o dia em que, pela primeira vez, todas essas coisas estavam em seu lugar — o primeiro dia dos Estados Unidos como uma nação plenamente constituída.

— O que aconteceu em 30 de abril?

— Foi o dia em que o governo da nação foi concluído como estabelecido na Constituição, o dia em que o primeiro presidente dos Estados Unidos tomou posse oficialmente do cargo.

— George Washington!

— Sim.

— Ele também fez parte disso — eu disse. — Ele estava lá no sonho... na dedicação do Templo. Primeiro era o rei Salomão, e depois era Washington.

— Por que você acha que foi assim, Nouriel?

— Por que Washington estava no meu sonho?

— Sim.

— Diga-me você.

— Mas o sonho não era *meu*.

— Não sei — eu disse. — Um sinal de que isso tinha algo a ver com os Estados Unidos.

— O que ele estava fazendo no seu sonho?

— Dirigindo o povo em oração, como Salomão. E então ele estendeu a mão como se fosse pegar alguma coisa.

— Assim? — O profeta esticou a mão direita com a palma voltada para baixo.

— Sim, exatamente assim. Como você...

— Mas ele não estava tentando pegar alguma coisa; a sua palma estava virada para baixo.

— Então o que ele estava fazendo? — perguntei.

— Ele estava colocando a mão sobre uma Bíblia — disse o profeta — para jurar. Ele estava fazendo o juramento da presidência. Era a sua posse oficial, 30 de abril de 1789, o começo dos Estados Unidos como uma nação constituída — a fundação, 212 anos antes do 11 de Setembro.

— A cerimônia de posse oficial de George Washington, no Monte do Templo?

— No seu sonho os dois eventos foram reunidos — a dedicação de Israel e a inauguração dos Estados Unidos, uma superposta à outra.

— Por quê?

— O sonho é *seu*... diga-me você.

— Acredito que porque de algum modo as duas coisas estão ligadas.

— Mas como? — perguntou o profeta. — O que elas teriam em comum?

— A dedicação do Templo também foi uma cerimônia de posse — disse eu — e a inauguração do governo norte-americano também seria um tipo de dedicação. Cada um deles foi um dia de abertura e um dia de conclusão. Cada um representava a conclusão de uma estrutura... a estrutura de uma nação. E cada uma envolvia a reunião da nação.

— Reunindo-se aonde?

— Na capital da nação.

— E quem presidiu cada reunião?

— O líder da nação... o rei... o presidente.

— E, no seu sonho, o rei Salomão falou?

— Sim.

— O que ele disse?

— Não sei.

— O rei Salomão começou o seu discurso reconhecendo a mão e a fidelidade de Deus na história da nação. Assim, no dia da inauguração dos Estados Unidos, o primeiro presidente da nação faria o mesmo. No primeiro discurso presidencial, eis o que ele disse:

> Nenhum povo pode ser obrigado a reconhecer e a adorar a Mão Invisível que conduz os assuntos dos homens mais que o povo dos Estados Unidos. Cada passo pelo qual eles avançaram até o caráter de uma nação independente, parece ter sido marcado por algum símbolo da divina providência.[2]

— Quando se dirigiu ao povo nos dias da dedicação, o rei Salomão ofereceu orações e súplicas ao Todo-Poderoso, intercedendo pela bênção do Senhor sobre o futuro da nação. Agora ouça as palavras do primeiro discurso presidencial de Washington:

> Seria estranhamente impróprio omitir neste primeiro ato oficial as minhas ardentes súplicas àquele Ser Todo-Poderoso que governa o universo, que preside nos conselhos das nações,

> e cujo socorro providencial pode suprir cada defeito humano, rogando que a Sua bênção possa consagrar à liberdade e à felicidade do povo dos Estados Unidos um governo instituído por eles mesmos para esses fins essenciais.[3]

— No meu sonho, Salomão estava orando, depois Washington tomou o seu lugar, mas continuou orando. Os dois líderes... os dois eventos foram superpostos. Então este é o motivo.

— E não foi apenas Salomão quem orou pelo futuro da nação — disse ele — mas todos os líderes e multidões que estavam reunidos no Monte do Templo, todos. O mesmo aconteceu na inauguração dos Estados Unidos. Ela foi designada como um dia de oração e dedicação. Esta foi a proclamação feita:

> Na manhã do dia em que o nosso ilustre presidente será investido do seu cargo, os sinos tocarão às 9 horas, quando as pessoas poderão comparecer à casa de Deus e de forma solene dedicar o seu novo governo, com a sua importante série de consequências, à santa proteção e à bênção do Altíssimo. Uma das primeiras horas foi fixada de forma prudente para este ato de devoção especial e destina-se inteiramente à oração.[4]

— Assim, na manhã de 30 de abril de 1789, o soar dos sinos encheu a capital da nação por trinta minutos, *chamando o povo para subir à casa de Deus, para dedicar o novo governo à santa proteção e à bênção do Altíssimo.* Quanto ao primeiro presidente e governadores da nação, seria mais tarde naquele mesmo dia que eles se reuniriam para orar para entregar o futuro nas mãos de Deus, em um lugar especialmente escolhido para esse fim. Assim, depois que o nosso presidente terminou de fazer o primeiro discurso presidencial, ele se dirigiria ao Senado e ao Congresso a pé em uma procissão pelas ruas da capital desde o Federal Hall, o local da cerimônia oficial de posse, até o local indicado para as suas orações.

— E qual foi o lugar indicado? — perguntei.

— Uma pequena igreja de pedra.

— Então o primeiro ato oficial do presidente recém-constituído ocorreu dentro dos muros de uma igreja.

— Isso mesmo — respondeu ele. O primeiro presidente da nação, o Senado e o Congresso representados estavam todos ali dentro daquele pequeno santuário de pedra. A reunião seria registrada nos Anais do Congresso como parte da primeira sessão conjunta do Congresso com um presidente em exercício. A inauguração dos Estados Unidos, como o conhecemos, começou com uma reunião sagrada diante de Deus.

— Então o primeiro ato coletivo do governo norte-americano recém-formado foi reunir-se para orar.

— Reunir-se para orar, indubitavelmente para dar graças, e especificamente para entregar o futuro *à santa proteção e bênção do Altíssimo.*

Naquele momento paramos na esquina de uma rua.

— É hora — disse ele. — É hora de desvendar a última parte do mistério. Para fazer isso, precisamos identificar o território.

— O território?

— O local onde os Estados Unidos se entregaram em oração a Deus naquele primeiro dia.

— Mas há algo que não estou entendendo — eu disse. — Tudo isto aconteceu na capital. Correto?

— Correto — respondeu ele.

— Então o que estamos fazendo *aqui*? — perguntei. — Estávamos em Washington D.C., na Colina do Capitólio, até mesmo no terraço onde os presidentes tomam posse. Por que você não me mostrou isso quando estávamos lá? E mesmo depois disso, quando voltei a Washington, estive ali por semanas, e você não apareceu. Mas você aparece *agora*... não entendo.

— Você estava certo, Nouriel — disse ele. — O mistério está ligado à capital. Acontece que você mencionou a capital errada.

— O que você quer dizer — a capital errada?

— Quando a nação teve início, a capital não era Washington D.C. Em 30 de abril de 1789, a cidade de Washington não existia.

— Então qual cidade foi a capital original dos Estados Unidos? — perguntei.

— Você está nela — respondeu ele.

— Nova York? A cidade de Nova York?

— A primeira capital dos Estados Unidos foi a cidade de Nova York. Foi aqui que tudo aconteceu.

— Washington tomou posse como presidente na cidade de Nova York?

— Sim — respondeu ele. — Agora tenho alguém para lhe mostrar.

— Alguém?

Ele me levou para cruzar a esquina e descer a rua. Havia uma estátua à distância.

— Você o reconhece? — perguntou ele.

— Washington?

— Correto.

Era a estátua de bronze escuro de George Washington que fica na Wall Street de frente para a Bolsa de Valores de Nova York. Nós nos aproximamos, parando perto da plataforma sobre a qual ela estava. Dali, contemplamos a escura figura estoica.

— Meu sonho! — eu disse. — Foi exatamente assim que eu o vi no meu sonho. Ele não era tão grande, mas eu estava olhando para cima, para vê-lo, da mesma forma... do mesmo ângulo. E a mão direita dele estava estendida exatamente assim.

— E virada para baixo exatamente assim — disse ele — para pousar sobre a Bíblia.

— Andei por toda a Washington D.C. procurando alguma coisa ligada a ele — uma estátua, um monumento, uma pista — e isto nem sequer me ocorreu.

— E por que deveria? — respondeu ele. — Você é nova-iorquino. Só porque uma coisa está bem diante dos seus olhos, não significa que você tem de vê-la. Foi aqui que tudo começou. Foi aqui que os Estados Unidos, como o conhecemos, veio a existir.

— Na cidade de Nova York.

— Na cidade de Nova York... e aqui.

— Aqui?

— Aqui — respondeu ele — e *exatamente* aqui. Há uma inscrição no pedestal. Leia-a, Nouriel. Leia-a em voz alta.

Então eu li:

> Neste lugar, Federal Hall, em 30 de abril de 1789, George Washington fez o Juramento como o Primeiro Presidente dos Estados Unidos da América.[5]

— *Neste lugar...* Vi esta estátua tantas vezes e nunca parei para pensar por que ela estava aqui.

— Foi aqui que tudo aconteceu: 30 de abril de 1789, as ruas e telhados estavam transbordando de pessoas. Washington coloca a mão sobre a Bíblia e faz o juramento. A multidão irrompe em aclamações, tiros de canhão, e sinos soam por toda a cidade. Então ele se retira para o Federal Hall onde faz o seu primeiro discurso presidencial diante do Congresso. Depois disso, ele lidera o primeiro governo da nação a pé em uma procissão até o pequeno santuário de pedra para entregar o futuro da nação em oração a Deus.

— Onde? — perguntei.

— Esta é a chave — respondeu ele.

— A chave para o mistério? — perguntei.

— Sim.

— Seria o local onde a nação foi dedicada a Deus, o território da consagração da nação?

— Correto.

— Então teria de ser em algum lugar na cidade de Nova York.

— Essa é uma suposição segura.

— E se estamos no lugar onde a posse oficial ocorreu... e se eles foram a pé até o lugar indicado... então não poderia ficar longe daqui.

— Não, não poderia — respondeu ele.

E foi nesse ponto que parei, em vez de seguir até a conclusão lógica daquele pensamento.

— Por quê? — perguntou Ana. — Por que você parou bem ali?

— Porque eu não tinha certeza se estava pronto para ver ou para saber qual era a resposta.

— Mas você estava procurando por ela o tempo todo — disse ela.

— Sim — respondeu ele — mas ela nunca esteve ao meu alcance antes daquele momento. Você já chegou tão perto de algo que estava procurando, e quando soube que estava perto de encontrar... quando ele está ao seu alcance, você não teve certeza se está preparado para encontrá-lo?

— Acho que entendo — disse ela.

— Foi o que aconteceu... eu sabia que era algo muito grande, muito importante... mas eu não tinha certeza se estava preparado para encontrá-lo.

— Então o que aconteceu? — ela perguntou.

— O profeta não me deixou escolha.

— Venha, Nouriel — disse ele. — É hora de ver o lugar onde tudo aconteceu... o local da consagração dos Estados Unidos. Vamos seguir os passos deles quando o presidente os conduziu pelas ruas da cidade a pé até o lugar indicado. Vamos lá.

Então descemos a Wall Street e depois outra rua. Eu podia imaginar tudo da maneira como acontecera séculos antes: Washington, os primeiros senadores, os primeiros representantes, o primeiro gabinete, o primeiro governo dos Estados Unidos, todos se dirigindo para a reunião sagrada. Mas agora éramos apenas eu e o profeta, refazendo a jornada. Não que não houvesse outras pessoas nas mesmas ruas. Havia, é claro, mas não com o mesmo propósito. Eu estava em silêncio o tempo todo, assim como ele. E então ele parou e se virou para mim.

— Aqui está, Nouriel — disse ele — apontando para um prédio do outro lado da rua. — Ali está. O lugar onde os Estados Unidos foram dedicados a Deus.

O lugar estava cercado por uma cerca escura de ferro gasto.

— Aquela é a mesma igrejinha de pedra?

— Sim — ele respondeu.

O prédio tinha uma aparência diferente e, no entanto, ao mesmo tempo, em vista do que ele representava, modesta. Na frente havia uma fachada com colunas de aparência clássica. Nos fundos havia um pináculo, alto e estreito, do tipo que você esperaria encontrar no prédio de uma antiga igreja.

— Seria possível nem percebê-la — eu disse.

— O que você está vendo, Nouriel, é a Capela de St. Paul. Ela agora tem praticamente a mesma aparência que tinha em 30 de abril de 1789, quando o primeiro governo dos Estados Unidos entrou por suas portas. Foi aqui que o primeiro presidente da nação, o Senado e o Congresso se prostraram juntos em oração para consagrar o futuro da nova nação nas mãos de Deus. Este é o lugar onde a nova nação foi entregue ao Todo-Poderoso; este é o solo da consagração dos Estados Unidos.

Então ele ficou em silêncio, deixando que eu assimilasse tudo. Mas eu sabia que aquele não era o fim de tudo. Eu sabia que havia algo a ser revelado, algo que ele estava evitando me dizer.

— Originalmente, ela era virada para o outro lado — disse ele. — A frente da igreja ficava nos fundos. A entrada principal situava-se do outro lado. Vamos continuar a nossa caminhada.

Atravessamos a rua e andamos pela calçada que acompanhava a cerca de ferro da igreja à nossa direita. Dentro da cerca de ferro havia um velho pátio. Enquanto caminhávamos, senti-me incapaz de evitar espiar pelas barras da cerca para ver as árvores, a grama e as antigas lápides ali dentro, procurando algo significativo para o mistério. Ainda estava olhando para o pátio quando nos aproximamos da parte traseira da propriedade.

— Nos primeiros dias — disse o profeta — era por aqui que se passava para entrar no santuário.

Ele me deu alguns minutos antes de falar novamente.

— Vire-se, Nouriel — disse ele.

— Deixe-me apenas... — Eu estava tão concentrado no que estava dentro da cerca que não percebi o que a cercava.

— Você está perdendo — disse ele com um tom mais sombrio. — Está bem aqui, e você está perdendo. Vire-se.

Então, virei-me.

— Olhe — disse ele.

Quando eu o vi, fiquei perplexo a ponto de quase perder o equilíbrio.

— Você sabe o que está vendo?

— Não é...

— Não é o *quê*?

— Não é...

— O quê?

— O Marco Zero.

— *É* o Marco Zero.

— O Marco Zero... a última parte do mistério.

— O território da consagração dos Estados Unidos — disse ele.

— O Marco Zero — repeti, incapaz, naquele instante, de dizer qualquer coisa.

— Os Estados Unidos — disse ele — foram dedicados a Deus na esquina do que se tornaria o Marco Zero. Foi aqui, no Marco Zero, que todos eles se reuniram — George Washington, John Adams, os Pais Fundadores dos Estados Unidos. Todos eles vieram até aqui, até a esquina do Marco Zero para orar no dia em que o fundamento dos Estados Unidos foi colocado... como o ato de consagração do futuro da nação à *santa proteção* de Deus. E foi aqui que essa santa proteção seria retirada.

Retirei o selo do bolso do meu casaco para examinar mais uma vez a sua imagem. Foi então que o seu significado me atingiu com uma clareza nova e absoluta. "O terreno sagrado... a cerca de proteção da nação quebrada... e o antigo princípio... *o lugar da dedicação passa a ser o lugar da calamidade... o juízo volta ao local da consagração.*"

— E isso aconteceu literalmente — disse o profeta — quando a imensa nuvem branca gerada pela destruição literalmente engoliu a pequena capela e os detritos e as cinzas das torres que caíam cobriram o seu chão.

— Então neste solo está oculto um mistério nacional. Este é o mistério do qual você falou e que eu vi no meu sonho... oculto no fundamento dos Estados Unidos.

O profeta apontou para a distância.

— Se estivéssemos ali naquele dia da inauguração, tudo ali, tudo além daquele ponto, seria água. Mas entre aqui e a água havia um campo... agora conhecido como *Marco Zero*... um campo de propriedade de uma igreja. O Marco Zero originalmente era um terreno que pertencia a uma igreja.

— Pertencia *a que* igreja? — perguntei.

— À mesma que atuava na Capela de St. Paul.

— Então era na essência uma propriedade... como um mesmo terreno?

— Como um mesmo terreno — respondeu ele. — Como era um terreno no dia em que os Estados Unidos foram consagrados ali. Assim, não quer dizer que o local da consagração dos Estados Unidos *esteja* no Marco Zero; o local da consagração dos Estados Unidos *é* o Marco Zero.

— O solo do mistério — disse Ana, suavemente e com um olhar distante nos olhos enquanto refletia nas implicações do que estava ouvindo. — O solo do mistério é o Marco Zero.

— Ana, você não disse nada até agora.

— Porque estou sem fala — respondeu ela. — É isso... não posso sequer dizer o que é... não consigo expressar em palavras. Estou mais do que sem fala.

— Foi assim que me senti quando ele me disse tudo isso.

— Você nunca foi ali — perguntou ela — ao Marco Zero?

— Não. Não depois que os meus encontros com o profeta começaram.

— Por que não?

— Creio que eu estava evitando isso.

— Por quê?

— Acho que porque era intenso demais... porque dói muito... ali era o centro de tudo. Eu evitava ir.

— Então o que aconteceu depois que o profeta revelou o mistério do Marco Zero?

— Ele me levou a dobrar a esquina e a percorrer a lateral da cerca escura de metal que um dia esteve de frente para a Torre Norte. Havia um portão que levava ao pátio atrás da capela. Ele me introduziu pelo portão e me conduziu pelo pátio, coberto de grama e lápides, até um objeto que estava em exibição.

— Você sabe o que é isto, Nouriel? — perguntou ele.

— O tronco de uma árvore? — respondi.

— É o Sicômoro.

— *O Sicômoro do Marco Zero?*

— O que resta dele. Foi aqui que eles o colocaram, em exibição, para que o público o veja, sem fazer ideia do seu antigo significado.

— *Cortaram-se os sicômoros.*

— O Sexto Presságio.

— E no 11 de Setembro, onde ele estava? Onde ele foi atingido?

Ele me conduziu de volta até o portão que cercava o Marco Zero, até ficarmos sob os galhos de um pinheiro.

— Aqui — disse ele. — Foi aqui que ele estava e onde foi atingido.

— Ele foi derrubado dentro do pátio da Capela de St. Paul?

— Sim.

— No mesmo solo onde os Estados Unidos foram dedicados a Deus?

— Sim, no mesmo solo.

— Então o Presságio se manifestou no solo de consagração da nação.

— Sim.

— E isso significa que esta árvore...

— ... sim, o que você está vendo é a árvore que foi plantada no seu lugar.

— Esta é a Árvore de Erez?

— Sim.

— *Mas por cedros os substituiremos.*

— Foi bem aqui — disse o profeta — por cima desta cerca que eles a desceram até o chão onde o Sicômoro havia estado até ser derrubado em 11 de Setembro. E foi aqui que eles se reuniram para consagrá-lo.

— E para lhe dar o nome de a *Árvore da Esperança.*

— Sim.

— Não é grande coisa para uma Árvore da Esperança.

— Não.

— E assim a derrubada do Sicômoro e o plantio da Árvore de Erez, o Sexto e o Sétimo Presságio, cada um deles se manifestou no solo da consagração dos Estados Unidos?

— O antigo princípio — *o local da consagração se torna o local do juízo.*

Com isto, ele fez uma pausa, permitindo novamente que eu tivesse algum tempo para assimilar tudo que estava vendo.

— Havia algo mais no meu sonho — eu disse — algo que não foi explicado.

— E o que é? — ele perguntou.

— Uma folha de papel que desceu do céu até a mão de Washington. Ao recebê-la, ele caminhou até um dos cantos, uma das esquinas do Templo, e colocou-a em uma rachadura na parede onde ela desapareceu. E então, depois da destruição, o papel reapareceu. E era *você.*

— Era *eu?*

— Era *você* quem estava segurando o papel. E, então, você entregou-o a mim.

— E o que ele dizia?

— Não sei — respondi. — Acordei.

— Má hora para acordar — disse o profeta.

—⟵⟶—

— O profeta usou essas palavras? — perguntou ela. — Ele realmente disse *Má hora*?

— Sim.

— Foram as mesmas palavras que *eu* usei quando você me contou a mesma coisa.

— Sim, mas ele as disse antes de você.

— Então ele lhe disse o significado do papel?

— Ele me disse que era uma mensagem, e o fato de o papel ter descido do céu significava que era uma mensagem de Deus, uma mensagem profética.

— E o que significava — perguntou ela — o fato de ele ter sido colocado dentro da parede?

— Significava que a mensagem estava oculta no fundamento, no fundamento dos Estados Unidos, no *dia* da fundação da nação.

— 30 de abril de 1789. E quem a escondeu foi...

— Washington... como no meu sonho.

— Há uma mensagem profética oculta na fundação dos Estados Unidos, e ela foi colocada ali por George Washington? — ela perguntou.

— Sim — respondeu ele.

— E a mensagem foi revelada no fim do seu sonho. Então a mensagem destina-se a ser revelada?

— Sim.

— Quando? — ela perguntou.

— No sonho ela foi revelada depois de uma calamidade que tocou o solo da consagração da nação. A destruição a revelou.

— O 11 de Setembro foi a calamidade que tocou o solo da consagração da nação.

— Sim.

— Então o 11 de Setembro está de algum modo ligado a uma mensagem profética oculta na fundação dos Estados Unidos?

— O 11 de Setembro atingiu o solo onde os Estados Unidos foram consagrados a Deus. Ele apontou de volta para o dia da consagração, 30 de abril de 1789. Mas 30 de abril de 1789 também foi um dia profético, o dia em que uma mensagem profética foi dada à nação recém-formada.

— Que mensagem profética? — ela perguntou.

— Foi o profeta, no meu sonho, que me entregou o papel que Washington havia escondido. Então seria o profeta quem me revelaria o conteúdo dessa mensagem, mas não antes de revelar algo mais que aconteceu em 11 de Setembro.

— Os Estados Unidos — disse o profeta — foram dedicados como nação neste solo a Deus. Mas foi no Federal Hall que os Estados Unidos, como nação, foram fundados. Em 30 de abril de 1789, os dois lugares foram unidos, e mais uma vez em 11 de Setembro de 2001.

— Como assim? — perguntei.

— Quando as torres caíram, uma onda de choque foi enviada do Marco Zero ao Federal Hall. O impacto foi tão grande que abriu rachaduras na fundação.

— Rachaduras na fundação? Na fundação da fundação da nação?

— Como se o 11 de Setembro estivesse apontando tudo de volta para aquele primeiro dia, para aquele primeiro dia da fundação...

para o que aconteceu na Capela de St. Paul e para o que aconteceu ali no Federal Hall. E o que era o Federal Hall?

— O lugar da cerimônia de posse oficial de Washington e da fundação da nação.

— E onde essa mensagem foi escondida no seu sonho?

— Na fundação.

— Então foi ali, no Federal Hall, que a palavra profética foi proferida.

— Por Washington? — perguntei.

— Sim, nas primeiras palavras que um presidente dirigiria à nação, no primeiro de todos os discursos presidenciais.

— Assim como o rei Salomão, no dia da dedicação, entregou uma mensagem profética com relação ao futuro da sua nação.

— Do mesmo modo, Washington entregou uma mensagem profética com respeito ao futuro dos Estados Unidos, uma mensagem que estaria esperando por uma geração futura e indicada para o dia da calamidade, esperando para ser revelada — uma mensagem de menos de trinta palavras e, no entanto, uma das mensagens mais importantes que já foi transmitida à nação.

— E a mensagem...

— A mensagem é esta:

> Os sorrisos propícios do céu jamais poderão ser esperados por uma nação que desconsidera as regras eternas da ordem do direito que o próprio céu ordenou.[6]

— *Os sorrisos propícios do céu.* O que você acha que isso queria dizer, Nouriel?

— O céu — respondi — seria uma maneira de se referir a Deus.

— Sim. E *os sorrisos propícios do céu*?

— ... significariam a bênção e o favor de Deus.

— Correto. E as *regras eternas da ordem e do direito que o próprio céu ordenou?*

— Significaria os padrões imutáveis de Deus de moralidade... do que é certo e errado.

— Bom, Nouriel. Agora junte tudo. O que ele está dizendo?

— Se os Estados Unidos mantiverem os padrões eternos de Deus e seguirem os Seus caminhos imutáveis, então a nação será abençoada com o Seu favor... com a Sua proteção... com a Sua prosperidade... Mas se os Estados Unidos se afastarem dos caminhos de Deus, se desconsiderarem os Seus padrões eternos, então os sorrisos do céu, as bênçãos de Deus, serão retiradas — a sua prosperidade, a sua proteção e os seus poderes seriam retirados. Ele está fazendo uma advertência à nação: o dia em que os Estados Unidos se afastarem de Deus será o dia do começo da remoção das suas bênçãos.

— Correto — disse ele. — E as suas palavras seriam proféticas em vários aspectos. Os Estados Unidos seriam abençoados com o favor de Deus como nenhuma nação já foi abençoada. Mas chegaria o dia em que a nação faria exatamente o que foi advertida a nunca fazer.

— Ela *desconsideraria as regras eternas da ordem e do direito que o próprio céu ordenou.*

— Sim — disse o profeta. — Ela declararia que essas regras eternas são um escândalo e as aboliria. E as palavras de advertência se cumpririam. Os sorrisos do céu começariam a desvanecer... as bênçãos de Deus seriam retiradas.

— 11 de Setembro — a remoção da proteção dos Estados Unidos, o colapso econômico, o fracasso da prosperidade norte-americana.

— E cada bênção seria removida em um local ligado àquele primeiro dia inaugural, o dia da advertência, o Marco Zero na capela de St. Paul — o solo de consagração da nação — e a queda da Bolsa de Valores de Nova York no Federal Hall — o local da fundação dos Estados Unidos — onde a advertência foi dada.

— Aquela estátua de Washington — eu disse — erguida bem diante da Bolsa de Valores de Nova York, é um memorial, uma testemunha do dia em que a advertência foi feita, bem diante da Bolsa de Valores de Nova York, o símbolo da prosperidade dos Estados Unidos... enquanto ela despencava.

— Uma testemunha silenciosa de que os *sorrisos do céu* estavam sendo retirados.

Saímos do pátio e ficamos junto ao portão.

— Olhe em volta, Nouriel — disse o profeta enquanto apontava para o Marco Zero. — Quando a calamidade atingiu todos estes prédios, todos os prédios que cercavam o Marco Zero foram destruídos ou gravemente danificados, todos os prédios exceto um. Só houve um prédio que escapou da calamidade praticamente incólume. Ele foi chamado de *o milagre do* 11 *de Setembro.*

— E esse prédio...

— Foi o santuário de pedra onde os Estados Unidos foram consagrados a Deus, a capela de St. Paul. Ela foi outra testemunha silenciosa apontando novamente para a nação e relembrando a sua fundação.

— Como aconteceu — perguntei — de ela ser poupada?

— Foi um único objeto — disse ele — uma árvore.

— Não o...

— O Sicômoro... o Sicômoro do Marco Zero.

— O Presságio.

— O Sicômoro recebeu o crédito por ter servido de escudo para a capela, protegendo-a tanto da força da implosão quanto dos detritos que voavam das torres em queda.

— Então a capela foi salva da destruição pelo Presságio?

— Isso parece estranho? — ele perguntou.

— Não sei.

— O propósito dos Presságios não é condenar os Estados Unidos ao juízo, mas salvar, advertir, despertar, e fazer o país voltar-se para Deus a partir da destruição. O Sexto Presságio salvou a capela. Do mesmo modo, a redenção não apenas vem fora da calamidade... mas também por meio dela.

Recomeçamos a caminhar ao longo da cerca de ferro e em redor do pátio.

— Nos dias após o 11 de Setembro, algo estranho aconteceu. Pessoas de toda a cidade e de toda a nação foram atraídas para aqui. Primeiro foram os socorristas que usaram a capela como um centro de operações de emergência. Mas depois vieram os outros, os que estavam sofrendo, os que estavam chorando, os curiosos, os que buscavam uma resposta. A capela e a terra onde ela estava se tornou um ponto espiritual focal da calamidade. Alguns perambulavam pelo pátio em busca de consolo; outros entravam no santuário. Esta cerca de ferro ficou coberta de retratos, mensagens e objetos de fé. E não foi porque alguém sabia exatamente o que era que as atraía para aqui. Não tinha nada a ver com qualquer coisa ter ocorrido dentro destes muros ou com aqueles que agora supervisionam ou atuam nas suas funções. Teve a ver com o lugar em si. Havia algo neste lugar. E assim elas voltavam, inconscientemente, para orar no mesmo solo sobre o qual os primeiros líderes da nação também oraram no dia da advertência profética, que agora se cumprira.

— É como se... como se por trás de tudo — por trás do Marco Zero, por trás do Federal Hall, por trás da Capela... por trás dos Presságios — por trás de tudo estivesse a palavra *voltem!*

— Não *como se*, Nouriel; a palavra *está* por trás de tudo. É a palavra dos profetas. Por trás de todo mistério e Presságio uma voz está chamando, chamando a nação de volta para Deus, e clamando: *Voltem.*

Capítulo 20

As Coisas Que Estão Por Vir

ת א

Ele me conduziu para o outro lado da rua até o coração do Marco Zero. O lugar estava cercado de divisões e barreiras, mas de várias posições da rua, podia-se ver lá dentro.

— Tudo isto, Nouriel — disse o profeta — estava coberto de ruínas e tijolos caídos.

— *Os tijolos ruíram por terra...*

— E você vê aquilo?

— O prédio? — perguntei.

— Sim.

— Aquela é a Torre?

— O início da Torre — respondeu ele. *Mas tornaremos a edificar com pedras lavradas.*

— E onde estava a Pedra de Gazit?

— Ali — disse ele. — Foi ali que a desceram. Foi ali que eles se reuniram, e foi onde fizeram os seus votos.

— E o que acontece em seguida? — perguntei. — Se as primeiras fases seguiram o antigo padrão, e tão precisamente, como serão as últimas?

— Enquanto Israel continuasse a sua decadência da presença de Deus, a progressão tinha de continuar, e o mesmo acontecerá com os Estados Unidos.

— A progressão do juízo.

— A progressão das advertências e do juízo.

— Então é isto que está por vir — perguntei — advertências e juízo?

— E períodos de graça e alívio.

— Como nos anos após o 11 de Setembro.

— Sim, e assim como naquele período, a progressão continua, visível ou invisível, acima da superfície ou abaixo dela. E a voz de Deus continua a chamar.

— E se a nação não ouvir? — perguntei.

— Então teremos calamidade. Veja este Comentário Bíblico sobre Isaías 9:

> Aquilo que Deus pretende, ao nos ferir, é nos fazer voltar para Ele e nos levar a buscá-lo; *e, se isto não for conseguido com juízos menores, poderemos esperar outros maiores...*[1]

— Calamidades — disse eu — tomando a forma de quê?

— Elas podem tomar a forma de desintegração econômica ou derrota militar, desordem e divisão, o colapso da infraestrutura, calamidades geradas pelo homem, calamidades naturais, declínio e queda. E, no caso de uma nação tão grandemente abençoada pelo favor de Deus, a retirada de todas essas bênçãos.

— Prosperidade, proteção, paz.

— Sim. E no caso de uma nação proeminente entre as nações, significa o fim dessa proeminência... o colapso do império... a remoção da sua coroa.

— O 11 de Setembro foi uma sombra, então? — perguntei.

— Assim como o 11 de Setembro foi um dia simbólico. O World Trade Center era um símbolo de quê?

— Do poder financeiro dos Estados Unidos, da proeminência econômica global dos Estados Unidos.

— E assim, a sua queda — disse ele — estaria dizendo o quê?

— Ela estaria prevendo a queda do poder econômico financeiro dos Estados Unidos.

— Sim — disse o profeta — a queda do império norte-americano, o fim da era norte-americana, advertida e prenunciada pelo 11 de Setembro, e depois a queda do seu padrão... assim como o voto de Isaías 9:10 dá o seu fruto no versículo seguinte.

— Isaías 9:11.

— Você se lembra do que ele dizia?

— Você terá de refrescar a minha memória.

— Ele dizia isto:

> Portanto, o Senhor suscita
> contra ele os adversários de Rezim
> e instiga os inimigos.[2]

É o começo da destruição. Ele continua:

> E devoram a Israel à boca escancarada.
> Com tudo isto, não se aparta a Sua ira,
> E a mão dele continua ainda estendida...
> A terra está abrasada...
> Mas que fareis vós outros no dia do castigo,
> Na calamidade que vem de longe?
> A quem recorrereis para obter socorro?[3]

— Então, o que ele está dizendo? — perguntou o profeta.

— É uma profecia de destruição nacional — respondi. — Isaías 9:10 leva a uma profecia de destruição nacional.

— E as palavras do voto de Isaías 9:10 na verdade introduziriam essa destruição.

— Como?

— O mesmo espírito de desafio, declarado primeiramente nesse voto, finalmente levaria a nação a um erro fatal. Ela se levantaria em desafio ao império assírio. Esse desafio, por sua vez, levaria os assírios a invadir a terra mais uma vez, mas dessa vez não como uma advertência.

— Mas para destruí-la.

— Eles ficariam sitiados por três anos. Depois, no ano 722 a.C., as defesas deles desabariam, e o reino de Israel desapareceria das páginas da História.

— Então todo aquele primeiro ataque dos tijolos e sicômoros caídos acabaria sendo o presságio de um julgamento ainda maior.

— Uma advertência e um presságio.

— Mas aquilo que *estava* para acontecer — perguntei — *tinha* de acontecer?

— É um paradoxo — respondeu ele.

— Era irrevogável? É possível que Deus pudesse ser misericordioso em vez disso?

— Misericordioso em vez disso? Nouriel, você ainda não entende Deus? A vontade de Deus é que ninguém pereça. O juízo não é desejo dele... mas uma necessidade para Ele. O bem precisa pôr um fim ao mal, ou do contrário ele deixaria de ser bem. E, no entanto, a Sua misericórdia ainda é maior que o juízo. O coração de Deus sempre deseja a redenção. E aí está a esperança.

— A esperança dos Estados Unidos? — perguntei.

— Sodoma era uma cidade corrupta e violenta, imoral e depravada. Mas ainda havia esperança. Deus teria poupado toda a cidade se pudessem ser encontrados apenas dez justos nela.

— Mas Sodoma foi destruída.

— Porque — disse ele — ela não tinha nem mesmo dez justos. Depois havia o reino de Judá, um reino que um dia conhecera a Deus e, no entanto, havia descido tão baixo que a terra estava cheia de altares a deuses estranhos, coberta com o sangue de seus filhos. O seu juízo estava decretado. Mas então um homem justo chamado Josias subiu ao trono. O rei Josias tentou reverter o declínio espiritual de Israel. Ele aboliu as práticas pagãs, destruiu os ídolos, derrubou os altares e procurou restaurar a nação para Deus.

— Então o juízo *não* aconteceu? — perguntei.

— Não — ele respondeu — o julgamento *aconteceu*.

— Mas eu pensei...

— Ele aconteceu porque a nação nunca mudou realmente de rumo, e, depois da morte de Josias, eles retomaram o seu declínio espiritual. Mas enquanto Josias viveu, o julgamento foi evitado.

— Então o juízo pode ser retardado.

— Sim, até por amor a um homem. E também houve Nínive, a grande cidade assíria.

— Do império assírio?

— Do império assírio sem misericórdia, arrogante, brutal e de sangue frio. O julgamento deles também foi decretado. Deus chamou o profeta Jonas para ir até lá e proclamar a destruição vindoura. Mas Jonas fez tudo que podia para evitar atender ao chamado.

— Ele não queria proclamar o juízo deles?

— Não — disse o profeta — porque ele não queria que eles fossem salvos. Ele sabia que a vontade de Deus não era o juízo, mas a misericórdia.

— Mas ele acabou indo para lá.

— Depois de certa persuasão.

— E...

— O povo de Nínive recebeu a advertência profética que lhe foi dada. O chamado foi proclamado desde os líderes até a todos os habitantes da cidade, para que se arrependessem, orassem e buscassem a misericórdia de Deus.

— E...

— E Deus ouviu as orações deles. E o juízo foi desviado.

— Mas se o juízo deles foi decretado e proclamado — perguntei — como ele podia não acontecer?

— O que devia nos preocupar mais, Nouriel, que o juízo não tenha acontecido como havia sido proclamado, ou que milhares de vidas foram salvas? Veja, aquele que deseja o julgamento é o homem, não Deus. O coração de Deus deseja a salvação. Maior que os Seus juízos são as Suas compaixões.

— Quanto tempo — perguntei — se passou desde Isaías 9:10 até o julgamento da nação, ou desde o tempo da primeira invasão assíria até a destruição de Israel?

— Cerca de dez anos — respondeu ele.

— E quanto ao reino do sul, Judá, ele seguiu o mesmo padrão — um ataque inicial, um presságio, e depois a destruição?

— Sim, o mesmo padrão. Primeiro veio a invasão inicial em 605 a.C., desta vez pelos babilônios. Mais tarde, o mesmo exército voltaria a destruir a terra, a cidade e o Templo.

— Quando? — perguntei.

— Em 586 a.C.

— Então desde o tempo da primeira incursão até o tempo da destruição... cerca de vinte anos.

— Sim. Mas não existe uma fórmula — ele respondeu. — Cada caso é diferente.

— Mas existe um padrão.

— Um padrão sim, mas cada caso é diferente.

— Então Israel é advertida, mas não se arrepende e é destruída. Sodoma poderia ter sido salva por amor a dez justos, mas não havia nem dez, e a cidade foi destruída. O juízo de Judá é decretado, mas detido, desviado até o tempo determinado, por causa de um rei justo. E Nínive toma conhecimento do seu juízo por um profeta que nem sequer deseja que a cidade se arrependa, mas eles se arrependem mesmo assim, e o julgamento deles é evitado.

— Correto.

— Então qual destes é o caso dos Estados Unidos?

— Os Estados Unidos são um caso particular — disse ele. — Enquanto tivermos vida e enquanto Deus for misericordioso, há esperança. Mas a esperança da nação é dependente.

— De...

— Da sua resposta ao chamado de Deus.

— E Deus ainda está chamando os Estados Unidos?

— Sim.

— E a mensagem é...

— Você já conhece a mensagem.

— Os sorrisos do céu não podem permanecer sobre uma nação que desconsidera os caminhos de Deus. *Se* os Estados Unidos se afastarem de Deus, as bênçãos dele do mesmo modo serão removidas e substituídas por juízo.

— Não é *se* — disse o profeta.

— Não é *se*? — perguntei.

— Não é *se* os Estados Unidos se afastarem de Deus — disse ele. Eles já estão se afastando. Então qual é a mensagem?

— Voltar?

— Sim, disse o profeta. — A mensagem é *voltem.*

— Mas como uma nação volta para Deus?

— Você não chegou a ler a mensagem no papel.

— No meu sonho?

— No seu sonho.

— Não. Eu acordei. Mas era a mensagem de Washington, a advertência a uma nação que desconsidera as regras eternas do céu.

— Sim — respondeu ele — isto é parte da mensagem. Mas no seu sonho, não era apenas Washington. Washington e o rei Salomão foram unidos.

— Então?

— Então a mensagem é dupla. Há outra parte dela, outra palavra profética, e desta vez dita pelo rei Salomão.

— Do rei Salomão para os Estados Unidos?

— Para aquela nação que se afastou de Deus, para aquela nação de quem os sorrisos do céu foram retirados.

— E esta palavra veio durante a dedicação do Templo? — perguntei.

— Ela veio quando a dedicação havia terminado — respondeu ele. — Deus apareceu a Salomão à noite para dar a ele uma palavra, uma resposta às orações que ele fizera no Templo do Monte.

— As orações que ele fez sobre o futuro da nação... pelo dia do seu afastamento de Deus e da calamidade que ela sofreria em consequência.

— Sim. E agora Deus estava dando a Salomão a resposta à sua oração e a resposta para uma nação sob a sombra do juízo. Esta é a mensagem *agora para os Estados Unidos.*

Então o profeta me entregou uma Bíblia, uma pequena Bíblia preta, pequena o suficiente para caber no bolso da camisa de alguém.

— Abra-a — disse ele — no Livro de 2 Crônicas, capítulo 7, versículo 14, e leia.

Então, abri-a e li as palavras em voz alta:

> Se o Meu povo, que se chama pelo Meu nome, se humilhar, e orar, e me buscar, e se converter dos seus maus caminhos, então, eu ouvirei dos céus, perdoarei os seus pecados, e sararei a sua terra.[4]

— Esta é a palavra, Nouriel. Esta é a palavra indicada para os Estados Unidos.

— *Se o Meu povo* — eu disse. — E quem é o *Meu povo*?

— Quando a mensagem foi dada a Salomão, o *Meu povo* se referia à nação como um todo, e, mais especificamente, àqueles dentro da nação que podiam ser genuinamente chamados de povo de Deus, aqueles que seguiam os Seus caminhos.

— E o que significaria aplicado agora aos Estados Unidos?

— É o chamado de Deus a uma nação que um dia foi dedicada aos Seus propósitos, mas que agora estava se desviando da Sua vontade. É o chamado de Deus para voltarmos.

— E um chamado para aqueles que seguem os Seus caminhos... para os crentes?

— Exatamente.

— Mas por que os crentes teriam de voltar? — perguntei.

— O chamado ao arrependimento é para justos e injustos, crentes e ímpios igualmente. Se os justos tivessem sido a luz que eles foram chamados para ser, a nação jamais teria caído como caiu.

— Em Israel ou nos Estados Unidos?

— Em ambos.

— *Se humilhar...* Uma nação inteira se humilhando?

— Como Nínive fez, e foi salva.

— *E orar, e Me buscar.*

— Os Estados Unidos foram fundados sobre a oração. Portanto, a remoção da oração da sua vida pública foi uma parte crucial do seu afastamento de Deus. Uma nação que se afasta da oração finalmente se encontrará precisando dela desesperadamente. A calamidade fez os Estados Unidos voltarem para o solo da sua consagração — a nação estava sendo chamada a se voltar para Deus em oração.

— Mas isso já não aconteceu em certo sentido? Após o 11 de Setembro, as igrejas da nação ficaram cheias de pessoas.

— Uma busca momentânea por consolo diante da calamidade não tem nada a ver com a oração e a transformação necessárias para desviar o julgamento de uma nação — assim como dizer *Deus abençoe a América* não tem nada a ver com buscar a face de Deus.

— E como uma pessoa busca a face de Deus? — perguntei.

— Primeiro, levando isso a sério o suficiente para se desviar de tudo o mais, de qualquer outra busca.

— *E se converter dos seus maus caminhos.*

— Sim — disse o profeta — o "x" da questão é o arrependimento. Mesmo com toda a conversa sobre Deus abençoando os Estados Unidos no dia seguinte ao 11 de Setembro, o grande fator que faltou foi o arrependimento. Sem ele, tudo o mais é nulo e anulado. Os Estados Unidos precisam encarar a magnitude da sua decadência moral e espiritual, a degradação da sua cultura... até a multidão dos seus ídolos... até a sua queda para imoralidades cada vez mais profundas.

— Os ídolos...

— Os ídolos da carnalidade, impureza, ganância, materialismo, vaidade, obsessão egoísta... e os altares cobertos com o sangue dos seus inocentes. Sem uma mudança de rumo, não pode haver mudança de destino. Só no arrependimento o juízo pode ser evitado, e apenas em uma verdadeira mudança das trevas para a luz.

— E quanto aos que são chamados pelo Seu nome — perguntei — os crentes? Eles também precisam se arrepender?

— Eles precisam ser os *primeiros* a se arrepender.

— De quê?

— Da sua apatia, da sua complacência... dos seus compromissos com as trevas... das suas omissões... de servirem a outros deuses... dos seus pecados cometidos em segredo... por reterem a vida... e pelo fracasso em cumprir o seu chamado.

— O seu chamado?

— De ser a luz do mundo.

— E se *houver* uma mudança de rumo? — perguntei.

— Então Ele *ouvirá* do céu e perdoará os pecados deles e curará a sua terra.

— E isto é uma certeza?

— A parte dele é certa. O amor dele é certo. A misericórdia dele é certa. Os braços dele estão abertos. A misericórdia dele não tem fim. E não há pecado tão grande que o Seu amor não seja ainda maior.

— Então o que acontecerá com os Estados Unidos — perguntei — juízo ou redenção?

— Você quer saber a resposta sobre o fim... — disse ele.

— Qual será o fim? — perguntei novamente. — Juízo ou redenção?

— Ou redenção nascida do juízo — ele respondeu. — O que o futuro reserva? O que está preparado para os Estados Unidos? Quatro palavras, Nouriel... tudo está repousando sobre quatro palavras: *Se o Meu povo!*

— O futuro de uma nação está repousando sobre quatro palavras.

— Ou até mesmo sobre uma — disse o profeta.

— O futuro da nação está repousando sobre uma palavra...

— *Se.*

— O nosso tempo está quase se encerrando — disse ele.

— O tempo do nosso encontro?

— O nosso tempo juntos, o tempo da transferência. Chegamos ao fim da matéria.

— A matéria?

— A questão do fim.

— Então o que falta? — perguntei.

— O que vem depois.
— Depois do fim?
— Depois do fim.
— Como poderia alguma coisa vir depois do fim? — perguntei. — Se isso fosse possível, o fim não seria o fim.
— Então talvez não seja.
— Mas então...
— Venha.

Capítulo 21

Eternidade

ת א

Ele me conduziu para longe do Marco Zero até a beira da água, que era uma caminhada curta.

— Então vocês estavam do lado oeste — disse Ana — junto ao rio Hudson, assim como estava na primeira vez em que o viu.

— Junto ao rio Hudson — respondeu ele — exceto pelo fato de que quando o vi pela primeira vez, estávamos muito mais acima.

— E este era o lado oeste inferior, é claro. Havia alguma coisa importante que ele queria que você visse?

— Não. Acho que ele apenas queria me levar para longe de tudo o mais, longe de qualquer distração. Era fim de tarde. A água estava brilhando com uma luz dourada. Diante do ambiente, a pergunta que ele me fez parecia não se encaixar.

— E o que você fará no Dia do Juízo? — ele perguntou.

— Você definitivamente sabe como arruinar um momento — respondi. O que eu farei?

— *O que você fará no dia do juízo... no dia do castigo?* São as palavras da profecia. É onde Isaías 9:10 nos leva. Foi o que o Senhor perguntou ao povo de Israel antes da calamidade final.

— É uma pergunta assustadora, e uma situação aterrorizante para se viver... em vista de tudo que estava por vir.

— E se *fosse* você, Nouriel, que estivesse vivendo ali naquela época, andando nas pisadas deles? E se fosse você quem ouviu a voz dos profetas, e tivesse entendido os Presságios, e sabido que o juízo estava vindo? Ninguém ao seu redor estava se dando conta disso. Todos continuavam prosseguindo com a sua vida, sem fazer ideia do que estava por vir. O que você faria?

— Eu iria querer que eles soubessem. Eu iria querer que eles fossem salvos. Eu lhes contaria.

— Mas quem o ouviria? Quem levaria a sua advertência a sério? E quanto à sua própria situação? Uma nação está se dirigindo para o juízo, mas você faz parte dela. Como você vai se salvar? O que *você* fará no Dia do Juízo? Aonde você irá para ter segurança?

— Para fora do país, acho.

— O Juízo não é uma questão geográfica. Não importa onde você estiver. Nenhum lugar é longe o bastante, e nenhum refúgio é suficientemente forte.

— Então o que eu faria?

— O motivo pelo qual estou fazendo esta pergunta é porque você *vive* nesta época e neste lugar, e você *ouviu* a voz dos profetas, e você *entende* os Presságios e sabe o que eles anunciam. Então a pergunta não é hipotética. E não é sequer "O que você *faria*?", mas O que você *fará*? O que você fará, Nouriel, no Dia do Juízo?

— No dia do juízo de uma nação?

— No dia do *seu* juízo — disse o profeta. — E se você fosse um deles, naquela época, e a sua vida terminasse antes do juízo da nação acontecer? E aí?

— E aí?

— Você teria escapado do juízo?

— Sim — respondi.

— Não. Não teria. O juízo não tem a ver com nações — mas com pessoas. Como está escrito: *Aos homens está ordenado morrerem uma só vez, vindo, depois disto, o juízo.* Depois do fim vem o Dia do Juízo, à luz do qual todos os outros juízos são apenas prenúncios. E ninguém está isento. Cada um deve comparecer perante Ele.

— Por quê?

— Por que o juízo?

— Sim.

— Tem de ser assim. Enquanto houver o mal, tem de haver julgamento. Todo pecado, todo erro, todo mal tem de ser levado a um fim. Sem isso, não haveria esperança.

— Sem julgamento não haveria esperança? — perguntei.

— Sem julgamento, não haveria fim para o mal no universo... ou no coração do homem. Não haveria céu.

— Por que não haveria céu?

Ele tirou os olhos de mim e olhou para a luz do sol se pondo antes de falar novamente.

— Porque então o céu teria de estar cheio de trancas e prisões, de ódio e violência, medo e destruição. O céu deixaria de ser céu... e se tornaria inferno. Mas *existe* um céu, e há um tempo e um lugar onde não há mais tristeza... não há mais ódio... não há mais choro ou lágrimas... e não há mais dor. Tem de haver um julgamento. O mal precisa acabar... além do qual está o céu.

— Então, em outras palavras, se o mal entrasse no céu, o céu deixaria de ser céu porque o mal estaria nele.

— Sim — ele respondeu. — E quem é mau?

— Aqueles que matam, que enganam, que roubam, aqueles que ferem e abusam de outros...

— E só isso? — ele perguntou.

— Tenho certeza de que existem outras categorias.

— E quanto a você, Nouriel? Você se encaixa em alguma dessas categorias?

— Não.

— Não — ele respondeu — você não se encaixa. Mas lembre-se: *Todos os caminhos do homem são puros aos seus olhos.* Está no livro de Provérbios. Esta é a natureza humana. Portanto, tome cuidado com a imagem que aparece aos seus próprios olhos. Cuidado com o bom nazista.

— O bom nazista? E o que isso significa?

— Os nazistas enviaram milhões para a morte por puro ódio e mal. Você consegue pensar em uma pessoa mais má do que essas? E, no entanto, você acha que a maioria deles se via como maus?

— Não.

— E por que não? — perguntou ele. — Porque eles se comparavam e se mediam pelos padrões que eles mesmos criaram. Cada um, aos seus próprios olhos, era um bom nazista, um nazista moral, um nazista decente, um nazista religioso, e um nazista que não era pior que o próximo. Porque vendo a si mesmos aos seus próprios olhos, eles ficaram cegos. Mas o julgamento deles veio em forma de destruição, e os pecados deles seriam expostos perante o mundo.

— Mas há uma grande diferença entre os nazistas e a maioria das pessoas.

— O princípio é o mesmo. Você nunca pode julgar a si mesmo pelos próprios padrões e pela própria justiça, mas somente à luz da justiça *dele.*

— E como podemos julgar a nós mesmos à luz da justiça de Deus?

— Qual você acha que é maior — perguntou ele — a distância moral que nos separa do mais monstruoso dos nazistas ou aquela que nos separa de Deus?

— Acho que aquela que nos separa de Deus.

— Correto, porque a primeira separação é finita. Mas a segunda é infinita. Então o que vemos como o menor dos pecados dentro de nós mesmos aparece, aos olhos daquele que é a bondade absoluta, ainda mais abominável e mau que os crimes dos nazistas parecem para nós. À luz do Deus absoluto, a nossa luxúria é como o adultério e o nosso ódio como o assassinato.

— Mas então quem poderia estar diante dele? — perguntei. — Quem poderia chegar ao céu?

— Ninguém poderia estar diante dele, e ninguém poderia chegar ao céu. A que distância um único pecado o levaria da infinita justiça de Deus?

— A uma distância infinita?

— Sim. Então, qual a distância que estamos do céu?

— Uma distância infinita.

— E qual o tamanho do julgamento?

— Infinitamente grande.

— E quanto tempo levaríamos para transpor a distância, para nos reconciliar com Deus, para entrar no céu?

— Uma infinidade de tempo.

— A eternidade — disse ele.

— Então jamais poderíamos chegar lá, não é?

— E estar infinitamente separado de Deus e do céu... é o quê? — ele perguntou.

— O inferno?

— O inferno — a separação infinita de Deus e de todas as coisas boas; o julgamento total, infinito e eterno.

— Não morremos apenas?

— A alma é eterna — disse ele. — De uma forma ou de outra, ao fim de mil eras, você ainda vai existir. A questão é *onde*. E se a alegria e a glória de estar na presença de Deus no céu estão além da sua imaginação, então as trevas e o horror de estar na ausência dele... sem Ele para sempre... no inferno, também estão.

— Então a nossa situação é ainda mais grave que a de uma nação na hora do seu juízo.

— A possibilidade de entrar na eternidade como um ímpio, do lado errado de um julgamento infinito, é muito mais grave que o julgamento de qualquer nação — infinitamente mais grave. As nações são temporárias; a alma é eterna. Então, Nouriel, pergunto de novo, o que você fará no Dia do Juízo?

— Diga-me.

— Se você tem uma distância infinita e um problema infinito, de que você precisa?

— De uma resposta infinita?

— O que significa que a resposta não poderia vir de você mesmo ou deste mundo. Ela só poderia vir do infinito, do céu... de Deus, o que significa que qualquer resposta, qualquer ideologia e qualquer sistema alicerçado nos esforços do homem estão de fora.

— O que elimina a maioria das respostas — disse eu.

— O que elimina *todas* as respostas — respondeu ele — cada resposta fundamentada no homem querendo alcançar Deus, com a mão estendida para cima, para o céu. A resposta só pode vir do sentido inverso, do infinito para o finito, do céu para a terra... de Deus para o homem.

— Uma das mãos estendida do céu para a terra?

— Exatamente. E qual é a única coisa que pode responder a um juízo infinito?

— Uma misericórdia infinita?

— Sim, a misericórdia infinita de um amor infinito. E qual é a única coisa que poderia preencher uma ausência infinita?

— Uma presença infinita.

— A presença infinita do amor infinito.

Ele fez uma pausa após dizer isso e virou de costas para o sol e a água de modo que estava olhando diretamente nos meus olhos quando falou novamente.

— Nouriel, você sabia que há uma parte do World Trade Center que ainda continua em pé?

— Não, nunca ouvir falar nisso.

— Uma parte do World Trade Center continua em pé até hoje, nesta cidade.

— Ela está em pé em que sentido? — perguntei.

— Como um sinal — ele respondeu — literalmente.

— Não entendo.

— No terceiro dia após a calamidade, um operário estava em pé nas ruínas de um dos prédios destruídos. Quando ele olhou para cima, ele o viu.

— O sinal...

— O sinal... inconfundível... evidente... não forjado por mãos humanas, mas pela força da calamidade... uma cruz... uma cruz perfeitamente formada... de seis metros de altura... de vigas de ferro fundido das torres caídas, em pé no meio de um cenário de devastação... como se erguendo das ruínas. Quando ele a viu, ele não conseguiu conter as lágrimas. Nos dias e semanas que se seguiram, ela ficaria conhecida como *a Cruz do Marco Zero*, um sinal de fé e esperança em meio à calamidade, um sinal chamando a nação novamente a um retorno. Mas não apenas a nação... um sinal chamando cada homem a um retorno.

— Esta é a resposta de que você falou?

— A resposta ao julgamento. Pois qual é a única coisa que pode responder a um julgamento infinito e construir uma ponte sobre um abismo infinito?

— Um amor infinito — eu disse. — A presença infinita de um amor infinito.

— Daquele que é infinito — disse ele.

— Você quer dizer Deus.

— Deus.

— Mas você não mencionou a palavra *religião* nem sequer uma vez.

— Porque não se trata de religião; trata-se de amor. Este é o significado do sinal, a derrota do juízo infinito pelo amor infinito.

— O amor de Deus.

— O amor de Deus. Porque Deus é amor, e a natureza do amor qual é?

— Dar? — respondi.

— Sim, dar de si mesmo, colocar-se no lugar do outro mesmo se isso significa que ao fazê-lo tem de sacrificar a si mesmo. Então se Deus é amor, qual seria a manifestação definitiva do amor?

— Não sei.

— Entregar a si mesmo... Deus Se entregando para tomar sobre Si o julgamento daqueles que estão sendo julgados, e, ao fazer isso, eles fossem salvos. O amor se coloca no lugar do outro. Então a manifestação definitiva de amor seria...

— Deus Se colocando em nosso lugar.

— Em nossa vida, em nossa morte, em nosso julgamento... o sacrifício.

— Como em Jesus...

— O sacrifício infinito — disse o profeta — para tomar sobre si um julgamento infinito, no qual todos os pecados são anulados e todos os que participam são libertados... perdoados... salvos. Uma redenção infinita na qual o julgamento e a morte são vencidos e uma nova vida é dada... um novo começo... um novo nascimento. O amor de Deus é maior que o juízo... Lembre-se... não há sinal tão profundo que o Seu amor não supere em profundidade... e nenhuma vida é tão sem esperança... nenhuma alma está tão longe... e nenhuma treva é tão escura que o Seu amor não seja maior ainda.

— Mas isso é tudo... não nasci com isso, nem fui criado assim, e não sou religioso.

— Ser religioso não tem nada a ver com isso — disse ele. — Não existe religião no céu, apenas amor. É o coração, Nouriel. E você não poderia ter nascido com isso, para início de conversa, apenas ter nascido *de novo* para isso. E isso não pode acontecer sem a sua escolha.

— Nascer de novo?

— Sim. Você sabe o verdadeiro nome dele?

— De Jesus?

— Sim.

— Pensei que esse *fosse* o verdadeiro nome dele.

— O verdadeiro nome dele é *Yeshua.* É hebraico. Ele era judeu, como todos os Seus discípulos, e a mensagem que eles proclamaram era sobre o Messias judeu, o cumprimento das Escrituras hebraicas, a Esperança de Israel. *Yeshua* é o nome hebraico que significa *Deus é Salvação,* ou *Deus é Libertação... Proteção... Resgate... Liberdade... Refúgio... e Segurança.* No Dia do Juízo, não haverá solo seguro... nem salvação, exceto nele que *é* a salvação.

— Então como alguém pode se salvar?

— *Se alguém não nascer de novo, não pode ver o reino de Deus.* Estas são as palavras *dele.*

— E como uma pessoa pode nascer de novo?

— Recebendo... abandonando... deixando a velha vida e começando uma nova vida. Escolhendo... abrindo o seu coração para receber aquilo que está além da compreensão — a presença... a misericórdia... o perdão... a purificação... o inesgotável amor de Deus.

— Recebendo o que exatamente?

— O dom, dado gratuitamente e recebido gratuitamente, e, no entanto, tão grande que vale mais que a própria vida... um dom tão grande que muda tudo o mais.

— E o dom é...

— Se Deus é amor, e o amor é um dom, então o Doador e o dom são um só.

— Então o dom é Deus?

— A salvação vem quando Ele *dá* a Sua vida e é completa quando *recebemos* a Sua vida. Pense em uma noiva e um noivo.

— Uma noiva e um noivo?

— O noivo dá tudo o que tem pela noiva, até a sua vida. A noiva precisa fazer o mesmo. Ele a chama. Se ela disser sim, tudo o que ele tem passa a ser dela, e tudo o que ela tem passa a ser dele. Os fardos dela passam a ser os fardos dele, os pecados dela passam a ser os pecados dele. Ele passa a ser dela, e ela passa a ser dele. Ela deixa sua antiga vida para trás por uma nova, para ir com o seu amado. Aonde quer que ele vá, ela vai com ele, e onde quer que ela habite, ele nunca a deixa. Ele a ama com todo o seu ser, como ela o ama. Um vive para o outro, e o outro também. Os dois se tornam um.

— Então o noivo é...

— Deus.

— E a noiva é...

— Aquele que o recebe.

— Isso parece lindo — eu disse.

— E *é* lindo... a coisa mais linda que você poderia encontrar ou conhecer ou ter nos seus dias aqui na terra.

— É uma história de amor.

— No fim das contas, isto é o que ela sempre pretendeu ser... uma história de amor.

— Um casamento.

— Sim, um casamento eterno para o qual todos nós nascemos, e do qual ninguém deveria ficar de fora, para que ninguém entrasse sozinho na eternidade.

— E ele começa...

— Ele começa quando alguém recebe... quando alguém abre o coração... quando alguém abandona as trevas e se volta para a luz... quando alguém se entrega... quando alguém compromete a sua vida — um voto de amor... uma oração... uma decisão... um *sim* total e incondicional.

— E isso acontece...

— Em qualquer lugar, sozinho ou com outros, onde quer que você esteja. Acontece em qualquer lugar, pois acontece no coração.

— E a qualquer momento?

— Não, Nouriel — disse ele. — Não acontece em qualquer momento. Só acontece em *um* momento.

— Que momento?

— *Agora...* — disse o profeta. — Agora é a única hora em que isso pode acontecer. Como está escrito, *Esta é hora da salvação,* não amanhã, mas agora.

— Mas se estivéssemos falando amanhã, poderia acontecer amanhã.

— Sim, mas só quando o amanhã se tornar agora, e o amanhã se tornar hoje. Mas quando isso acontecer, você poderá não estar aqui.

— E por que eu não estaria?

— A que distância da eternidade você pensa que está, Nouriel?

— Como eu poderia saber?

— Mas você pode saber — respondeu ele.

— Então qual é a resposta? — perguntei. — Qual a distância que estou da eternidade?

— A distância de uma batida do seu coração — respondeu ele. Uma batida do seu coração. É isso. Isso é tudo. Você está apenas a uma batida do seu coração da eternidade. Tudo que você tem — a sua vida, a sua respiração, este momento, é tudo emprestado, é tudo um dom. E a qualquer momento tudo isso termina com uma batida do coração... apenas uma batida do coração, e não há mais tempo. Uma batida do coração e a chance de ser salvo se foi. Uma batida do coração e não há mais escolha — tudo está selado para a vida eterna ou a morte eterna.

— Mas se eu não tiver escolhido...

— Então você já escolheu. Se você não escolher ser salvo, então você escolheu não ser salvo. A sua vida e a sua eternidade... tudo está a uma batida do seu coração. *E o que você fará no Dia do Juízo?* Lembre-se desta pergunta, Nouriel... porque no fim esta é a única pergunta. Lembre-se desta pergunta... porque ninguém sabe quando esse dia chegará. A única coisa que você pode ter certeza é que ele *virá*, e a única hora da qual você pode ter certeza é agora. O agora é tudo que você tem. E agora é a hora da salvação.

— É uma decisão muito grande para se tomar assim.

— É uma decisão muito grande para *não* se tomar — disse ele.

— Eu teria de ver para crer.

— Não, Nouriel, você precisar *crer* para poder ver e para encontrar o que está procurando.

— E o que é que eu estou procurando?

— O sentido, o propósito da sua vida, o motivo pelo qual você nasceu. É a única maneira de você descobrir... Só naquele que lhe deu a vida é que você pode descobrir o sentido dela.

— Preciso de tempo.

— E você tem tempo, Nouriel... até a última batida do seu coração.

Ele fez silêncio por alguns minutos para permitir que as suas palavras fizessem efeito enquanto eu olhava para as águas distantes.

— O selo — disse ele. — Posso tê-lo de volta?

Então, eu o devolvi a ele.

— E com isto — disse o profeta — está consumado. O tempo da revelação dos mistérios está concluído.

— Então você não tem nada mais para me dar? — perguntei.

Ele fez uma pausa e olhou para mim com o olhar de um vendedor de loja quando lhe pedem um artigo que ele não tem mais em estoque. Mas então a sua expressão mudou.

— Pensando bem — disse ele — tenho.

— Há outro selo?

— Sim, pensando bem.

—Ele enfiou a mão no bolso do casaco, tirou-o e entregou-o a mim.

— O que era? — ela perguntou.

— Era o primeiro, o primeiro selo.

— Espere, pensei que ele tivesse lhe dado o primeiro selo, o selo do Primeiro Presságio, e você o tivesse devolvido a ele.

— Não. Havia outro. Havia outro antes daquele selo. O selo que eu dei a *ele* no início.

— O que chegou pelo correio? — ela perguntou.

— Sim, o que deu início a tudo. Eu não o havia visto desde o dia em que o entreguei a ele, anos antes, quando tudo começou.

— É justo que ele seja devolvido ao seu dono — disse ele. — É o *seu* selo, o seu depósito de segurança. Está vendo? Eu lhe dei a minha palavra que você o teria de volta.

— Você me disse que eu o teria de volta quando os Presságios terminassem.

— E aqui estamos.

— E não há nada mais?

— Mais?

— Não há mais mistérios, não há mais revelações?

— Você tem tudo o que precisa agora.

— Então...

— Então — disse ele — é isso aí.

— Então...

— Então chegou a hora de nos separarmos.

— Isto é tudo?

— Adeus, Nouriel.

—A esta altura, ele não se foi. Ele permaneceu junto às águas, como se esperando que eu saísse primeiro. Então comecei a me afastar, achando difícil aceitar o final de tudo aquilo. Cerca de dez segundos após a minha partida foi que ouvi a sua voz.

— Oh! — disse ele — *há* algo mais.

Congelei onde estava, e sem me virar, mas olhando direto para a frente, respondi.

— O quê? — perguntei.

— Você não respondeu à minha pergunta.

— *Eu* não respondi à *sua* pergunta? E que pergunta foi essa?

— *Por que você recebeu o selo?* Perguntei-lhe isto no começo, mas você não me respondeu.

— E por que você precisa saber a resposta para esta pergunta?

— Não preciso.

— Então por que está me perguntando?

— Porque *você* precisa.

— *Eu* preciso?

— Sim. É você quem precisa saber a resposta a esta pergunta.

— Então por que eu não estou fazendo esta pergunta?

— Esta é uma boa pergunta.

— "Por que eu não estou fazendo esta pergunta" é uma boa pergunta?

— Sim — disse ele. — É um mistério.

— Um mistério para *você*?

— Sim.

— Isto é uma troca.

— Por que você recebeu o selo?

— Este é outro mistério? — perguntei. — Este é o último mistério?

— Responda à pergunta, Nouriel... e você saberá.

Capítulo 22

O Último Selo

ת א

— E então, o que aconteceu? — ela perguntou.

— Nada em princípio, nada que revelasse por que eu recebi o selo. Havia outra questão, mais urgente, com a qual eu tinha de lidar.

— Mais urgente?

— A questão da eternidade. Ela assombrava os meus pensamentos. Era nela que tudo o mais estava firmado ou caía. Se eu não acertasse essa parte, o restante não importava, minha vida, nada. Tudo chegaria a um fim, e depois... a eternidade. Tudo acabaria com a eternidade — a única coisa que não acabaria, a única coisa que restaria quando tudo o mais se fosse... e, portanto, a única coisa que importava. Eu tinha de acertar essa parte. Eu precisava consertar a minha vida com Deus.

— E você fez isso?

— Sim.

— Como?

— Seguindo as palavras dele.

— E o que aconteceu?

— Tudo começou a mudar, não tanto ao meu redor, não as minhas circunstâncias, mas dentro de mim. Foi uma libertação, uma complementação, e, pela primeira vez em minha vida, eu tive paz de verdade.

— E o que aconteceu depois disso?

— Depois disso, procurei dar um sentido a tudo o que acontecera até aquele ponto — meus encontros com o profeta, tudo que me foi mostrado, todas as revelações dos mistérios. Eu não tinha ideia do que devia fazer com aquilo. E por que eu? Tentei prosseguir com a minha vida de maneira normal, como eu a vivia antes do profeta, antes dos Presságios, antes de receber aquele envelope. Tentei... mas foi impossível. Eu era um escritor de artigos, cujo propósito era entreter meus leitores ou, na melhor das hipóteses, provocá-los. Mas à luz das revelações, tudo que eu estava fazendo agora parecia irremediavelmente superficial e trivial, sem qualquer consequência. E depois havia aquele fardo.

— Que fardo?

— Do que eu sabia.

— Você sentia um fardo acerca do futuro?

— Não por mim mesmo — disse ele. Eu não temia por mim mesmo, mas pelos outros. O véu havia sido removido para que eu pudesse ver, para que eu fosse advertido. Mas e quanto a todos os outros? Eles não faziam ideia. Eles não tinham noção do que estava acontecendo ou de para onde tudo estava se encaminhando.

— Parece com o que os profetas devem ter passado — disse ela.

— Eu não conseguia fugir daquilo. E, no entanto, não havia nada que eu pudesse fazer a respeito... um fardo sem direção. Retirei o selo.

— O último selo.

— E o primeiro... para analisá-lo em detalhe.

— Você nunca havia feito isso? — ela perguntou.

— Não seriamente... não tão seriamente quanto eu havia feito com os outros. Quando eu o recebi, eu não tinha certeza de que ele tivesse qualquer significado. E quando ele o devolveu, no final, não parecia haver qualquer razão para isso. Os mistérios haviam terminado exceto quanto ao motivo pelo qual eu fui a pessoa que os recebeu. E ele não era como os outros selos. Ele não tinha uma imagem, apenas inscrições de aparência antiga. O propósito dele, eu presumi, era iniciar a busca, e depois encerrá-la. Não pensei que restasse muita coisa para ser descoberta agora que tudo estava terminado.

— E restava?

— A escrita sobre o selo era em um idioma que eu nunca havia visto. Mas eu me lembrava das palavras do profeta naquele dia em que nos encontramos pela primeira vez no banco, quando ele pegou o selo para examiná-lo. Ele disse que era hebraico, mas uma forma diferente de hebraico — paleo-hebraico, uma versão mais antiga.

— E você conhecia alguém que pudesse ler paleo-hebraico?

— Não. Mas eu conhecia alguém que estudava hebraico de escritos bíblicos e rabínicos. Consultei o alfabeto hebraico, depois transcrevi cada uma das letras para o seu equivalente no hebraico moderno. Depois fiz uma viagem ao Brooklin. Era ali que meu amigo estava, um judeu ortodoxo que dirigia uma pequena livraria, nos fundos da qual havia um estúdio, uma biblioteca com todo tipo de escritos hebraicos místicos. Aquela era a paixão dele — encontrar o significado de literatura hebraica mística. Imaginei que ele seria a pessoa certa. Quando contei a ele o propósito da minha visita, ele fechou a loja e me levou à sala dos fundos. Nós nos sentamos em uma mesa de madeira vazia cercada de estantes. Ele colocou os óculos de leitura e começou a examinar a transcrição. Depois de alguns instantes de silêncio, ele começou a decifrá-la:

— *Baruch* — disse ele. — Significa *abençoado*. É a palavra que inicia a maioria das orações hebraicas.

— *Yahu* ou *Yah*. É o nome sagrado de Deus, tão sagrado que eu não deveria estar pronunciando-o, mas pronunciei. Então, *Abençoado de Deus.*

— *Ben*. Significa, *o filho*. *Abençoado de Deus é o filho.*

— *Neri* significa luz e *Yahu* novamente, o nome de Deus. Então, *a luz de Deus.*

— *Ha Sofer, aquele que declara* ou *o declarante.*

— Então, o que está dizendo? — perguntei.

— Está dizendo: *Abençoado de Deus é o filho da Luz de Deus, aquele que declara.*

— E o que você supõe que significa? — perguntei.

— Como posso saber? — ele respondeu. — Foi você quem me trouxe isto.

— Mas o que você acha que significa?

— Parece uma bênção para um homem justo, um filho da luz.

— E *o que declara*... declara o quê?

— Como vou saber o que ele declara?

— Você já viu algo assim antes em seus estudos?

— Já vi muitas bênçãos hebraicas, mas não me lembro de nada assim. Você copiou isto de uma inscrição?

— Sim.

— Talvez de um amuleto ou algo parecido?

— Algo parecido.

— Uma inscrição com uma bênção hebraica não é algo tão estranho. É uma bênção. Então o que você tem em mãos é uma bênção.

— Mas o que ela significa?

— Significa que você é um homem abençoado.

— E isso foi tudo que ele me disse.

— E então, o que você fez com isso? — ela perguntou.

— Eu não sabia o que fazer com aquilo. A tradução realmente não me deu nada para seguir em frente. Ela não parecia ter nada a ver com nada.

— Mas agora você sabia o que a inscrição significava.

— Sim. Agora eu sabia o que ela significava e não fazia ideia do que ela significava.

— Então, o que você fez?

— Fui dar uma caminhada ao longo do rio Hudson. Estava um dia nublado, com muito vento. Era fim de tarde. Na metade do caminho, decidi dar uma parada. Havia um banco vazio ali perto. Embora eu não tivesse percebido naquele momento, era o mesmo banco onde o profeta estava sentado quando nos encontramos pela primeira vez. Sentei-me, peguei o selo, e fiquei olhando para ele enquanto refletia sobre a minha falta de direção e o meu fardo ainda não resolvido. Fiquei absorto em meus pensamentos por vários minutos antes de ouvir uma voz vinda de trás.

— Parece que vamos ter uma tempestade.

— As mesmas palavras — disse ela. As mesmas palavras que o profeta disse para você no início de tudo.

— As mesmas palavras e a mesma voz.

— Parece — respondi, sem desviar o olhar, sem me virar para ver quem estava falando.

— O que é isto — perguntou ele — na sua mão? Algum artefato arqueológico?

— Um de muitos — disse eu — cada um com um mistério.

— E este? De que mistério ele fala? — ele perguntou.

— Não sei. Ele fala... mas não diz nada... nada que signifique alguma coisa.

— Então você ainda não entendeu?

— Sei o que ele diz, mas não sei o que significa.

Com isto, o profeta deu a volta até à frente do banco.

— Ainda? — perguntou ele.

Ele sentou-se.

— Tudo começou com o selo — disse ele — e bem aqui.

— Mas ainda não sei o que ele significa ou o que devo fazer com tudo isso.

— Mas você disse que sabe o que ele diz.

— Sim.

— Então me diga o que ele diz.

— *Abençoado de Deus é o filho da luz de Deus, aquele que declara.*

— Quem lhe falou que ele diz isso?

— Um amigo... um amigo que é especializado em escritos hebraicos místicos.

— Você já olhou em um espelho — ele perguntou — e não percebeu que o homem que estava olhando para você do outro lado era o seu próprio reflexo?

— Não sei... talvez. Por quê?

— Porque você está fazendo isso agora.

— O que você quer dizer?

— É possível se tornar místico demais e deixar passar o óbvio.

— Então não é isso que ele diz.

— Se você interpretar pedaço a pedaço e sem nenhum contexto, poderia entender assim. Mas não é o que ele diz.

— Então o que é?

— O que o seu amigo traduziu como *Abençoado de Deus* é a palavra hebraica *Baruchyahu* do hebraico *baruch, abençoado,* e *Yahu,* o Senhor.

— Mas é praticamente a mesma coisa.

— Mas não é uma bênção. Nem sequer uma frase.

— Então o que é? — perguntei.

— É um nome.

— Um nome?

— O nome de uma pessoa... uma pessoa chamada *Baruque.*

— Baruque.

— E o que o seu amigo traduziu como *o filho* é a palavra hebraica *ben,* que, neste caso, faz parte do nome, *Baruque filho de...*

— *Ben... Filho de...* Eu devia saber disso.

— E o que ele traduziu como *luz de Deus* é a palavra hebraica *Neriyahu* ou *Nerias* — a *luz de Deus,* sim, mas também é um nome, *Nerias.* Nerias foi o pai de Baruque... *Baruch ben Neriah.*

— Baruque, filho de Nerias. Então quem *era* ele?

— Pense nos selos, Nouriel. Qual era a finalidade deles?

— Selar ou autenticar uma mensagem importante.

— E quem os usava? — perguntou ele.

— Os reis, líderes, autoridades do governo.

— E quem mais?

— Não sei.

— Os escribas. Os escribas os usavam porque eram eles que escreviam as mensagens. Depois do nome há um título: *Ha Sofer.*

— *Aquele que declara.*

— Sim, pode significar isso também, *aquele que declara, que conta, que revela.* Mas o que significa no selo é *o Escriba.*

— Então Baruque era um escriba.

— Sim.

— E por que isso é importante? — perguntei.

— Porque Baruque é mencionado na Bíblia, e porque ele não foi apenas um escriba.

— O que ele foi então?

— Ele foi o escriba de um profeta em especial.

— Que profeta?

— O profeta Jeremias. Baruque foi aquele que escreveu as profecias de Jeremias. Jeremias profetizava, e Baruque transcrevia a profecia. Como está escrito:

> Então, Jeremias chamou a Baruque, filho de Nerias; escreveu Baruque no rolo, segundo o que ditou Jeremias, todas as palavras que a este o SENHOR havia revelado.[1]

— Então este é o selo de Baruque — eu disse. — O selo que ele usava para autenticar seus escritos.

— É um deles — disse o profeta.

— Ainda não entendo.
— Ainda?
— Não.
— Então responda à pergunta que eu lhe fiz.
— Por que eu recebi o selo?
— Sim.
— Porque um selo tem a ver com uma mensagem.
— Mas por que *você*? — perguntou ele. — Por que o selo foi dado a *você*?
— Não faço ideia.
— Quem foi Baruque?
— Um escriba.
— E o que é um escriba?
— Alguém que escreve.
— Um escritor... um escriba é um escritor. E o que você é, Nouriel?
— Um escritor.
— Um escritor.
— O que você está dizendo? Fui escolhido porque sou um escritor?
— Não — disse ele, você não foi escolhido por ser um escritor. Você é um escritor porque foi escolhido.
— E o que isso significa?
— Este foi o motivo pelo qual você se tornou um escritor. Tudo foi com este propósito, tudo para este momento.
— Não. O motivo pelo qual me tornei um escritor foi porque eu...
— Não, Nouriel. *O Todo-Poderoso tem os Seus próprios propósitos*. E por que você acha que cada revelação chegou até você por intermédio de um selo? Foi por *sua* causa. Foi por causa do *seu* chamado. Você é o *Sofer*, o escriba, aquele que declara, que revela. Você sabe o que esta palavra também significa?
— Não.

— *Aquele que registra.*

— Como naquele que registra em um selo.

— Ou, no caso presente, aquele que registra em um artefato de gravação.

— Isso também é...

— Os rabinos dizem que Baruque nasceu da linhagem sacerdotal, assim como Jeremias.

— E...?

— E qual é o seu último nome?

— Kaplan.

— Kaplan, se não me engano, é um nome sacerdotal, não é?

— Sim.

— Indicando alguém que nasceu da linhagem sacerdotal. Então você também nasceu da linhagem sacerdotal, e para este momento.

— Você deve ter ficado perplexo — disse Ana — quando ele começou a lhe dizer tudo isto. Isso deve tê-lo deixado chocado.

— Fiquei... e sim, deixou-me... mas a coisa não parou aí.

— Qual é o seu nome? — perguntou ele.

— Você sabe o meu nome — respondi. — Por que me pergunta?

— Qual é o seu nome? — ele perguntou novamente.

— Nouriel.

— Não. Este é o seu nome do meio. Este é o nome que você usou quando começou a escrever. Qual é o seu primeiro nome?

— Barry.

— É assim que os seus amigos o chamavam. Era assim que você queria que eles o chamassem porque não se sentia à vontade com o seu verdadeiro nome. O seu verdadeiro nome não é Barry. Qual o nome que lhe deram quando você nasceu?

Hesitei em responder, mas não havia como evitar. Ele saiu baixinho, quase sob a minha respiração.

— Baruch.

Ele ficou em silêncio.

— O meu nome — eu disse, com uma voz ainda suave, porém mais alto do que antes — é Baruch.

— Baruch! — ela exclamou. — Ele sabia disso o tempo todo! É como se você fosse escolhido para isso... desde o seu nascimento.

— O seu nome — disse ele — é *Baruch Nouriel*. O nome do escriba de Jeremias era *Baruch ben Neriah* — e *Neriah* significa *a luz de Deus* ou *a chama de Deus*. Você sabe o que *Nouriel* significa?

— Não.

— Nouriel significa *a chama de Deus*. Com efeito, é o mesmo nome.

— O que você está dizendo? — perguntei, agora com a voz trêmula.

— *Você*, Nouriel... você é o mistério final. Você é o mistério que olha no espelho e não reconhece que a imagem é sua.

— Você está dizendo que eu sou ele?

— Não, você não é ele. Você é você. Mas você tem o mesmo chamado.

— Qual é...?

— O *sofer* — disse ele. Você é o *sofer*. Aquele que foi chamado para registrar, para declarar, para fazer conhecido, para fazer um registro do que viu e ouviu, para escrever a palavra profética, para revelar os mistérios para que eles possam ouvi-los, para que uma nação possa ouvi-los, e para que aqueles que ouvirem possam ser salvos.

— O meu sonho... No fim, você me entregava o papel... com a mensagem. Você o entregou a mim. É isto que está acontecendo agora?

— Sim.

— Então eu sou o seu Baruch — disse eu — e você é o meu Jeremias?

— Algo mais ou menos assim — respondeu ele.

— E eu devo escrever tudo isso?

— Sim, e muito mais:

> Depois Jeremias disse a Baruque: Estou preso; não posso ir ao templo do SENHOR. Por isso, vá ao templo do SENHOR no dia do jejum e leia ao povo as palavras do SENHOR que eu ditei, as quais você escreveu. Você também as lerá a todo o povo de Judá que vem de suas cidades.[2]

— Os movimentos de Jeremias estavam restritos. Ele não podia entregar a sua profecia em público, pessoalmente. Então ele enviou Baruque em seu lugar para que a profecia fosse proclamada publicamente a todos. Então Baruque não era apenas o escriba de Jeremias, mas também, algumas vezes, o seu representante, a sua voz.

— Por que você está me dizendo isto?

— Porque eu também estou restrito. Então você precisa ir e fazer a mensagem conhecida, dar aos homens a advertência e a esperança. Pegar a mensagem que você escreveu e que eu ditei, e fazê-la conhecida. Você é o *sofer*, aquele que deve tornar conhecido.

— Ele estava nomeando você — disse ela. — O profeta estava nomeando você.

— Sim.

— E foi por isso que você me procurou?

— Sim.

— Porque a mensagem deve ser escrita, e, por intermédio disso, deve vir a ser conhecida.

— Sim.

— Na forma de um livro.

— Sim.

— Um livro... sim... este seria o seu pergaminho. A mensagem tem de se tornar um livro... um livro que revele o mistério que está por trás de tudo... por trás das notícias... por trás da economia... por trás do colapso... por trás da história mundial... o futuro... um antigo mistério do qual depende o futuro de uma nação... Isto é grande, Nouriel. É mais do que grande; isso tem de ser divulgado. Eles precisam ouvir isso. Você faz ideia de como vai escrever a mensagem?

— Não, nunca tentei nada desse tipo. Foi por isso que a procurei.

— É tão grande... e profundo... e crucial. Você tem de fazer isso de uma maneira que eles possam ouvir... de uma forma que a mensagem possa ser divulgada para tantas pessoas quanto possível... de uma maneira que elas possam captar. Você é o escritor, mas eu sei o que eu faria.

— O que você faria? — ele perguntou.

— Eu colocaria a mensagem na forma de uma narrativa.

— O que você quer dizer?

— Uma história — respondeu ela. — Escreva a mensagem, mas comunique-a na forma de uma história... uma narrativa... faça com que alguém a conte... uma narração.

— Mas é uma mensagem profética.

— A Bíblia usa histórias... imagens e parábolas para transmitir mensagens de verdade divina, não é mesmo? O ponto é levar a mensagem para tantas pessoas quanto possível. A história seria o veículo, o vaso por meio do qual a mensagem, os mistérios, as revelações, a palavra profética seria transmitida.

— Mas se ela assumir a forma de uma narrativa, eles podem não entender que as revelações são reais.

— Eles entenderão.

— E quem faria a narração? — ele perguntou.

— Você — respondeu ela. — Você a escreveria exatamente como me contou. Você criaria um personagem que contasse o relato a outro, como você o narrou a mim. Altere os detalhes, troque os nomes, transforme todos em personagens.

— E quanto à mensagem em si — a palavra profética, os mistérios. Como tudo isso seria transmitido?

— Revele-os da mesma maneira que foram revelados a você... pelo profeta. Coloque tudo em forma de conversas, como elas foram desde o início, entre um personagem e outro. Você registrou tudo. Está tudo aí. Use o que você já tem. Transcreva as gravações. Deixe que o profeta fale por si, por intermédio das próprias palavras dele para você. E a mensagem será transmitida.

— Não sei — disse ele. — Tenho de pensar sobre isto.

— Eu não demoraria muito — respondeu ela.

— Não.

— Por que você não pergunta ao profeta?

— Não o vi mais desde aquele dia.

— Não?

— Não.

— Antes de vocês se separarem, ele lhe deu alguma última palavra ou algum conselho ou orientação?

— Acho que eu poderia dizer que sim.

— E qual foi?

— Bem no final do nosso último encontro, ele me levou em direção à água. O vento estava soprando com força. Definitivamente havia uma tempestade a caminho.

— E então, Nouriel — disse ele — você acha que está pronto?

— Pronto?

— Para cumprir o seu chamado.

— Não sei, e não tenho ideia do que fazer.

— Você será guiado, assim como foi guiado até mim.

— Mas esta não é sequer a minha mensagem. É a *sua* mensagem. Eu seria apenas um mensageiro, um intermediário. Se eles me perguntassem qualquer coisa a respeito, eu não saberia o que dizer.

— Não — respondeu ele — a mensagem não é minha. Tudo o que sou é um mensageiro, como você será.

— E se eu precisasse de ajuda, você estaria disponível? — perguntei. — E como eu poderia fazer contato com você?

— Acho que você sabe o que fazer — respondeu ele. — Você não precisa fazer contato comigo. O tempo da transferência de informações terminou.

— Então eu não o verei de novo?

— A não ser que Ele considere o contrário, não, você não me verá de novo.

Aquelas palavras me atingiram com mais força do que eu esperava.

— Sabe — disse eu — acho que vou sentir falta dos nossos encontros... e de toda a incerteza.

— Incerteza?

— De não saber quando ou onde ou como você apareceria da próxima vez, e como seria que eu estaria ali quando você aparecesse inesperadamente.

— As coisas continuarão a acontecer dessa maneira inesperada — disse ele — à medida que você seguir a direção de Deus.

— Ainda assim, não me sinto adequado, nem de longe, para algo assim.

— Como você acha que Moisés se sentiu quando foi chamado, ou Jeremias... ou Maria... ou Pedro? Você acha que algum deles se sentiu adequado, ainda que remotamente? Não se tratava deles. E não se trata de você. Isto tem a ver com Ele. Tudo que você tem a fazer é ir aonde Ele o enviar.

Então ele enfiou a mão dentro do seu casaco e tirou um pequeno chifre... um pequeno chifre de carneiro.

— Feche os olhos, Nouriel — disse ele, erguendo o chifre acima da minha cabeça.

Fechei os olhos. Em seguida senti um líquido grosso escorrendo pela minha testa.

— Era óleo? — ela perguntou.

— Sim, acho que era azeite.

— Um chifre de óleo.

— O óleo da unção. Foi quando eu o senti escorrendo pelo meu rosto que o profeta começou a orar.

— Tu — disse ele — que estás acima de tudo que é dito e de tudo que é nomeado...

> Entrego em Tuas mãos o Teu servo. Na sua fraqueza, seja para ele força. Na sua ignorância, seja para ele a sua certeza. Faze que ele ande nas pegadas que Tu preparaste de antemão. Derrama sobre ele o Espírito da Tua unção para que ele possa cumprir o Teu mandato. Guia-o. Protege-o. Prepara as suas mãos para a batalha. Abençoa-o e guarda-o. Faze que a luz do Teu rosto brilhe sobre ele. Estende sobre a sua vida o taber-

náculo da Tua glória, e abriga-o na cobertura da Tua graça, em nome do Ungido, da Glória de Israel, da Luz do Mundo.

Abri os olhos. O chifre havia desaparecido. Olhando dentro dos meus olhos com o que parecia uma profunda compaixão temperada com o que eu interpretei como uma tristeza pela nossa separação, ele disse:

— Deus seja contigo, Baruch Nouriel.

— E Deus seja contigo — respondi.

E com isso, ele partiu. Desta vez, fiquei onde estava.

— Eu *ainda* não sei o seu nome — gritei, enquanto ele se afastava.

— É porque eu nunca o disse a você — ele respondeu.

Depois ele parou de andar e se virou.

— Você ainda está preocupado — disse ele, com uma voz suave.

— A mensagem — eu disse. — Não é exatamente o tipo de mensagem que vence concursos de popularidade, certo?

— Seria prudente julgar assim.

— Farão tudo que puderem para desacreditá-la e atacá-la.

— É claro que sim — disse ele. — Do contrário eles teriam de aceitá-la.

— Mas não apenas a mensagem.

— Não, o mensageiro também.

— Eles farão tudo que puderem para atacar e desacreditar aquele que leva a mensagem.

— Sim — disse o profeta. — O mensageiro sofrerá oposição, será caluniado e odiado, escarnecido e ultrajado. Tem de ser assim, como foi com Jeremias e Baruque.

— E por que eu fui tão abençoado a ponto de ser escolhido? — perguntei.

— Por que qualquer de nós é tão abençoado?

Com isto, ele se aproximou de mim mais uma vez. Seria a última vez.

— Se vivêssemos nos tempos antigos — disse ele — e chegássemos a uma terra como esta, nós a encontraríamos cercada por muralhas de pedra, por enormes muros altos como torres para servirem como defesa e segurança, como proteção contra o dia do ataque e da calamidade. Ao longo das muralhas, dentro das suas torres de vigia, e acima dos seus portões estariam aqueles que ficam de guarda... os atalaias. Era incumbência deles proteger a cidade, manter-se vigilantes, ficar acordados enquanto as pessoas dormiam, observar, olhar à distância para identificar o primeiro sinal de perigo... uma invasão iminente. E se o atalaia visse um desses sinais, ele estenderia a mão para o seu lado, pegaria um chifre de carneiro, a sua trombeta, a colocaria na boca, e com toda a sua força, soaria o alarme. Como você acha que o alarme do atalaia soava para os que estavam dentro da cidade?

— Estridente, ameaçador, inquietante.

— Exatamente... Como tinha de ser. Se não, os que estavam dormindo continuariam dormindo e os que estavam acordados nunca saberiam o que estava vindo até que fosse tarde demais. Só um som estridente como aquele poderia salvá-los.

Ele fez uma pausa antes de continuar.

— Portanto, Nouriel, faço uma pergunta: o atalaia deveria deixar de pegar a sua trombeta porque as pessoas achariam o som dela inquietante e prefeririam ouvir um som agradável? Ou ele deveria recusar tocá-la porque eles se oporiam e haveriam de difamá-lo, porque iriam odiá-lo?

— Não — respondi.

— Se o atalaia visse os sinais de uma calamidade aparecendo à distância e deixasse de tocar a trombeta para advertir o seu povo, o que ele seria então?

— Culpado.

— De quê?

— Da destruição deles.

— Correto. Ele teve a chance de salvá-los, mas não o fez. A única esperança que eles tinham de ser salvos estava na mão dele.

— Então ele não tinha escolha — disse eu — a não ser tocá-la.

— E quem é você, Nouriel?

— Quem *sou* eu?

— Quem é você?

— Não sei.

— Você é um atalaia sobre o muro.

— Um atalaia sobre o muro...

— Um atalaia sobre o muro que viu os sinais... E a cidade dorme... o povo não tem ideia do que está vindo... E a você é confiado o som que irá despertá-los... e a redenção deles.

Uma vez mais, o profeta ficou em silêncio. E então, com o vento soprando cada vez mais forte e depressa, o presságio da chegada de uma tempestade, ele olhou atentamente dentro dos meus olhos e começou a dizer as palavras da sua ordem final:

> Então, pegue a sua trombeta, Nouriel.
> Coloque-a em sua boca e toque,
> Que o som do atalaia seja ouvido na cidade,
> Que o chamado à redenção cubra a terra,
> Que a palavra siga adiante e abra caminho,
> E que aqueles que têm ouvidos para ouvir...
> Ouçam,
> E sejam salvos.

Para Maiores Informações...

Para saber mais sobre o que você leu em *O Presságio*, para ter acesso a ensinamentos ou mensagens relacionados, para ter acesso a outros ensinamentos e percepções de Jonathan Cahn, ou para ter acesso a mais informações a respeito da salvação ou sobre como fazer parte da obra de Deus e dos propósitos do fim dos tempos, escreva para:

Hope of the World
Box 1111
Lodi, NJ 07644
EUA

Você também pode visitar o website, entrar em contato e obter mais informações on-line em: www.TheHarbingerWebsite.com ou www.HopeoftheWorld.org.

Jonathan é o líder do Jerusalem Center/Beth Israel, um centro de adoração constituído de judeus e gentios de diversas origens, localizado em Wayne, Nova Jersey, nas proximidades da cidade de Nova York.

Notas

Capítulo 5 — O Segundo Presságio: O Terrorista

1. Isaías 10:5-7.
2. Isaías 10:12-16.

Capítulo 6 — O Oráculo

1. Isaías 9:10, tradução do autor. Pelo fato de o original em hebraico de Isaías 9:10 conter um significado maior do que qualquer tradução isolada pode obter, ao longo de *O Presságio* as palavras desse versículo específico foram traduzidas pelo autor diretamente a partir do original hebraico para o idioma inglês (e posteriormente para o português). Uma tradução padrão da Bíblia, a Versão Almeida Revista e Atualizada, traduz Isaías 9:10 desta forma: "Os tijolos ruíram por terra, / mas tornaremos a edificar com pedras lavradas; / cortaram-se os sicômoros, / mas por cedros os substituiremos".

Capítulo 7 — O Terceiro Presságio: Os Tijolos Caídos

1. John D. W. Watts, *World Biblical Commentary*, vol. 24 (Nashville, TN: Thomas Nelson, 1985), 143, s.v. "Isaías 9:7—10:4".
2. D. L. Cooper, "The Book of Immanuel: Capters 7-12", *D. L. Cooper Commentary on Isaiah, Biblical Research Monthly*, December 1943, http://biblicalresearch.info/page28.html (acesso em 17 de junho de 2011).

Capítulo 8 — O Quarto Presságio: A Torre

1. Prefeito Rudy Giuliani, 11 de setembro de 2001, citado em "Um Plano para Salvar o World Trade Center", TwinTowersAlliance.com, http://www.twintowersalliance.com/petition/save-the-wtc/ (acesso em 17 de junho de 2011).
2. Charles Schumer, comunicado de imprensa, 14 de setembro de 2001.
3. Lower Manhattan Development Corporation, "O Prefeito Bloomberg e o Governador Pataki Anunciam Planos para Comemorar o 5°. Aniversário do Ataque de 11 de Setembro", comunicado de imprensa, 8 de agosto de 2006, http://www.renewnyc.com/displaynews.aspx?newsid=43aefabe-5e5b-409a-98c6-0777598873b4 (acesso em 17 de junho de 2011).

4. Sweetness-Light.com, "Depoimento da Senadora Hillary Rodham Clinton no Solo do Senado dos Estados Unidos em Resposta aos Ataques ao World Trade Center e ao Pentágono", 12 de setembro de 2011, http://sweetness-light.com/archive/hillary-clintons-response--to-the-911-atttacks (acesso em 17 de junho de 2011).
5. *New York Times*, "Discurso do Prefeito: 'Reconstruir, Renovar e Continuar Sendo a Capital do Mundo Livre'", 2 de janeiro de 2002, http://www.nytimes.com/2002/01/02/nyregion/mayoral-transition--mayor-s-speech-rebuild-renew-remain-capital-free-world.html (acesso em 17 de julho de 2011).
6. Extraído do discurso do presidente George W. Bush em uma sessão conjunta do Congresso, em 20 de setembro de 2001.
7. Esta declaração foi extraída da inscrição feita na placa em exposição atualmente no Marco Zero.
8. *The Interpreter's Bible*, vol. 5 (New York: Abingdon Press, 1956), 235.
9. H. D. M. Spence e Joseph S. Exell, eds., *The Pulpit Commentary*, vol. 10, Isaías (Peabody, MA: Hendrickson Publishers, 1985), 178.
10. Extraído das notas do autor em um Sermão Expositivo 9, "Julgamento e Graça", Isaías 9:9-10:34, disponível em http://www.cliftonhillpres.pcvic.org.au/expository_sermon_9_Isaiah.

11. TheModernTribune.com, "Kerry: 'Precisamos Construir um Novo World Trade Center — e Edificar a Determinação Norte-americana por uma Nova Guerra ao Terrorismo'", discurso feito no solo do Senado norte-americano, em 12 de setembro de 2001, conforme citado em *The Modern Tribune Online*, http:// http://www.themoderntribune.com/john_kerry_speech_after_9_11_-_rebuild_america_and_the_world_trade_center.htm (acesso em 17 de junho de 2011).

12. Nathan Thornburgh, "O Caos no Marco Zero", *Time*, 1°. de julho de 2008, http://www.time.com/time/nation/article/0,8599,1819433,00.html (acesso em 17 de junho de 2011).
13. *The Interpreter's Bible*, 235.
14. Marcus Warren, "O Marco Zero Renasce no Dia 4 de Julho", *Telegraph*, 5 de julho de 2004, http://www.telegraph.co.uk/news/worldnews/northamerica/usa/1466250/Ground-Zero-is-reborn-on-the-Fourth--of-July.html l (acesso em 17 de junho de 2011).
15. Charles F. Pfeiffer e Everett F. Harrison, eds., *The Wycliffe Bible Commentary* (Chicago: Moody Press, 1962), 620.
16. Giuliani, citado em "Um Plano para Salvar o World Trade Center".
17. Cooper, "O Livro de Emmanuel: Capítulos 7-12".
18. MSNBC.com, "Trump Chama Freedom Tower de 'Repulsiva' e de 'Monte de Lixo'", transcrição de *Hardball with Chris Matthews*, 13 de maio

de 2005, http://www.msnbc.msn.com/id/7832944/ns/msnbc_tv--hardball_with_chris_matthews/t/trump-calls-freedom-tower-disgusting-pile-junk (acesso em 17 de junho de 2011).

19. BibleStudyTools.com, "Isaías 9", *Matthew Henry Commentary on the Whole Bible*, http://www.biblestudytools.com/commentaries/matthew-henry-complete/isaiah/9.html?p=4 (acesso em 17 de junho de 2011).
20. MSNBC.com, "Trump Chama Freedom Tower de 'Repulsiva' e de 'Monte de Lixo'".
21. Donald F. Ritsman, "Isaías 9:8—10:4, Explorando a Passagem", http://biblestudycourses.org/isaiah-bible-study-courses-section-1/isaiah-9--8-10-4-exploring-the-passage/ (acesso em 17 de junho de 2011).
22. Crispen Sartwell, "O World Trade Center como Símbolo", http:www.crispinsartwell.com/wtc2.htm (acesso em 17 de junho de 2011).
23. Sir Lancelot C. L. Brenton, *The Septuagint Version: Greek and English* (Grand Rapids, MI: Zondervan Publishing House, 1983), 844.

Capítulo 9 — O Quinto Presságio: A Pedra de Gazit

1. StoneWorld.com, "Granito de Nova York é Doado para a Freedom Tower", 4 de agosto de 2004, http://www.stoneworld.com/articles/new-york-granite-is-donated-for-freedom-tower (acesso em 17 de junho de 2011).
2. Autoridades Portuárias de Nova York e Nova Jersey, "Freedom Tower de 1.776 pés Será o Prédio Mais Alto do Mundo, Recuperando a Linha do Horizonte de Nova York", comunicado de imprensa, 4 de julho de 2004, http:www.panynj.gov/press-room/press-item.cfm?headLine_id=489 (acesso em 17 de junho de 2011).
3. Ritsman, "Isaías 9:8—10:4, Explorando a Passagem".
4. Autoridades Portuárias de Nova York e Nova Jersey, "Freedom Tower de 1.776 pés Será o Prédio Mais Alto do Mundo, Recuperando a Linha do Horizonte de Nova York".
5. Spence e Exell, eds., *The Pulpit Commentary,* vol. 10, 178.
6. Ibid.
7. "Observações: Governador George E. Pataki, Colocação da Pedra Angular da Freedom Tower, 4 de julho de 2004", http://www.renewnyc.com/content/speeches/Gov_speech_Freedom_Tower.pdf (acesso em 21 de junho de 2011).
8. Spence & Exell, eds., *The Pulpit Commentary,* vol. 10, 178.
9. Ibid.

Capítulo 11 — O Sétimo Presságio: A Árvore de Erez

1. Spence & Exell, eds., *The Pulpit Commentary,* vol. 10, 178.

2. *The Revell Bible Dictionary* (Grand Rapids, MI: Fleming H. Revell, 1990), 198.
3. O Reverendo Dr. Daniel Matthews, reitor, na dedicação da Árvore da Esperança na Capela de St. Paul.
4. Ibid.
5. Matthew Henry, *Matthew Henry's Commentary on the Whole Bible*, vol. 4, *Isaiah to Malachi* (Grand Rapids, MI: Fleming H. Revell, n.d.), 61.

Capítulo 12 — O Oitavo Presságio: O Pronunciamento

1. Isaías 9:8-10
2. Kenneth L. Barker e John Kohlenberger III, editores de consultoria, *The NIV Bible Commentary*, volume 1, Antigo Testamento (Grand Rapids, MI: Zondervan Publishing House, 1994), 1.060.
3. Projeto Avalon da Escola de Direito de Yale, "Segundo Discurso Inaugural de Abraham Lincoln, Sábado, 4 de março de 1865", http://avalon.law.yale.edu/19th_century/lincoln2.asp (acesso em 21 de junho de 2011).
4. John T. Woolley e Gerhard Peters, *The American Presidency Project* (on-line), "John Edwards: Observações ao Café da Manhã de Oração do Comitê de Defesa dos Negros, 11 de setembro de 2004", http://www.presidency.ucsb.edu/ws/index.php?pid=84922#axzz1M02bgo9D (acesso em 22 de junho de 2011).
5. Ibid.
6. Ibid.
7. Ibid.
8. Ibid.

Capítulo 13 — O Nono Presságio: A Profecia

1. Library of Congress, "Resumo e Status do Projeto de Lei, 107°. Congresso (2001-2002), S.J. RES.22", http://thomas.loc.gov/cgi-bin/bdquery/z?d107:s.j.res.00022: (acesso em 22 de junho de 2011).
2. Washington File, "Líder Majoritário no Senado Daschle Expressa Tristeza, Determinação", 12 de setembro de 2001, http://wfile.ait.org.tw/wf-archive/2001/010913/epf407.htm (acesso em 22 de junho de 2011).
3. Ibid.
4. Ibid.
5. Ibid.
6. Ibid.
7. Deuteronômio 19:15.

Capítulo 14 — Aí Vem um Segundo

1. Spence & Exell, eds., *The Pulpit Commentary*, vol. 10, 183.
2. Gary V. Smith, *The New American Commentary* (Nashville, TN: Broadman & Holman, 2007), 247-248, s.v. "Isaías 1:39".
3. Keil & Delitzsch, *Commentary on the Old Testament*, vol. 7, Isaías (Grand Rapids, MI: Wm. B. Eerdmans, 1983), 258.

Capítulo 15 — O Efeito Isaías 9:10

1. Isaías 9:10, tradução do autor.
2. Isaías 9:11.
3. StoneWorld.com, "Granito de Nova York é Doado para a Freedom Tower".
4. PBS.org, "Bolsa de Valores de Nova York Reabre e Tem Perdas Acentuadas", 17 de setembro de 2001, http://www.pbs.org/newshour/updates/september01/stock_exchange_9-17b.html (acesso em 22 de junho de 2011).
5. Gail Makinen, "Os Efeitos Econômicos do 11 de Setembro: Uma Avaliação Retrospectiva", Relatório para o Congresso, recebido por intermédio da CRS Web, em 27 de setembro de 2002, http://www.fas.org/irp/crs/RL31617.pdf (acesso em 22 de junho de 2011).
6. Design Fluids.com, "11 de Setembro: 'A Raiz' da Crise Financeira", 28 de outubro de 2008, http://www.designfluids.com/news/911--the-root-of-the-financial-crisis-18845940 (acesso em 22 de junho de 2011).
7. CNBC.com, "Castelo de Cartas: Origens da Crise Financeira 'Então e Agora'", apresentação, http://www.cnbc.com/id/28993790/Origins_of_the_Financial_Crisis_Then_and_Now_Slideshow (acesso em 22 de junho de 2011).

Capítulo 16 — Os Desarraigados

1. Ezequiel 13:14.
2. Jeremias 45:4.
3. Jeremias 45:4.

Capítulo 17 — O Mistério da Shemitah

1. Levítico 25:2-4.
2. Levítico 25:5.
3. Êxodo 23:10-11.
4. Deuteronômio 15:1-2.
5. Levítico 26:33-35.

6. Newsweek.com, "A Queda de Lehman Teve Importância?", 18 de maio de 2009, http://www.newsweek.com/2009/05/17/did-lehman-s-fall-matter.html (acesso em 23 de junho de 2011).
7. Alexandra Twin, "A Quebra das Ações", CNNMoney.com, 29 de setembro de 2008, http://money.cnn.com/2008/09/29/markets/markets_newyork/index.htm (acesso em 23 de junho de 2011).
8. Ibid.

Capítulo 18 — A Terceira Testemunha

1. Deuteronômio 19:15.
2. 2 Coríntios 13:1.
3. WhiteHouse.gov, "Observações ao Discurso do Presidente Barack Obama — como Preparado para Entrega, à Sessão Conjunta do Congresso, Terça-feira, 24 de fevereiro de 2009", http://www.whitehouse.gov/the_press_office/Remarks-of-President-Barack-Obama-Address-to-Joint-Session-of-Congress/ (acesso em 23 de junho de 2011).
4. Ibid., ênfase do autor.
5. Ibid., ênfase do autor.
6. Isaías 9:9, tradução do autor.
7. WhiteHouse.gov, "Observações ao Discurso do Presidente Barack Obama — como Preparado para Entrega, à Sessão Conjunta do Congresso, Terça-feira, 24 de fevereiro de 2009".
8. Washington File, "Líder da Maioria no Senado Daschle Expressa Tristeza, Determinação".
9. Smith, *The New American Commentary*, 246, s.v. "Isaías 1:39".
10. WhiteHouse.gov, "Observações ao Discurso do Presidente Barack Obama — como Preparado para Entrega, à Sessão Conjunta do Congresso, Terça-feira, 24 de fevereiro de 2009", ênfase do autor.
11. Ibid.
12. Ibid., ênfase do autor.
13. *Teed Commentaries*, "Isaías Capítulo 10: O Juízo de Deus sobre a Assíria", http://teed.biblecommenter.com/isaiah/10.htm (acesso em 23 de junho de 2011).
14. WhiteHouse.gov, "Observações ao Discurso do Presidente Barack Obama — como Preparado para Entrega, à Sessão Conjunta do Congresso, Terça-feira, 24 de fevereiro de 2009", ênfase do autor.
15. *Teed Commentaries*, "Isaías Capítulo 10: O Juízo de Deus sobre a Assíria".
16. WhiteHouse.gov, "Observações ao Discurso do Presidente Barack Obama — como Preparado para Entrega, à Sessão Conjunta do Congresso, Terça-feira, 24 de fevereiro de 2009", ênfase do autor.

Capítulo 19 — O Solo do Mistério

1. Washington File, "Líder da Maioria no Senado Daschle Expressa Tristeza, Determinação".
2. Projeto Avalon na Faculdade de Direito Yale, "Primeiro Discurso Inaugural de George Washington, Cidade de Nova York, Quinta-feira, 30 de abril de 1789", http://avalon.law.yale.edu/18th_century/wash1.asp (acesso em 23 de junho de 2011).
3. Ibid.
4. *New York Daily Advisor*, 23 de abril de 1789, conforme citado em David Barton, "The Constitutional Convention", *David Barton's Wallbuilders* (blog), 22 de julho de 2010, http://davidbartonwallbuilders.typepad.com/blog/2010/07/the-constitutional-convention-by-david-barton.html (acesso em 23 de junho de 2011).
5. Historical Market Database, "On This Site in Federal Hall", http://www.hmdb.org/Marker.asp?Marker=13734 (acesso em 23 de junho de 2011).
6. Projeto Avalon da Faculdade de Direito de Yale, "Primeiro Discurso Inaugural de George Washington, Cidade de Nova York, Quinta-feira, 30 de abril de 1789".

Capítulo 20 — As Coisas Que Estão Por Vir

1. Henry, *Matthew Henry's Commentary on the Whole Bible*, vol. 4, *Isaías a Malaquias*, 61.
2. Isaías 9:11.
3. Isaías 9:12, 19; 10:3.
4. 2 Crônicas 7:14.

Capítulo 22 — O Último Selo

1. Jeremias 36:4.
2. Jeremias 36:5-6.

Sobre o Autor

JONATHAN CAHN é conhecido por abrir os mistérios profundos dos textos bíblicos e por ensinamentos de significado profético. Ele é líder do ministério Hope of the World, uma obra de alcance internacional de ensino, evangelismo e projetos de compaixão pelos necessitados. Ele também é líder do Jerusalem Center/Beth Israel, um centro de adoração constituído de judeus e gentios, pessoas de todas as origens, localizado em Wayne, Nova Jersey, nos arredores da cidade de Nova York. Ele tem ministrado em todo o mundo, na televisão e na rádio. Jonathan Cahn é um judeu messiânico crente, um seguidor judeu de Jesus. Para maiores informações, outras mensagens e ensinamentos de Jonathan, ou para entrar em contato com o seu ministério, escreva para:

Hope of the World
Box 1111
Lodi, NJ 07644
USA

Você também pode visitar o website dele, entrar em contato e obter mais informações on-line em: www.TheHarbingerWebsite.com ou www.HopeoftheWorld.org.

Se você foi tocado por este livro e deseja ver tantas pessoas quantas possíveis receberem esta poderosa mensagem, nós o convidamos a juntar-se ao movimento de pessoas que estão divulgando a palavra sobre...

O Presságio

Muitas pessoas que leram *O Presságio* estão convencidas de que este livro é leitura obrigatória para todos os norte-americanos. Porém, este não é apenas um chamado ao despertar para a nossa nação, como também a sua mistura singular de profecia bíblica, eventos históricos, e a narrativa de ficção cheia de ação o distingue como um presente especial. Ele oferece uma das mais exclusivas revelações do amor de Deus e do Seu desejo de ver o Seu povo voltar para Ele que já foi escrita. Ele não apenas inspirará as pessoas que já O conhecem com uma nova percepção da Sua natureza, como também intrigará e envolverá as pessoas que ainda não estão conscientes do envolvimento dele em suas vidas.

A mensagem profética oportuna de *O Presságio* para os Estados Unidos ecoou no coração de muitos líderes ministeriais conhecidos que apoiaram a promoção da sua mensagem. O resultado é que dias após o seu lançamento, ele entrou para a lista de *best-sellers* do *New York Times* e espera-se que continue sendo altamente procurado por muito tempo ainda. Por maior que seja este tipo de promoção, o boca a boca ainda é a maneira mais eficaz de um livro adquirir impulso na cultura mais abrangente. Se você foi tocado pela mensagem deste livro, você já pode estar pensando em algumas maneiras de fazer com que as pessoas tomem conhecimento dela. Eis algumas sugestões:

» Verifique com a sua livraria local (inclusive on-line) se existem preços especiais disponíveis para compras em atacado.

» Dê o livro de presente aos membros de sua família, aos amigos e até estranhos. Eles obterão não apenas um livro intrigante que não conseguirão parar de ler, como também percepções sobre a natureza de Deus que raramente são apresentadas na nossa cultura.

» Curta o livro no Facebook (www.facebook.com/theharbingerbook). Fale sobre o livro nos sites de mídia social, nos websites, e em outros lugares onde você tenha contato com pessoas na Internet. Em vez de fazer um anúncio, compartilhe como o livro impactou a sua vida. Recomende que outros o leiam também e conecte-os ao link www.theharbingerbook.com.
» Escreva uma crítica ao livro para o seu jornal local ou para a sua revista favorita (impressa ou on-line).
» Peça ao responsável do seu programa de rádio ou locutor favorito para convidar o autor para ser entrevistado.
» Se você é um comerciante, considere a hipótese de expor este livro no balcão de sua empresa para os empregados ou clientes.
» Se você conhece pessoas (escritores, conferencistas, etc.) que tenham acesso ao público e capacidade de falar a grandes audiências, peça a eles para ler um exemplar do livro e para fazer alguns comentários em seus websites, em seus folhetos informativos, etc.
» Compre diversos exemplares como presentes para prisões, centros de reabilitação e abrigos aos necessitados, onde as pessoas possam ser provocadas e encorajadas pela mensagem oportuna deste livro.
» Se você é um líder, um ministro, um conferencista, um comunicador, ou está na mídia, informe a sua audiência, o seu povo ou a sua congregação como conseguir um exemplar, e dê um a todos os que precisam ouvir esta mensagem.

www.TheHarbingerBook.com